U0832456

法魂

中国特色社会主义法治溯源

最高人民法院研究室　福建省高级人民法院　编

丁凌华　王盛泽　主编

海峡出版发行集团｜福建人民出版社
THE STRAITS PUBLISHING & DISTRIBUTING GROUP
FUJIAN PEOPLE'S PUBLISHING HOUSE

编　委　会

主　　任： 杨万明　吴偕林

副 主 任： 胡仕浩　欧岩峰　李　蓉　林义良

成　　员： 丁凌华　王盛泽　郭　锋　李永军

严　峻　王孔坚　林　彬

编　写　组

主　　编： 丁凌华　王盛泽

撰写人员（按姓氏笔画顺序排列）：

王加好　王燕军　向　阳　吴锡超

沈子渊　陈明聪　郑继汤　贾高邦

目录

序 章

土地革命战争时期，中国共产党领导人民创建了农村革命根据地，建立红色政权并开展法治建设。闽西苏区法治建设是中国共产党最早大规模、成系统地领导法治建设的开端——共产党人秉持初心使命，为了理想信念，为了人民群众，将马克思主义法治理论与中国实际相结合，探索法治建设之路，这为中央苏区法治建设准备了理论基础，积累了实践经验。闽西苏区和中央苏区法治建设，铸就了中国共产党领导法治建设的"法魂"，体现了中国共产党领导法治建设的性质和特点，开创了中国新民主主义法治建设之路。自此，中国共产党领导的法治建设，不论是陕甘宁边区政府的法治建设，还是社会主义革命和建设时期、改革开放与社会主义现代化建设新时期和中国特色社会主义新时代的法治建设，都深深地烙上了这一印记。

溯源中国特色社会主义法治，闽西苏区和中央苏区的法治建设对于中国特色社会主义法治起着极为重要的作用，其原因主要基于以下两点：

其一，闽西苏区法治建设是中国共产党最早大规模、成系统地领导法治建设的开端。首先，开展大规模的立法实践。其中比较有典型代表意义的立法机构包括：1928 年 8 月的溪南区工农兵代表大会；1930 年 3 月 18 日的闽西第一次工农兵代表大会；1930 年 9 月的闽西第二次工农兵代表大会；1932 年 3 月 18 日的福建省第一次工农兵代表大会。闽西苏区立法涉及政权组织、选举、土地、军事、刑事、司法审判与狱政、财政金融税务、经济管理、劳动、工会、妇女青年婚姻家庭和文教卫生等领域，72部法律囊括了社会生活的方方面面，占中央苏区立法文献半数以上。其次，建立了包括裁判处、肃反委员会、政治保卫局和检察机关在内的最初的法治机关。最后，建立健全司法制度和司法程序，并开展司法审判。确立了坚持党的领导，法律面前人人平等，注重事实，开展调查研究，发动群众、依靠群众和注重社会效果等司法原则。

其二，中央苏区法治建设的独特性。中央苏区建立了中华苏维埃共和国临时中央政府，学习和借鉴了苏联的做法和经验，并在闽西苏区法治建设的基础上开展法治建设。中央苏区法治建设为陕甘宁边区和新中国的法治建设积累了丰富经验，奠定了历史基础，提供了宝贵的不可忽视的经验教训，时至今日仍然具有重要的启示作用。首先，中央苏区时期宪法确定的宪制模式为新中国宪法所沿袭，中央苏区时期制定的《中华苏维埃共和国宪法大纲》确立的国家政权性质——工农民主专政，为1954年《宪法》和1982年《宪法》所确认和延续——人民民主专政。《宪法大纲》确立的政体——工农兵苏维埃代表大会，为1982年《宪法》所延续——人民代表大会制度。其次，中央苏区立法理论和实践是陕甘宁边区立法和新中国立法工作的基石。中华人民共和国成立后，在立法实践中广泛吸收中央苏区的立法经验。如1954年《宪法》吸收了《宪法大纲》有关公民平等、权利义务等方面的规定。《婚姻法》直接吸收了《中华苏维埃共和国婚姻法》中一夫一妻、婚姻自由等有关规定。最后，陕甘宁边区司法制度延续了中央苏区司法制度，开创了人民调解和“马锡五审判方式”。中华人民共和国成立后吸收和继承了中央苏区关于司法机构和司法制度设置的做法。中华人民共和国成立后将中央苏区时期设置的审判权和审级制度、公开审判和巡回法庭、审判合议制和人民陪审员、审判人员回避制、公民起诉和国家公诉制度、辩护制度、上诉和抗诉、上级审批和死刑复核制度、审限等基本制度直接吸收为司法制度，并成为新中国重要诉讼原则和制度，一些甚至传承沿用至今。

2015 年 2 月 2 日，习近平总书记在省部级主要领导干部学习贯彻党的十八届四中全会精神全面推进依法治国专题研讨班上讲话指出：“我们必须牢记，党的领导是中国特色社会主义法治之魂，是我们的法治同西方资本主义国家的法治最大的区别。离开了中国共产党的领导，中国特色社会主义法治体系、社会主义法治国家就建不起来。”① 中国特色社会主义法治之魂是党领导人民运用法治体系以人民为中心实现社会公平正义过程中铸就的。

中国特色社会主义法治建设要准确把握“为了谁、依靠谁、我是谁”的问题。习近平总书记指出：“每一种法治形态背后都有一套政治理论，每一种法治模式当中都有一种政治逻辑，每一条法治道路底下都有一种政治立场。我们要坚持的中国特色社会主义法治道路，本质上是中国特色社会主义道路在法治领域的具体体现；我们要发展的中国特色社会主义法治理论，本质上是中国特色社会主义理论体系在法治问题上的理论成果；我们要建设的中国特色社会主义法治体系，本质上是中国特色社会主义制度的法律表现形式。”② 中国特色社会主义法治道路、法治理论和法治体系是中国特色社会主义法治建设的基础，是“法魂”在法理方面的充分体现。

中国特色社会主义法治溯源，是对中国特色社会主义法治道路、法治理论和法治体系的追问。中国特色社会主义法治道路、法治理论和法治体系“三位一体”，共同构成了全面依法治国、加快建设社会主义法治国家的道路指引、理论支撑和制度保障。全面依法治国，必须自觉坚持中国特色社会主义法治道路、法治理论、法治体系“三位一体”，保证依法治国沿着中国特色社会主义的正确方向和道路前进。

溯源中国特色社会主义法治，其“法魂”在闽西和中央苏区时

① 中共中央文献研究室编：《习近平关于全面依法治国论述摘编》，中央文献出版社，2015 年版，第 35 页。

② 中共中央文献研究室编：《习近平关于全面依法治国论述摘编》，中央文献出版社，2015 年版，第 34—35 页。

期已经铸就，这是在党领导人民运用法治体系以人民为中心实现社会公平正义过程中铸就的。在法治道路上，确定了党对法治的领导，表现为：党领导立法、党保证执法、党支持司法和党带头守法。在法治理论上，秉持以人民为中心，体现出鲜明的人民性、实践性、先进性等特征。在法治体系上，闽西苏区和中央苏区法律规范体系初步形成、法治实施体系初见成效、法治监督体系初步创立和党内法规初见雏形，这已经孕育了中国特色社会主义法治体系的雏形。

2020 年 11 月 16 日至 17 日，中央全面依法治国工作会议在北京召开，习近平总书记在会上发表了重要讲话。这次会议最重要的成果，就是明确了习近平法治思想在全面依法治国工作中的指导地位，这是我国社会主义法治建设进程中具有重大现实意义和深远历史意义的大事。党的十八大以来，习近平总书记从坚持和发展中国特色社会主义全局和战略高度定位法治、布局法治、厉行法治，创造性提出全面依法治国的一系列新理念新思想新战略，形成了习近平法治思想。习近平法治思想是顺应实现中华民族伟大复兴时代要求应运而生的重大理论创新成果，是马克思主义法治理论中国化最新成果，是习近平新时代中国特色社会主义思想的重要组成部分，是全面依法治国的根本遵循和行动指南。

第一章　第一块“试验田”——红色法治从这里开始

20世纪初期是中国法治的重大转型期。伟大的民主革命先行者孙中山先生曾说：“天下大势，浩浩汤汤。顺之者昌，逆之者亡。”这个“大势”，蕴含了民主与法治即将到来，标志着中国法治走向现代的进程不可逆转。在这一历史转型中，在毛泽东等老一辈无产阶级革命家的引领下，闽西因缘际会，走在了时代的前列，成为土地革命战争时期中央苏区的主体和核心区域之一、毛泽东思想的重要发祥地，也是红军的故乡、共和国的摇篮，创造了“二十多年红旗不倒”的奇迹，成为中国共产党人运用法律治国理政的第一块成功“试验田”！

闽西位于福建省西南部，按清末的行政区划，包括汀州府属八个县——长汀、上杭、武平、永定、连城、宁化、清流、归化（今明溪），以及龙岩州属三个县——龙岩、漳平、宁洋（今分属漳平、龙岩、永安）。闽西北接赣南，南邻粤东，东接博平岭山脉，西傍武夷山南段，玳瑁山脉绵亘其间。由于闽西地处山区，交通不便，土特产的输出和工业用品的输入，全靠肩挑手提。因此自给自足的自然经济长期占主导地位。闽西地理位置重要，具有进可攻退可守的战略意义，同时它距福州、厦门等中心城市较远，是当时反动统治比较薄弱的地方。这些都为开展游击战争，实行工农武装割据，创建革命根据地，开展红色法治实践，提供了极为有利的客观条件。

第一节 民主法治思想在闽西的启蒙

一、法治启蒙的准备

（一）新思想新文化的传入

1917年，俄国爆发了“十月革命”，建立了世界上第一个无产阶级专政的社会主义国家，开创了人类历史的新纪元，促进了被压迫民族的觉醒。新文化运动期间，新思想在上杭城乡广为传播。许多旅居外地的上杭籍知识分子、青年学生，纷纷向家乡传递进步书刊报纸。当时传到上杭城乡的进步书报有《列宁学说》《马克思主义》《独秀文存》《新青年》等等。进步书报传入后，闽西的青年学生和知识界争相传读，接受新思想蔚然成风。

1919年5月4日，北京爆发了反帝反封建的五四运动。在北京求学的汀州籍学生王仰颜也参加了示威游行。五四运动很快波及闽西，龙岩青年学生纷起响应，举行罢课，游行示威，高呼“外争国权，内惩国贼”“拒绝和约签字，废除二十一条”“抵制日货”等口号。五四运动在反帝反封建的同时，成为一个思想和法治启蒙运动。

五四运动以后，马克思列宁主义在中国迅速传播，在闽西首先为个别先进知识分子所接受，然后由他们传播到广大知识分子和工农群众中去。闽西在北京、厦门、广州等地求学的革命知识分子，不断地向闽西传入新文化、新思潮。“北京的新潮流，已经流到万山重复的龙岩来了！《青年》《新潮》等书，也渐渐卖到龙岩来了。”①闽西其他地方，情况同样如此。1917年，留学日本回国的进步青年

① 林仙亭：《十年读书》，载《岩声》第15期，1924年11月1日。

傅柏翠在上杭创办了闽西第一家律师事务所，为百姓打官司撑腰，以农民律师著称。五四运动期间，傅柏翠曾专程赴北京，与上杭籍在京学生林克庵等联系，阅读了《新青年》《新潮》等刊物，学习马克思主义，回到家乡后，提倡“文学革命”“白话文”等。

以傅柏翠等进步青年为代表，闽西开启了法治启蒙运动，社会大众的革命思想和民主法治意识日益觉醒。

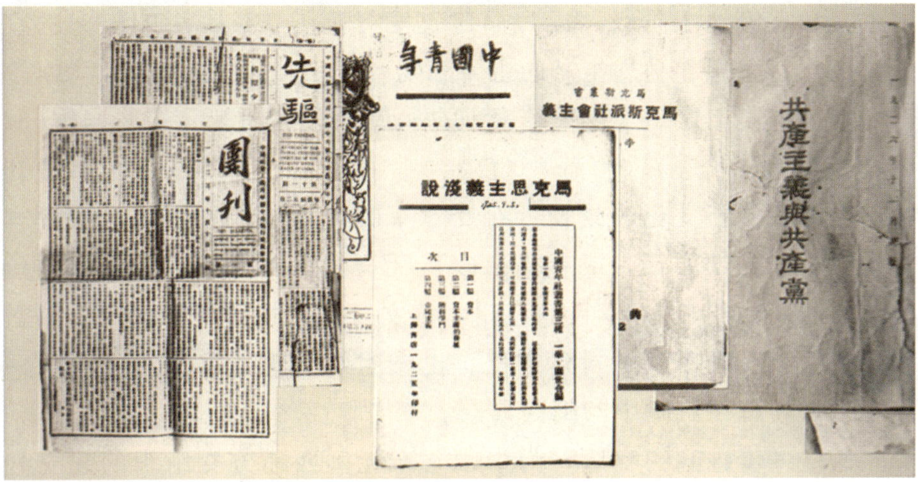

图 1-1　五四时期出版的刊物和传到福建的一部分宣传马列主义的书刊

（二）创办进步刊物唤醒民众

1921 年，中国共产党成立，中国革命面目由此焕然一新。闽西的进步知识分子开始组织读书会，学习马克思列宁主义，并通过创办刊物，向广大群众宣传革命思想和民主法治意识，揭露统治阶级的罪恶，以提高人民的阶级觉悟。

1921 年春，邓子恢从江西崇义回到龙岩，在家乡白土（今新罗区东肖镇）桐冈学校担任小学教员。当时龙岩县县长杜连茹与驻军勾结，包揽诉讼，操纵金融，导致政治腐败。邓子恢对这些恶劣的贪赃枉法现象十分不满，与章独奇、林仙亭、陈明、张觉觉、曹菊如等一批进步青年，在白土组织奇山书社。1923 年上半年，邓子恢、陈明等决定扩充油印刊物《同声》的内容，增加新栏目，改刊名为《岩声》并公开出版。《岩声》在发刊的第一期，阐述了刊物的宗旨："本社最伟大之使命乃在：改造旧社会，宣传新文化"。在旧军阀残暴统治下的闽西，《岩声》月刊创办，成为龙岩二十万民众舆论中心，顽强地战斗了整整三个年头。《岩声》宣传马克思主义学说，揭露帝国主义分子罪行，宣传阶级斗争观点和武装夺取政权的思想，宣传社会主义思想，宣传妇女解放，锋芒直指北洋军阀、帝国主义和官僚地主阶级，成为福建省发行范围较广、影响较大的宣传新文化新思想和马列主义的主要刊物。

继《岩声》之后至土地革命前夕，闽西各县涌现《新龙岩季刊》《到民间去》《改进》《苔藓》《汀雷》《莲钟月刊》等一大批革命刊物，或者宣传新文化，或者号召反对军阀反对封建主义，揭露贪官污吏、土豪劣绅罪行，或者提出改良社会主张，等等。如《劣绅鱼肉平民的工具》《伤心惨目的汀州》等文章，以血淋淋的事实，揭露帝国主义、反动军阀、封建官僚、土豪劣绅鱼肉人民的罪行，似一声春雷，唤醒了沉睡中的闽西群众。

这些进步报刊的出版，为中国共产党闽西地方党组织的建立和工农运动的发展做好了思想上和组织上的准备，有利于党领导革命运动的开展，也为以后闽西苏区开展红色法治实践打下了坚实的基础。反动统治阶级把这些革命刊物视为"洪水猛兽""歪门邪道"，大肆咒骂、挞伐和攻击，并采取各种各样卑劣的手段加以阻挠和限制，甚至取缔。

（三）开办平民夜校启发民智

闽西先进知识分子在创办进步刊物的同时，还开办平民学校，将其打造成新思想新文化和法治启蒙的阵地。在厦门集美学校求学的一批闽西籍进步青年学生回到闽西各县，多数以教书为掩护，一边创办革命刊物，宣传革命思想，一边发展进步人士，秘密组织革命团体，并号召青年到群众中去进行调查研究，了解社会状况，提高政治觉悟。其中比较著名的有：龙岩谢景德、林初元、谢宝萱等在适中创办平民学校，杨世宁、廖昌泰等创办龙岩公学；永定张鼎丞等创办溪南公学，阮山等创办湖雷公学……正如邓子恢所指出的那样，这些活动虽然仅仅停留于青年知识分子的阶层，但是这些知识分子后来很大一部分成为共产党和农民运动的领导者。

二、北伐军入闽推动法治实践

（一）北伐军进军闽西

1924 年 1 月，中国国民党第一次全国代表大会召开，确定了“联俄、联共、扶助农工”的三大政策，标志着第一次国共合作的正式形成。1926 年 2 月，中国共产党明确提出了出兵北伐推翻北洋军阀统治的政治主张。1926 年 7 月 1 日，广东国民政府颁布了北伐动员令。

国民革命军入闽之前，直系军阀孙传芳周荫人部掌握福建军政大权，汀属各县由福建陆军第三师盘踞，这时的汀州，军阀与官僚、地主、土豪劣绅互相勾结，残酷地欺压剥削人民。汀州人民对北洋军阀早已深恶痛绝，希望早日消灭军阀，扫除残虐。

为使国民革命军顺利进军福建，国共两党共同努力，对福建各部驻军开展了分化瓦解工作，并取得了预期的效果。1926 年 10 月 8 日，当北伐军东路军总指挥部下达了进攻福建的命令后，曹万顺、杜起云立即通电起义，接受改编为国民革命军第十七军。9 日，国民革命军攻闽战斗打响，永定和上杭峰市成为突破口。10 日，攻克永定县城。14 日，东路军进驻龙岩。29 日，长汀收复。由于北伐军的节节胜利，在连城为非作歹的华仰侨、罗藻等民团慑于革命的威力，纷纷“易帜”受编。北伐军兵不血刃占领了连城。至此，闽西全境为东路军收复，结束了北洋军阀的统治。

收复闽西后，为了创建新的社会秩序，东路军政治部决定在上杭成立长(汀)(上) 杭武(平)永(定) 政治监察署。国民党左派、东

图 1-2　岩平宁政治监察署木刻长戳

路军政治部主任江董琴任政治部主任，并委派共产党员谢秉琼为长杭武永政治监察署监察员。1927 年 1 月，东路军政治部又决定将长杭武永政治监察署扩大为汀属八县政治监察署，辖长汀、上杭、武平、永定、连城、宁化、清流、归化八县。收复闽西南后，东路军政治部又决定设立漳（州）龙（岩）各属政治监察署。1926 年 12 月中旬，漳龙政治监察署在漳州成立。12 月下旬，分设（龙）岩（漳）平宁（洋）政治监察署，辖龙岩、漳平、宁洋三县。1927 年 2 月，国民党左派张旭高（后加入共产党）正式就任岩平宁政治监察署监察员，谢景德为组织员，郑日辉为宣传员。不久，共产党员陈庆隆、郭滴人、谢宝萱、陈国华、林一株等也参加了岩平宁政治监察署工作。汀属八县政治监察署和岩平宁政治监察署是闽西的两个临时革命政权性质的领导机关。由于共产党员和国民党左派人士在其中占了绝大多数，因而在之后的闽西国民革命运动中起到了积极的领导作用。

（二）加强法纪建设推动工农运动

为了培养工农运动骨干，1927 年 1 月，罗明主持召开中共闽南部委第一次扩大会议，决定通过各政治监察署，由派往各地的广州农民运动讲习所学员，在各地举办工农运动讲习所，以培养大量的工农运动干部。

1927 年 2 月下旬，汀属八县政治监察署召开各县国民党县党部及民众团体代表联席会议。大会宣言确定了闽西国民革命运动的三项任务，一是发展民众组织，二是实现革命政治，三是统一工作步骤。大会决定创办汀属八县社会运动人员养成所，养成所设在上杭，谢秉琼任所长，林心尧任训育主任，招收学员共160人。

4月初，岩平宁政治监察署会同国民党龙岩县党部召开了龙岩县各界代表联席会议，通过了如下决议：

1. 在农村实行“二五减租”，对半减息，以限制农村封建剥削。地瓜杂粮可以交租，年成歉收时可协商减租。

2. 保护工人权益，提高工人地位。店员、工人实行8小时工作制和星期日休息制。

3. 提倡男女平等，妇女解放。实行婚姻自由，禁止买卖婚姻，禁止纳妾、抱童养媳。

4. 破除封建迷信，严禁算命卜卦，迎神跳神。

5. 禁赌，禁烟，禁娼。

此外，岩平宁政治监察署和龙岩县各界群众代表联席会议还决定在龙岩举办岩平宁宣传人员养成所，张旭高兼任所长，中共龙岩支部书记陈庆隆任教务主任，张蔼庭任教务员，林一株任军事教官，共有学员20多人。

闽西两大政治监察署通过的各项决议措施，沉重打击了封建道德观念和陈规陋习，有力限制了封建剥削，提高了工农群众的地位，对闽西法治实践进行了积极、有益的尝试。

东路军入闽后，共产党员和国民党左派积极组建各群众团体，农会、工会、学生会、妇女解放协会等如雨后春笋般建立。尤其是各地农会，吸引了成千上万的贫苦农民。他们“主要攻击目标是土豪劣绅，不法地主，旁及各种宗法的思想和制度，城里的贪官污吏，乡村的恶劣习惯。这个攻击的形势，简直是急风暴雨，顺之者存，违之者灭。其结果，把几千年封建地主的特权，打得个落花流水。地主的体面威风，扫地以尽。地主权力既倒，农会便成了唯一的权力机关，真正办到了人们所谓‘一切权力归农会’”①。

① 毛泽东：《湖南农民运动考察报告》，《毛泽东选集》（第一卷），人民出版社，1991年，第14页。

各地农民协会加强法纪建设，体现了纪律性和战斗性的特点。汀漳办事处印发的《农民协会会员须知》明确规定："服从农会命令，遵守农会纪律；按月认纳会费，拥护多数决议；不分地方界限，不分姓氏差别；不得藉会营私，私斗尤须禁绝；凡属本会会友，务须亲爱团结；万众一心向前，打倒贪污豪劣；帝国主义军阀，专吸工农膏血；工农联合奋斗，敌人完全消灭。"闽西各县的妇女解放协会也发布了《福建妇女解放协会章程》《为国际妇女节告女同胞》等文告，提出了"解放妇女"的口号。

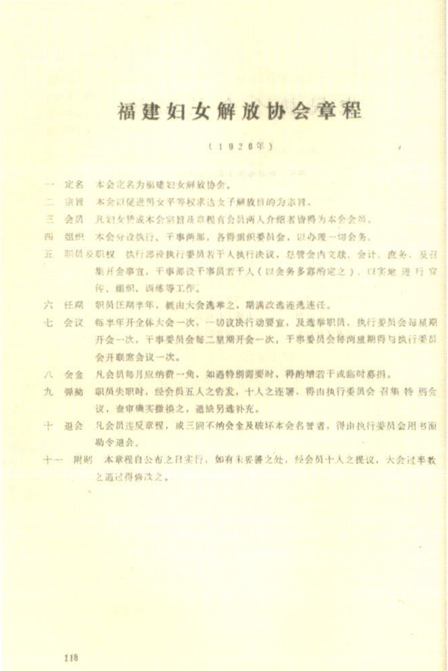

福建妇女解放协会章程

（1926年）

一　定名　本会定名为福建妇女解放协会。
二　宗旨　本会以促进男女平等权求达女子解放目的为宗旨。
三　会员　凡妇女赞成本会宗旨及章程有会员两人介绍者皆得为本会会员。
四　组织　本会分设执行、干事两部，各得组织委员会，以办理一切会务。
五　职员及职权　执行部设执行委员若干人执行决议，总管会内文牍、会计、庶务，及召集开会事宜，干事部设干事员若干人（以会务多寡酌定之），以实施进行宣传、组织、训练等工作。
六　任期　职员任期半年，概由大会选举之，期满改选连选连任。
七　会议　每半年开全体大会一次，一切议决行动要宜，及选举职员，执行委员会每星期开会一次，干事委员会每二星期开会一次，干事委员会每两星期得与执行委员会开联席会议一次。
八　会金　凡会员每月应纳费一角，如遇特别需要时，得酌增若干或临时募捐。
九　弹劾　职员失职时，经会员五人之告发，十人之连署，得由执行委员会召集特别会议，查审确实撤换之，遇缺另选补充。
十　退会　凡会员违反章程，或三回不纳会金及破坏本会名誉者，得由执行委员会用书面勒令退会。
十一　附则　本章程自公布之日实行，如有未妥善之处，经会员十人之提议，大会过半数之通过得修改之。

118

图 1-3　《福建妇女解放协会章程》

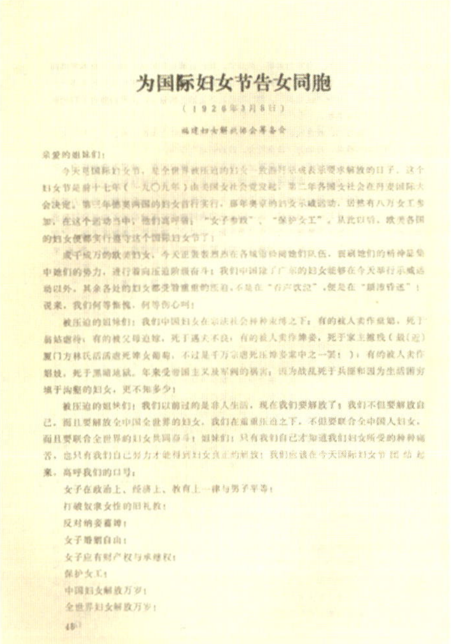

为国际妇女节告女同胞

（1926年3月8日）

福建妇女解放协会筹备会

亲爱的姐妹们：

今天是国际妇女节，是全世界被压迫的妇女一致举行示威表示要求解放的日子。这个妇女节是前十七年（一九〇九年）由美国女社会党发起，第二年各国女社会在丹麦国际大会决定，第三年德奥两国的妇女首行实行，那年奥京的妇女示威运动，居然有八万女工参加，在这个运动当中，她们高呼着："女子参政"、"保护女工"。从此以后，欧美各国的妇女便都实行遵守这个国际妇女节了！

成千成万的欧美妇女，今天正轰轰烈烈在各城市排列她们队伍，振刷她们的精神鼓集中她们的势力，进行着向压迫阶级奋斗；我们中国除了广东的妇女能够在今天举行示威运动以外，其余各处的妇女都受着重重的压迫，不是在"吞声饮泣"，便是在"颠沛流离"！说来，我们何等惭愧，何等伤心呵！

被压迫的姐妹们！我们中国妇女在宗法社会种种束缚之下：有的被人卖作童媳，死于翁姑虐待；有的被父母逼嫁，死于遇夫不良；有的被人卖作婢妾，死于家主摧残（最近厦门方林氏活活虐死婢女葡萄，不过是千万宗虐死压婢妾案中之一罢！）；有的被人卖作娼妓，死于黑暗地狱。年来受帝国主义及军阀的祸害，因为战乱死于兵燹和因为生活困穷填于沟壑的妇女，更不知多少！

被压迫的姐妹们！我们以前过的是非人生活，现在我们要解放了；我们不但要解放自己，而且要解放全中国全世界的妇女。我们在重重压迫之下，不但要联合全中国人妇女，而且要联合全世界的妇女共同奋斗；姐妹们！只有我们自己才知道我们妇女所受的种种痛苦，也只有我们自己努力才能得到妇女真正的解放！我们应该在今天国际妇女节团结起来，高呼我们的口号：

女子在政治上、经济上、教育上一律与男子平等！
打破奴隶女性的旧礼教！
反对纳妾蓄婢！
女子婚姻自由！
女子应有财产权与承继权！
保护女工！
中国妇女解放万岁！
全世界妇女解放万岁！

图 1-4　《为国际妇女节告女同胞》

正当闽西的工农运动蓬勃开展之时，1927 年 4 月，蒋介石集团发动了震惊中外的"四·一二"反革命政变，大肆屠杀共产党人、国民党左派人士和工农群众。闽西国民党右派趁机勾结军阀郭凤鸣、陈国辉等，发动了龙岩"四·一五"、上杭"五·七"反革命事变。政治监察署、社会运动人员养成所、总工会、县农会等被关闭、解散，林心尧等一大批共产党员和进步师生被逮捕、杀害，其余各县的共产党员和国民党左派也受到打击。闽西的革命力量遭到严重的摧残，国共合作彻底破裂，闽西处于一片白色恐怖之中，进步的法治探索陷于停顿，共产党组织及其活动只得转向农村。

三、南昌起义军入闽西助推法治启蒙

大革命失败以后，国民党反动派在全国各地实行白色恐怖，疯狂地屠杀共产党人和革命群众。但是，中国共产党人和革命群众并没有被吓倒。1927 年 8 月 1 日，周恩来、朱德、贺龙、叶挺、刘伯承等领导了震撼中外的南昌起义，打响了武装反抗国民党反动统治的第一枪，开始了中国共产党独立领导武装斗争和创建工农红军的时期。

南昌起义后，起义军南征广东。一支军队的纲领和宣言就是一面旗帜。军纪严明是南昌起义军南征广东顺利入闽的有力保障。南昌起义发布的系列文告，不仅让全体官兵明白此次革命的伟大意义及光明前景，极大鼓舞了士气，也要求全体官兵共同接受党纪军纪的约束。如《国民革命军总指挥贺示》宣告：“照得本部各军，富于革命精神。此次南昌起义，原为救国救民。转战千里来粤，只求主义实行。士兵如有骚扰，准其捆送来营。本军纪律森严，重惩决不姑徇。务望各安生业，特此郑重申明。”[①] 向地方和社会各界保证，把扰民的士兵“捆送来营”，军法处置，既是一种军法的宣传实践，更是军队的自我革命，意义重大。

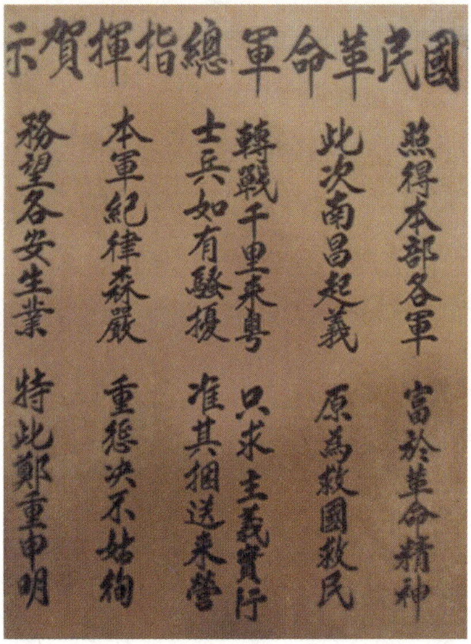
國民革命軍總指揮賀示
照得本部各軍 富於革命精神
此次南昌起義 原為救國救民
轉戰千里來粵 只求主義實行
士兵如有騷擾 准其捆送來營
本軍紀律森嚴 重懲決不姑徇
務望各安生業 特此鄭重申明

图 1-5 《国民革命军总指挥贺示》

---

① 福建师范大学马列主义教研室、中共党史教研组：《中共党史学习资料》，1980 年，第 137 页。

转战粤闽赣边区之时，起义部队不时遭到地主武装、反动民团的袭扰，加上缺吃少穿，疾病流行，军官思想混乱，士兵纪律松懈，部队严重减员。这些问题如果得不到及时解决，部队将难以经受住考验，如何保存革命火种成为现实考验。正是由于加强了军队法治建设和纪律建设，革命才一次次化险为夷，焕发出无穷生机。

1928年4月，朱德、陈毅率领起义军余部上井冈山，与毛泽东率领的秋收起义部队会合，创建了中国工农红军第四军，拉开了中国革命崭新序幕。南昌起义军南下广东，在短短一个多月内，往返途经闽西，播撒下了红色法治的种子。

在长汀，起义军指导帮助建立了中共长汀支部，指定段奋夫为支部书记。起义军先头部队进入杭城后，立即收缴反动警察局的所有枪支，以革命的雷霆手段，稳住上杭城区秩序。接着，帮助建立了“上杭临时工农政府”红色政权，委派孙石候为县长。为了帮助地方建立工农武装，还拨给长汀、上杭、永定的工农武装枪支五六十枝，并教授军事战术。

在制定筹款政策时，起义军内部对筹款分为两种意见。一种意见是主张沿用旧政策，即每到一城，进行提款、派款、借款等，实际上是利用一般土豪劣绅来筹款；另一种意见是主张完全抛弃旧的方法，实行征发、没收土豪劣绅的财产，并对土豪劣绅罚款等。周恩来、李立三、恽代英等都同意第二种办法。可是到了长汀，因为长汀商会答应3日内筹款6万元，所以有的人还是按照老办法进行筹款，放弃了惩办土豪劣绅的政策，结果长汀商会袒护了大土豪劣绅，10万元以上家产的仅出300元至500元，却把负担摊派给一般工农小商人身上，连10亩以内的自耕农及很小的杂货店都被摊派8元10元不等。因此，3日仅筹款2万余元，还闹得满城风雨。为此，通过开会讨论，起义军决定采用新的政策，在汀州城捉拿土豪劣绅，实行“没收与罚款”，并发还许多贫苦工农的派款。由于起义军采用了新的政策和方法，仅用2天时间，又筹款4万元。

在上杭，起义军前敌委员会根据沿途土地革命情况的实际调查和中共广东省委的政纲，对“没收土地”这一不加亩数限制的规定，重新进行讨论，并做出“没收五十亩以上大地主的土地”的决定。这个决定，消除了土地革命政策不符合中国国情的教条主义影响，使之更符合土地革命的斗争实际，为中国共产党制定土地革命的方针、政策起到了良好开端的作用。

起义军在入闽沿途，还开展了多种形式的革命法治宣传，鼓舞了民众的斗志。起义军每到一地，如长汀、上杭、永定峰市和洪山等地，发放传单，张贴布告，刷写标语，内容有“革命者来”“没收大地主土地”“耕者有其田”“打倒土豪劣绅”“铲除贪官污吏”“实行民权教育”“实行减租减息”等；开展宣传演讲，号召民众要联合起来，打倒土豪劣绅阶级和新军阀的代表蒋介石；还派出宣传队协助永定、上杭各乡村恢复和发展农会组织，发展农会会员900多人。这些宣传方式，形式新颖，内容通俗，朗朗上口，而“没收大地主土地”“耕者有其田”等政策更是深入民心。

图 1-6　南昌起义军在长汀留下的标语——“革命者来”

此外，起义军还开展了一系列公开审判和征罚粮款活动。在长汀，起义军在当地共产党员和进步青年王仰颜、段奋夫、罗化成、黄亚光等人的主动配合下，逮捕了国民党防务局局长、警察局局长、商会会长等人，并根据广大群众的要求，在府学坪召开群众大会，公开宣布罪状后予以枪决镇压。

在上杭，起义军召集群众大会和军民联欢会，宣传党的方针政策，同时根据群众要求，逮捕了在上杭反革命事变中表现特别反动的丘秀光等3人，加上从长汀押解来上杭的劣绅曹鼎新等，进行公审镇压，并对上杭30个豪绅实行公开征罚粮款。

南昌起义军在闽西开展的一系列活动，沉重打击了国民党反动派的嚣张气焰，鼓舞了广大民众的革命斗志，直接推动和促进了闽西的农民武装暴动。

第二节　红四军入闽催生法治正规化

一、红四军创建闽西革命根据地

1928 年 4 月井冈山会师后，成立中国工农红军第四军，朱德任军长，毛泽东任党代表，陈毅任士兵委员会主任，王尔琢任参谋长。

为了打破敌人的“会剿”，1929 年 1 月红四军主力转战赣南、闽西。2 月，红四军进入江西瑞金大柏地，歼灭尾追之敌 800 多人，取得了“红军成立以来最有荣誉之战争”的胜利，打开了赣南的局面。

1929 年 3 月 11 日，红四军从瑞金出发，挺进闽西长汀四都楼子坝。14 日，红四军在长岭寨诱敌深入，消灭了福建省防军第二混成旅 2000 余人，取得了红四军入闽第一仗的胜利，乘胜解放了长汀城，闽西第一个县级红色政权长汀县革命委员会成立。3 月 20 日，红四军前委在长汀辛耕别墅召开扩大会议，制定了在赣南、闽西 20 余县范围内创建革命根据地的战略方针，为后来中央革命根据地的创建勾画了蓝图。4 月 1 日，红四军在长汀活动 17 天以后，回师赣南。

5 月初，蒋桂战争基本结束，国民党江西驻军准备围歼红四军于赣南地区。此时，粤桂军阀却燃起战火，接邻粤东地区的闽西各大小军阀，先后投入了这场混战。鉴于赣南敌军集中、闽西空虚的情况，毛泽东、朱德决定避开赣敌锋芒，再度入闽，开辟闽西新的区域。5 月下旬，红四军兵分两路出发，顺利攻克龙岩城，陈国辉残部退守漳平。红四军为了诱敌归巢，并扩大红色的区域，主动撤离龙岩城，挥师永定，建立了闽西第二个县级红色政权永定县革命委员会。6 月 3 日，红四军第二次攻占龙岩，随即又主动撤出，转攻上杭白砂。6 月 19 日，红四军乘敌不备，在闽西地方武装配合下，第三次攻打龙岩城，除旅长陈国辉只身逃脱外，第一混成旅驻岩城的主力 2000 多人全部被歼。红四军三克龙岩后，成立了闽西第三个县级红色政权龙岩县革命委员会，邓子恢任主席。以龙岩、永定、上杭为中心的闽西革命根据地初步形成。

在红四军二次入闽军事斗争取得节节胜利的过程中，闽西的地方武装得到了迅猛发展，很快升格整编为正规红军——红四军第四纵队。接着，红四军开展“七月分兵”和出击闽中、东江行动。在短短的时间里，红四军 4 个纵队分别开赴闽西各县，在原来没有开展群众工作或工作基础较薄弱的广大地区，发动了农民暴动，进行了土地革命，成立了区乡苏维埃，使各县红色区域迅速连成一片。9 月下旬，红四军攻克了 400 年来无人攻破的“铁上杭”，打破了“汀江天险”的神话。10 月，上杭县苏维埃政府、武平县苏维埃政府、永定县苏维埃政府接连成立。至此，红四军经首战长岭寨，三打龙岩城，攻占“铁上杭”，先后消灭了统治闽西的军阀郭凤鸣、陈国辉、卢新铭和地主豪绅武装，进一步巩固和扩大闽西红色区域，使闽西成为当时全国最大的红色根据地之一。

到 1929 年 11 月，根据地已由 3 个县扩大到龙岩、上杭、永定、武平、长汀、连城 6 个县，在纵横数百里的红色区域内，80 万群众分到了土地；成立县苏维埃 4 个，区苏维埃 50 多个，乡苏维埃 400 余个；闽西工农武装也不断发展壮大，从 1929 年 3 月间的 800 多支枪发展到 5000 多支枪，赤卫队员 6000 余人。党和各种群团组织也不断发展，已有工会会员近万人，农民基本都加入农会，党员 7800 余人。

是年秋天，毛泽东有感于闽西出现的前所未有的大好形势，在《清平乐·蒋桂战争》一词中充满激情地写道：“风云突变，军阀重开战。洒向人间都是怨，一枕黄粱再现。红旗跃过汀江，直下龙岩上杭。收拾金瓯一片，分田分地真忙。”

红四军离开井冈山根据地后，两度入闽，在闽西地方党组织、革命武装的密切配合下，在广大工农群众的积极支援下，经过近一年的艰苦作战，开辟了以龙岩、永定、上杭为中心的闽西革命根据地，并在战斗中壮大了自己的力量。红四军在闽西、赣南的接连胜利，与闽西苏区的红色法治实践互补共进，为红土法魂的形成奠定了坚实的基础。

二、红四军在闽西开展军纪建设

军纪，从某种意义上说，代表了军队的本质。一支军队的军纪与其所要承担的任务和使命密切相关。任务不同，使命有别，军纪也就必然产生差异。作为新型革命军队的中国工农红军，其本质乃是人民军队，而不是单纯的武装力量。1929 年，红四军在两次入闽创建革命根据地的过程中，一方面开展革命战争，另一方面发动群众开展土地革命，同时加强红军党纪军法建设，影响极其深远。

（一）发布布告规定红军的宗旨和使命

敬畏军法党规，关心群众生活，保护群众利益，是红军取信于民、营造良好军民关系的根本所在。1929 年 1 月，红四军离开井冈山，行进赣南闽西途中，以红军第四军司令部的名义，发布了毛泽东起草的“一月布告”，全文四言体，明确提出“红军宗旨，民权革命”。这就是中国共产党在半殖民地半封建的中国，在 20 世纪 20 年代这一特殊历史时期，符合中国实际的“初心”与“使命”。

布告中还提出了实现这一初心和使命的 12 条方法，那就是：

1. 平买平卖，事实为证；乱烧乱杀，在所必禁。
2. 地主田地，农民收种；债不要还，租不要送。
3. 增加工钱，老板担任；八时工作，恰好相称。
4. 军队待遇，亟须改订；发给田地，士兵有分。

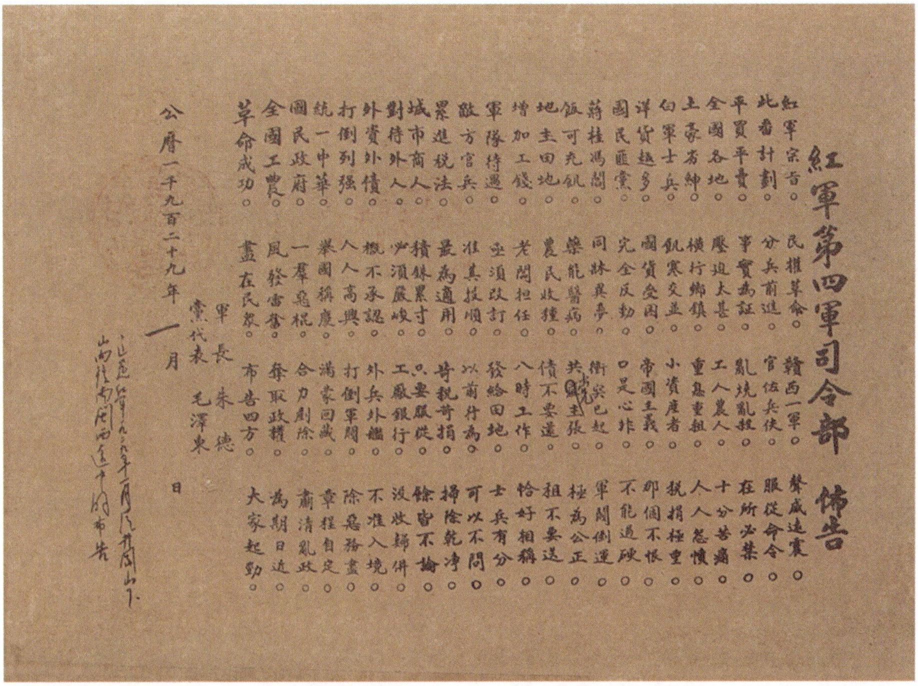

紅軍第四軍司令部佈告

紅軍宗旨。民權革命。贛西一軍。聲威遠震。
此番計劃。分兵前進。官佐兵伕。服從命令。
平買平賣。事實為証。亂燒亂殺。在所必禁。
全國各地。壓迫太甚。工人農人。十分苦痛。
土豪劣紳。橫行鄉鎮。重息重租。人人怨憤。
白軍士兵。飢寒交迸。小資產者。捐稅極重。
洋貨越多。國貨受困。帝國主義。那個不恨。
國民匪黨。完全反動。口是心非。不能過硬。
蔣桂馮閻。同床異夢。衝突已起。軍閥倒運。
飯可充飢。藥能醫病。共黨主張。極為公正。
地主田地。農民耕種。債不要還。租不要送。
增加工錢。老闆担任。八時工作。恰好相稱。
軍隊待遇。亟須改訂。發給田地。士兵有分。
敵方官兵。准其投順。以前行為。可以不問。
累進稅法。最為適用。苛稅苛捐。掃除乾淨。
城市商人。積銖累寸。只要服從。餘皆不論。
對待外人。必須嚴峻。工廠銀行。沒收歸併。
外資外債。概不承認。外兵外艦。不准入境。
打倒列強。人人高興。打倒軍閥。除惡務盡。
統一中華。舉國稱慶。滿蒙回藏。章程自定。
國民政府。一羣惡棍。合力剷除。肅清亂政。
全國工農。風發雷奮。奪取政權。為期日近。
革命成功。盡在民衆。布告四方。大家起勁。

軍長 朱德
黨代表 毛澤東

公曆一千九百二十九年一月　日

这是红军一九二九年一月从井冈山下山向赣南闽西进军中的布告

图 1-7　红四军“一月布告”

5. 敌方官兵，准其投顺；以前行为，可以不问。

6. 累进税法，最为适用；苛税苛捐，扫除干净。

7. 城市商人，积铢寸累；只要服从，余皆不论。

8. 对待外人，必须严峻；工厂银行，没收归并。

9. 外资外债，概不承认；外兵外舰，不准入境。

10. 打倒列强，人人高兴；打倒军阀，除恶务尽。

11. 统一中华，举国称庆；满蒙回藏，章程自定。

12. 国民政府，一群恶棍；合理铲除，肃清乱政。[①]

同时，号召“全国工农，风发雷奋；夺取政权，为期日近。革命成功，尽在民众；布告四方，大家起劲”。这些方法或规定，如“累进税法”、劳资关系，以及涉及违法处理，如禁止乱烧乱杀、没

① 中共龙岩地委党史资料征集领导小组、龙岩地区行政公署文物管理委员会：《闽西革命史文献资料》（第二辑），1982 年，第 9 页。

收归并洋人工厂银行等，掷地有声，朗朗上口，起到了宣传法治、发动群众、瓦解敌军的良好效果。

1929 年 5 月，红四军第二次入闽，6 月中旬第三次攻占龙岩城后，发布了著名的《红军第四军司令部政治部布告》，再次昭示天下，红军受共产党的领导，执行民权革命三大任务——打倒帝国主义，打倒地主阶级，打倒国民党政府，以帮助工人农民，及一切被压迫阶级得到解放为宗旨。[①]

7 月，毛泽东在上杭蛟洋文昌阁指导召开了中国共产党闽西第一次代表大会，确立了闽西党的总路线，即“坚决地领导群众，为实现闽西工农政权的割据而斗争”[②]。

在这一时期，毛泽东和红四军以法规的形式，开诚布公地宣布红四军的“宗旨”与“责任”，落实“初心”与“使命”，得到了劳苦大众的衷心拥护，是闽西革命根据地得以初步形成的重要原因之一。

图 1-8　中共闽西一大旧址文昌阁

① 中共龙岩地委党史资料征集领导小组、龙岩地区行政公署文物管理委员会：《闽西革命史文献资料》（第二辑），1982 年，第 112 页。

② 中共龙岩地委党史资料征集领导小组、龙岩地区行政公署文物管理委员会：《闽西革命史文献资料》（第二辑），1982 年，第 145 页。

（二）完善三大纪律八项注意

井冈山斗争时期，毛泽东根据实际斗争的需要，亲自为红军制定了“三大纪律，六项注意”。三大纪律即“行动听指挥、不拿工农贫民一点东西、打土豪要归公”；六项注意是“上门板、捆禾草、买卖公平、说话和气、借东西要还、损坏东西要赔”。

在红四军进军闽西途中，军纪建设有了充分的发展。

1929 年 2 月 4 日，在进军武平民主高书村的行军途中，朱德亲自起草制定了“五不准”——不准掉队、不准打手电筒、不准带有响的东西、不准说话和不准咳嗽。在高书村，毛泽东亲自起草了三项命令——一律不进入户主不在的民宅；确需借用物品必须得到群众允许；原物归还时需支付租金。

5 月红四军第二次入闽，23 日第一次攻克龙岩城后，下午进军永定。红四军宣传队在坎市裕源店三楼厅写下了“三条纪律八项注意”歌：“红军纪律最严明，要（保）护工农们，（这是）大家的责任。买东西要公平，保护小商人，工农与兄弟，劳苦更相亲，说话要和气。……出发和宿营，样样要记清，上门板，捆禾草，房子扫

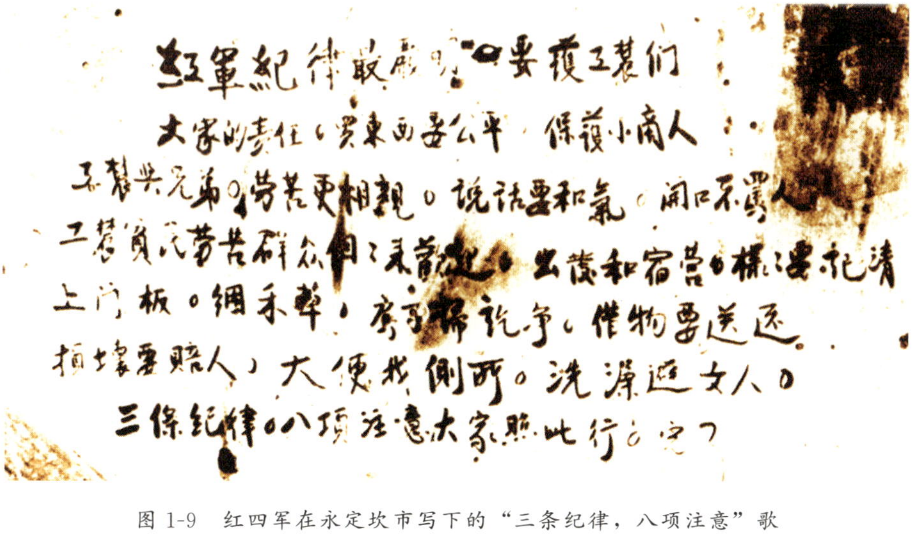

图 1-9　红四军在永定坎市写下的“三条纪律，八项注意”歌

干净，借物要送还，损坏要赔人，大便找厕所，洗澡避女人。三条纪律，八项注意，大家照此行。”其中，“大便找厕所，洗澡避女人”这两项是在闽西新增加的。以后这“三条纪律，八项注意”发展成为中国人民解放军的“三大纪律，八项注意”，成为人民军队的行动准则。

1929 年 9 月，红四军前委书记陈毅赴上海，向党中央汇报红四军的历史及其情况，将红四军的军纪归纳为下列数项：

1. 战时纪律。临阵退却、畏缩不前、违抗命令等可由军官就地枪决。

2. 一般纪律。通敌、叛反、拖枪潜逃、开小差、强奸、乱烧乱杀、毁坏人民财物，均处死刑；赌博，则没收其所有金钱，并决定一月内不发零用钱；嫖妓，则处以夜不归营之罪；因嫖妓而滋事者，量其大小或处死刑，或罚勤务，或打屁股，或打手心；其余比较细小之错误，则按其轻重处罚之。

3. 红军三大纪律。①

1929 年 9 月 28 日，中共中央给红四军前委回复了著名的“中央九月来信”，在关于红军的纪律与处罚方面，明确规定“应做到使士兵自动守纪律，以群众的力量与影响来裁制违犯纪律的人，坚决地废除肉刑”。

可见，红军的“三大纪律，八项注意”和中共中央的指示，是红军官兵的行动准则，成为红军领导机关调解军内外纠纷，审理民事、刑事及反革命案件的法律依据和量刑标准。

三、红四军在闽西开展司法审判活动

土地革命初期，在红军和革命根据地初创阶段，虽然尚未建立

---

① 中共龙岩地委党史资料征集领导小组、龙岩地区行政公署文物管理委员会：《闽西革命史文献资料》（第二辑），1982 年，第 201 页。

统一的苏维埃政权，各个革命根据地规模也不大，政权机构也不健全，且根据地尚未连成一片，但在农民暴动的地方，在各军内部及军队驻地，反革命案件、刑事案件、民事案件也时有发生。党对这些案件的处理，从一开始就注意建立革命的法治秩序，遵循了依法办案的原则，并把侦查、逮捕、审判、执行等司法权力集中统一行使，严禁个人乱捕乱杀的现象发生。

红军创建初期，兵源来自各方面，成分复杂，有第一次国共合作时期共产党掌握的国民革命军，有大革命失败后发动起义的部队，有工人纠察队，有农民自卫军，有国民党军俘虏，有绿林武装，等等，存在着严重的军阀主义、单纯军事观点、绝对平均主义以及军官打骂士兵、随手拿商店商品等军阀主义作风，甚至存在涉黄、赌博、偷盗等不良习气，常有怕艰苦而脱离队伍甚至“反水”等事件发生。军队中也有些暗藏的反革命分子，投机参加革命的不坚定分子，因而在红军中经常出现一些违纪犯法的案件。此外，部队打仗筹款，不时逮捕一些反动政府官员及反动军官、土豪劣绅、敌特分子等，杀一儆百还是一扫而光，是联合还是斗争，成为摆在红四军领导人面前的问题。

红四军转战赣南闽西创建革命根据地的过程中，军民案件由部队党委或前敌委员会行使侦查、逮捕、审判、执行权；地方案件最早在闽西由裁判处（部）、肃反委员会行使侦查、逮捕、审判、执行权。红军主要创建人毛泽东、朱德、陈毅等人，为建立新型人民军队，在领导红军和根据地军民进行频繁作战的同时，同军队中的各种非无产阶级思想和行为进行了不懈的斗争。红四军行使审判权的实践深刻影响了苏区红色法治的走向。

根据中共中央 1928 年 6 月 4 日给红四军的指示，红四军于 1928 年 11 月重建前敌委员会，成为湘赣边界党政军的最高领导机关，统辖四军军委、湘赣边特委。前敌委员会设军事委员会、政治部、职工委员会。政治部设秘书处、宣传科、组织科、政治保卫科。此时前敌委员会未设立专门的司法机构，有关案件的侦查、逮捕、审判、执行等司法权力由前委行使，具体工作由政治部负责。

红四军开展审判工作的主要法律依据，除了前文所说的军法党规，还有因应地方政权建设而制定的相应的规章制度。

1929 年 3 月，红四军帮助建立的长汀县革命委员会成立后，立即发布政纲，宣布废除一切厘捐，没收地主豪绅的土地及财产，严厉肃清反革命分子，实行赤色割据。招募 60 余人组成长汀县赤卫队，负责保卫地方政权和镇压反动派的破坏活动；还组织发动了 300 多人参加红军。

红四军还特别注意保护中小工商业者的利益，以壮大革命力量。在进军闽西途中，出于做群众工作和统一战线需要，红四军颁布关于支持商业等一系列规章制度。1929 年 3 月红四军攻克长汀后，毛泽东在前敌委员会和长汀县委的协助下，在驻地辛耕别墅召开了老裁缝、老佃农、钱粮师爷、老教书先生、老衙役和流氓头子等社会上有代表性的六种人员座谈会。经过调查，摸清了长汀的政治、经济状况和民情风俗，对闽西的状况有了进一步的了解，为红军制定适合当地情况的斗争策略提供了依据。此后，红四军颁布了《告绿林兄弟书》《告商人及知识分子》等，阐述了共产党对绿林、商人和城市的政策，提出“取消苛捐杂税，保护商人贸易”，“商人只要赞助革命，共产党就不没收他们的财产，并保护他们营业自由”等。

在长汀期间，事务长杨立三让炊事员把打“土豪”弄来的猪，煮了一锅香喷喷的肉，给红军官兵们享用。毛泽东到了宿营地得知有猪肉时，便问了杨立三猪肉的来历。杨立三回答是土豪赶着三四头猪，让他碰上了。毛泽东又问是否确认是土豪。杨立三称，劳苦工农，不会有三四头大肥猪。

毛泽东认为，单凭这个就断定那个赶猪人是土豪，证据不足，于是就派人去调查核实。经调查后得知，原来这个人是猪贩子，不是土豪。根据《告商人及知识分子》文告，毛泽东就此语重心长地对大家说：土豪是一定要打的，但要按政策搞清楚。对中小商人，我们要加以保护，不能侵犯他们的利益。猪贩子是小商人，把小商人当作土豪来打，是侵犯了商人的利益，违犯了党的商业政策。于是，毛泽东让杨立三登门向那个猪贩子赔礼道歉，按市价赔付了猪款，了结了这桩把小商人错当土豪来打的侵犯小商人利益的军民关系案件。

古田会议期间，红四军在古田曙光小学墙上刷写了“保护学校”标语，在士兵委员会驻地毓公祠刷写了“公买公卖”标语，要求苏区军民认真执行。这些政策法令及红色法治宣传措施，为红军发动更多的工农大众理解、支持和参加革命打下了良好的基础。

同时，红四军也注意保护邮政，造福民生。1929 年 3 月，红四军第一次入闽，毛泽东拜访汀州邮局局长何仲孚，详细了解各条邮路的通邮情况、邮工的生活，以及国民党军队败退时邮局部分邮件遭到损毁等情况，毛泽东当即安排红四军张贴保护邮局的布告。5 月 22 日，红四军为攻打龙岩城，经过上杭古田。毛泽东、朱德一起访问上杭古田邮政代办所，了解到因为红军戒严导致地方邮路不通，给群众生活带来严重不便。应乡邮员张集轩的要求，朱德从本子上撕下一页纸，用粗黑铅笔急书手令一则：“所有书报信件已经检查，沿途友军准予通过为荷。朱德，5 月 22 日。”5 月 23 日下午，攻克龙岩城后，毛泽东访问龙岩邮局，在借阅报纸交谈中，还把他的名片送给了邮务员连洛濂，告知名片可用于保护邮局。5 月 25 日，红四军进入永定，毛泽东、朱德一起访问永定邮局。交谈中，永定邮局局长谢梦瞻盛赞说：“保护邮局好政策，合民意，得人心。”1929 年 12 月下旬，毛泽东、朱德率领红四军二进古田，准备召开古田会议，又签署了“保护邮局，照常转递”的命令。整个闽西的信息从此得到迅速传

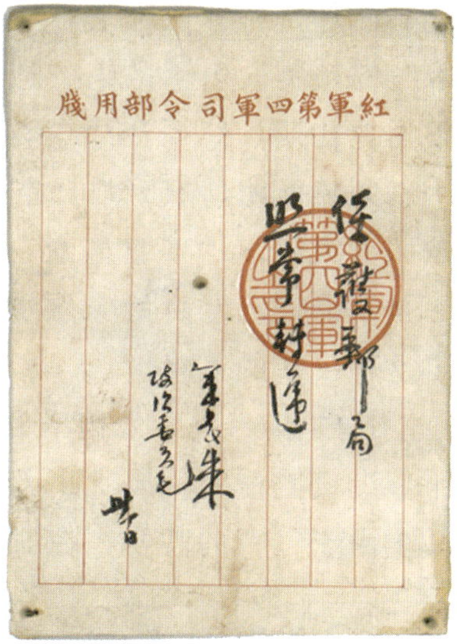

图 1-10　毛泽东、朱德写下的“保护邮局，照常转递”手令

递。闽西苏区形成以后，针对长汀童坊等区苏[1]检查“白色邮件”时将信件“扯得稀烂”“擅行没收”的现象，福建省苏维埃政府规定，一切邮件的检查，概须交给省政治保卫局负责，各地区苏不得擅行检查和扣留。[2]

面对人民内部矛盾与敌我矛盾，红军也有不同的应对与处置方法。

残酷的斗争现实，无情地考验着革命队伍中的每一个人，时常出现经不起考验的人脱离革命队伍的情况。一般而论，那些因革命意志不坚定而离开队伍的人，不属于敌我矛盾，而是属于人民内部矛盾。这个问题处理得好，有利于部队的稳定与发展；处理不好，会激化矛盾，甚至会直接危害部队的安全。革命不能强求，参加革命应完全出于自愿。红四军实行去留自愿的原则，妥善处理脱离部队的人员。但是不允许“拖枪”私自离开，要求必须申请且在获得同意情况下，发放路费依法体面地离开部队，否则就是逃兵。经过大浪淘沙式的洗刷，留下来的官兵是部队的“主心骨”“吸铁石”，部队更具凝聚力、战斗力了。

此外，特殊情况下，允许留下购物款或者打借条，借物主不在家时的粮物。由于敌人的造谣宣传，群众不了解红军，在创建革命根据地初期，红军转战在没有党组织的地方时，往往红军未到，群众就闻风而跑，家家户户空无一人，使红军买不到食物、吃不到饭。按照三大纪律“不拿群众一针一线”的规定，当群众不在家时，红军是不能进入老百姓家取粮的。但是为了革命的胜利，红四军采取了这种灵活的策略。

1929 年 8 月，朱德率领红四军两个纵队，向闽中进军，路经漳平象湖杨美村时，当地群众由于对红军不了解，躲进了山里。红军战士由于行军的需要，在群众苏和家里买了大米，一时找不到卖主，

---

① 区苏是区苏维埃的简称。下文出现的省苏、县苏、区苏、乡苏、村苏等均为简称。

② 古田会议纪念馆：《闽西革命史文献资料》（第七辑），2006 年，第 275 页。

便在他家的墙上写了留款信。这封留款信普普通通，但它却像一座历史碑文，真实地记载着当年红四军在特殊情况下的特殊做法，开创了我军执行“三大纪律，八项注意”的原则性与灵活性相结合的先河，既模范地遵守了群众纪律，又解决了部队在紧急情况下的吃饭问题，深得群众的理解与支持。不久，红四军从闽中班师的时候又经过杨美村，乡亲们不再跑了，还主动到村头欢迎红军，并给红四军送情报、带路，为朱德率部消灭国民党张贞部的一个团做出了重要贡献。

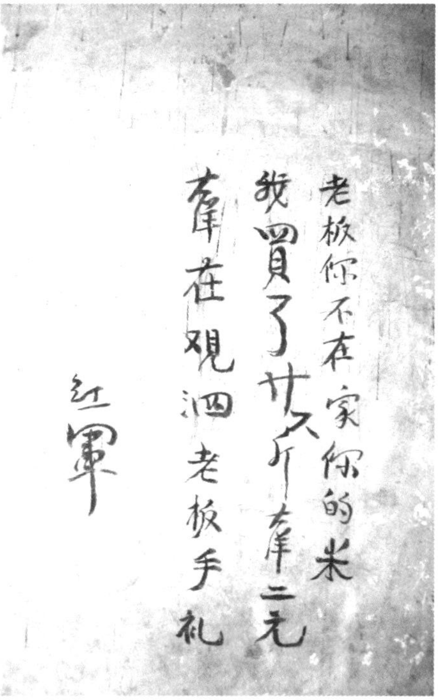

图 1-11　红四军在漳平象湖杨美村刷写的留款信

另一方面，针对敌我矛盾，红军采取优待俘虏，公审首恶的方法，以分化瓦解敌军。红四军转战赣南闽西途中，部队中出现了打骂俘虏、搜俘虏腰包，甚至枪杀俘虏的违反政策的现象。毛泽东发现后当即制止，然后宣布我党我军对待俘虏的政策。主要内容包括：除了罪大恶极有血债的俘虏处以死刑外，其余的不许打骂，不许枪杀，不许搜腰包；有伤的给他们治伤；经教育后，愿意留下来的吸收当红军，要走的发给两元路费欢送回家做工或种田，不再当白军，不再和红军打仗。1929 年 5 月下旬，红四军攻克永定，毛泽东在永定南门坝主持召开万人祝捷大会，朱德宣传中国共产党的十大政纲，发布七言体布告《请看张贼逋民的罪状》，控诉湖雷民团团总张逋民等人的反革命罪行，公审镇压了一批罪大恶极的反革命分子，极大地震慑了反动势力，达到了审判的初衷。三打龙岩城之后的 6 月 20 日，中共红四军前委、中共龙岩县委在中山公园召开有 3

万多军民参加的祝捷大会。朱德举行点火仪式，将缴获的鸦片焚毁。在广大群众一致要求下，公审宣判了罪大恶极的国民党驻军陈国辉旅部法官沈鹤天、副官林忠、张贞师特派代表李玉茹及镇压后田暴动的刽子手营长吴虎等死刑，立即执行。

有针对性地处置土豪劣绅的民团走狗。为了巩固反动统治，闽西许多土豪劣绅依托土楼大宅和地方险要之处，组建了地方民团组织，甚至利用家族关系控制本族农民为他们效力，给土地革命带来巨大危害。红军把这些民团成员抓起来后，既不能枪毙又不好释放。枪毙他们显然罪不至死；释放他们，可他们也确实阻止、破坏了打土豪的行为。于是，红军前委决定，遇到此类案件，罪大恶极够判处死刑的，实行公审；普通案件，由政治部召开群众大会，在会上公布其罪行或错误，指出他们之所以犯罪，是因为阶级觉悟低，受了土豪劣绅的欺骗，破坏土地革命，但苏维埃政府与红军宽大处理，既不处其死刑，也不判其无罪，但要求其请人担保，保证一定改正，不再重犯，然后当众交保释放。这种公布罪状、交保释放的办法，贯彻了苏维埃政府与红军的宽大政策，削弱了敌人的力量，减少革命的阻力，促使反动营垒的分化，有助于消灭农村的封建势力，使土地革命顺利进行。

除此以外，由于革命根据地始终处于国民党政府、反动军队的军事围剿、经济封锁之中，伴随敌军的进剿及其反动的欺骗宣传，反水现象不断出现。在反水成员中，有共产党的叛徒，有农村的中间阶级，有部分农民群众，涉及的范围广、成员复杂，危害很大。若不妥善解决，会直接阻碍土地革命的深入与红军和根据地的发展。

从本质上说，反水就是叛变。但是，由于反水的各阶层的原因、目的、危害程度不同，处理的政策与方式也不同。红四军前委在调查研究的基础上，制定了相应的政策。对于反水的农民群众，采取既往不咎，劝其回家的政策；党员干部，开除党籍职务；“拖枪”的官兵，则收回枪支，以逃兵罪论处；对于大叛徒和严重危害群众利益的官兵，一律处以死刑。

四、古田会议对党和军队建设的规定

（一）古田会议召开的背景和经过

红四军自离开井冈山向赣南闽西进军以来，开辟了赣南、闽西两块红色区域，发动了广大的群众，开展了土地革命，建立了新的红色政权，使赣南、闽西出现了比井冈山时期更广阔的革命新局面。

但是此时，红四军内部也出现了一些问题。由于红四军长期在农村游击战争的环境中活动，红军是以农民为主体组织起来的，并且大部分是从中国旧式军队脱胎出来的，党员中农民和其他小资产阶级出身的人占70%以上，思想和作风上都未曾经过很好的改造，各种非无产阶级思想和旧军队作风大量存在，比较突出的是单纯军事观点、流寇思想、军阀主义残余、个人主义、极端民主化、绝对平均主义等。这些非无产阶级思想，随着红军的发展和形势的变化日益显现出来。对于如何克服非无产阶级思想，如何建设红军和根据地等重大问题，红四军党内高层领导有不同认识，甚至产生一些原则分歧，由此很快发展成为一场激烈的论争。从1929年5月28日的湖雷会议，经6月8日早康会议、6月22日的红四军党的七大、9月下旬红四军党的八大，都没能解决这些问题。12月3日，毛泽东、朱德、陈毅率部队离开汀州，来到连城新泉，进行著名的新泉整训。整训分为政治整训和军事整训，按照前委的分工，由毛泽东和陈毅主持政治整训，朱德负责军事整训。

1929年12月28日，毛泽东、朱德、陈毅在古田曙光小学领导召开了具有重大历史意义的中国共产党红军第四军第九次代表大会。红四军各级党代表、干部代表和士兵代表以及闽西各地的干部代表、妇女代表共120多人参加了会议。会上，陈毅首先传达了中央“九月来信”精神和中共中央关于反对陈独秀右倾机会主义错误的决定，并做了关于废止肉刑和反对枪毙逃兵问题的报告；朱德做了军事报告；毛泽东做了《中国共产党红军第四军第九次代表大会决议案》的政治报告。

图 1-12　古田会议旧址

由于会前准备充分，代表思想统一，一致讨论通过了毛泽东起草的《中国共产党红军第四军第九次代表大会决议案》（即《古田会议决议》），还通过了《废止枪毙逃兵决议案》《接受中央指示决议案》《拥护中央对机会主义及托洛茨基主义反对派的决议案》《士兵决议案》等项决议。12 月 29 日，会议胜利闭幕。会议选举产生了新的红四军前敌委员会，毛泽东任书记。

（二）思想建党与政治建军原则的确立

《古田会议决议》全文共分为八大部分：纠正党内的错误思想、党的组织问题、党内教育问题、红军宣传工作问题、士兵政治训练问题、废止肉刑问题、优待伤病兵问题、红军军事系统和政治系统关系问题。其中第一部分“纠正党内的错误思想”是《古田会议决议》的核心，其中心思想是用无产阶级思想建设党和人民军队。《古田会议决议》不仅仅是一部党的决议案，更是一部具有军法性质的关于党的建设和人民军队建设的纲领性文献。

关于红四军党内存在的八种非无产阶级思想表现，古田会议决议分析了错误思想的来源，提出了从加强党的思想政治教育，确立党对军队绝对领导的原则和加强党的思想建设，用无产阶级思想克服非无产阶级思想这两个方面入手纠正错误思想的方法，不仅解决了当时红军党的建设的实际问题，而且为中国共产党的建设奠定了重要的理论基础。

井冈山斗争时期，红军思想政治工作得到极大的丰富。进军赣南闽西后，红四军进行了改编，设立政治部制度，政治部与司令部平行，对内做官兵的政治训练工作，对外做宣传群众的工作，基本确立了思想政治工作机制。但是，由于长期在农村游击战争的环境中活动，红军和红军中的党组织受到来自农民和城市小资产阶级及其他非无产阶级思想的严重影响，重军事轻政治等错误思想严重妨碍了党的路线的贯彻执行。《古田会议决议》系统地总结我军创建初期政治工作的实践经验，第一次以决议的形式确立了党对军队绝对领导的根本原则，使听党的话、跟党走成为官兵的崇高追求和信念；第一次以决议的形式规定了我军的性质、宗旨和任务，解决了红军“为谁当兵、为谁扛枪、为谁打仗”的基本问题；第一次以决议的形式提出了我军官兵一致、军民一致、瓦解敌军的政治工作三大原则；第一次以决议的形式阐明了军事与政治的关系，军事机关与政治机关的关系。

关于党员发展方面，《古田会议决议》强调要以战斗兵为主要对象，积极吸收有较高阶级觉悟的工农分子入党，明确规定了入党的五个具体条件：“（1）政治观念没有错误的（包括阶级觉悟）；（2）忠实；（3）有牺牲精神，能积极工作；（4）没有发洋财的观念；（5）不吃鸦片，不赌博。”参加党组织的新党员，还要举行宣誓仪式。宣誓时，要求每个党员必须做到：严守秘密，服从纪律，牺牲个人，阶级斗争，努力革命，永不叛党。并要求在行动中坚决执行民主革命政纲，起先锋模范作用。

关于红军的任务，古田会议批判了那种认为“红军的任务也和白军相仿佛，只是单纯地打仗的”的单纯军事观点，提出红军的任务，“决不是单纯地打仗的，它除了打仗消灭敌人军事力量之外，还要负担宣传群众、组织群众、武装群众、帮助群众建立革命政权以至于建立共产党的组织等项重大的任务”。如果离开了这些目标，红军就完全失去了打仗的意义，也就失去了存在的根本意义。

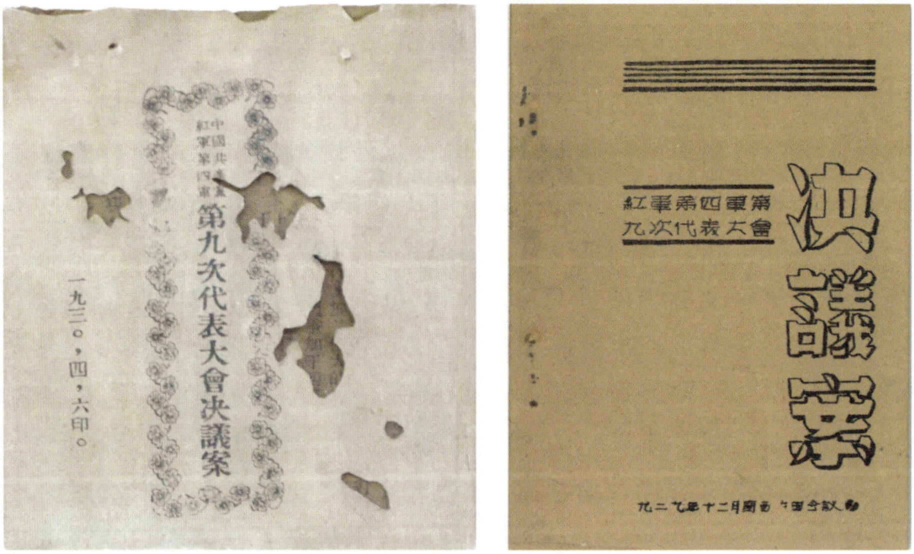

图 1-13　《古田会议决议》的各个版本

为了保证革命队伍的团结，扫除旧军队的不良习气，《古田会议决议》规定实行红军官兵平等，废除“枪毙逃兵的制度和肉刑制度”，指出“官兵之间只有职务的分别，没有阶级的分别，官长不是剥削阶级，士兵不是被剥削阶级”，坚持官兵平等、官兵一致，提出了对部队进行管理教育的七条方法，要求干部要深入群众，要群众化，要时刻关心、体贴战士，要处处以身作则，成为战士的表率。

人民战争的胜利，不单依靠我军的武装斗争，也依靠我军强大的政治攻势，瓦解敌军，不战而胜。《古田会议决议》重申了红四军必须执行瓦解敌军、宽待俘虏的政策，指出“对白军士兵及下级官长的宣传非常之重要”，应采取一切办法发动政治攻势，如路旁写标语、印发文告、散发或邮寄宣传品等。同时，指出“优待敌方俘虏兵，是对敌军宣传的极有效方法”。规定红军对俘虏不虐待、不侮辱、不搜腰包；对敌方伤员，给予医治；对不愿留在红军里而要求回家的俘虏兵，则发给路费。通过这些方法，扩大我军的政治影响，瓦解敌军战斗力。

归纳起来，《古田会议决议》，在军队建设方面，一是规定了红军的无产阶级性质和全心全意为人民服务的根本宗旨，二是确立了党对军队实行绝对领导的根本原则，三是阐明了政治与军事、政治机关与军事机关的关系，四是规定了正确处理红军内部、外部关系的原则和瓦解敌军的政策，五是规定了红军政治工作应有的作风，六是提出了新型人民军队法制建设的思想，可以说是最早最系统的军法，对苏区军事法的创建起到了提纲挈领的作用。在党的建设方面，决议强调了加强党的思想建设的重要性，并指出必须加强党的组织建设、必须坚持民主集中制，反对极端民主化、非组织观点等错误倾向，提出了要依靠加强党内教育提高党员质量，加强各级党组织的工作等要求。

古田会议是党和军队建设史上的光辉里程碑，经过历史长河考验的古田会议孕育形成了以“思想建党，政治建军”为核心的古田会议精神。

第三节　开创完整法治机构

一、各级工农兵代表大会开展立法实践

中央苏区时期，中华苏维埃共和国的最高政权为全国工农兵会议（苏维埃）的大会。在大会闭会期间，全国苏维埃中央执行委员

会为最高政权机关，中央执行委员会下设人民委员会，处理日常政务，发布一切法令和决议案。在地方上，工农兵代表大会为最高权力机关，闭会后执行委员会为最高权力机关。从这个意义上说，工农兵代表大会（苏维埃）及其执行委员会不但是苏区的最高权力机关，也是苏区最主要的立法机构，相当于今天的人民代表大会及其常务委员会。而这样的民主政权与立法模式，早在闽西苏区时期已有较完备的实践与经验。

（一）工农兵代表大会的召开

闽西是局部民主建政较早开展起来的地方。大革命失败以后，闽西地区于 1928 年 3 月至 6 月，先后举行了著名的龙岩后田、平和、上杭蛟洋、永定农民的“四大暴动”，拉开了土地革命和创建苏维埃的序幕。尤其是永定暴动后，先后在溪南的 13 个乡及溪南区成立了苏维埃政府，并在 1 万多人口的区域内完成了 2 万多亩的土地分配。永定溪南区成为福建省第一块苏区，并与海陆丰、井冈山一起成为全国最早实行土地革命分田的区域，为闽西各县组建基层红色政权提供了宝贵的经验。

1929 年 7 月，中共闽西第一次代表大会胜利召开。大会确立了闽西党的总路线是：“坚决的领导群众，为实现闽西工农政权的割据而斗争。”要求暴动后的乡村立即组织苏维埃政权，“一个区中有三个乡苏维埃以上，即可成立区苏维埃”。这一时期，适逢红四军在闽西开展“七月分兵”，扫除了一大部分军阀残余势力和地主民团武装，促进了各地工农武装暴动的开展，掀起了组建苏维埃政权的热潮。到 1930 年春，在广大红色区域里，普遍开展了自下而上的政权建设运动，各区乡都召开工农兵代表大会，民主选举区乡苏维埃政府执行委员会委员和区乡苏维埃政府主席、副主席。据统计，闽西苏区共有 69 个区、597 个乡对区乡苏维埃政府领导人进行了民主选举。

1930 年 3 月 18 日至 24 日，闽西第一次工农兵代表大会在龙岩胜利召开，大会宣布成立闽西苏维埃政府。此后，闽西人民在闽西

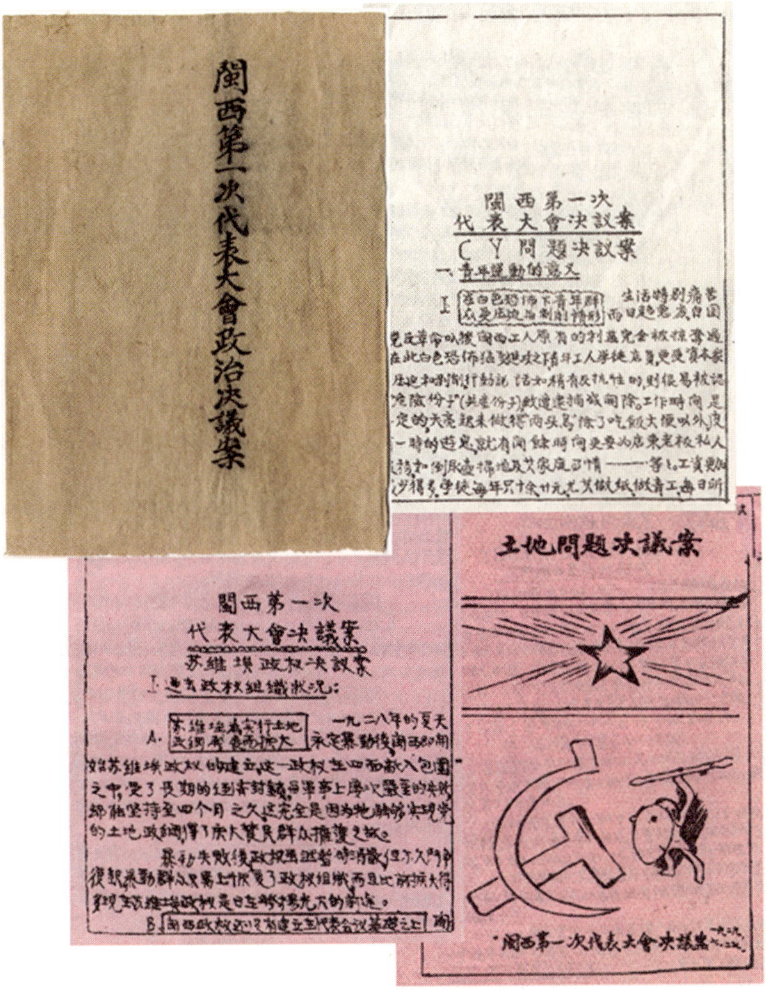

图 1-14　中共闽西第一次代表大会通过的决议案（部分）

特委、闽西苏维埃政府的领导下，各县的红色政权进一步得到巩固和发展。闽西的龙岩、上杭、武平、永定、连城、长汀、汀连、饶和埔、汀州、宁化等县（市）[①] 先后召开第一次工农兵代表大会，宣布成立县（市）苏维埃政府。到 1931 年底，闽西各县都建立了工农

① 中华苏维埃共和国时期，为了方便管理，在经济、文化发达的地区设立“市级苏维埃政权”。其中，福建省苏维埃政府驻地的汀州设立“汀州市”，产粮大县宁化县一度改为“宁化市”。

群众当家做主的苏维埃政权，并统一在闽西苏维埃政府的领导下。

1931 年 11 月 25 日，闽西第三次工农兵代表大会在汀州试院召开，会议确定闽西苏维埃政府的任务是“巩固闽西苏维埃的政权，开展宁化、清流、归化、闽北的工作，把闽西和闽北联系起来，把闽北闽西造成一大块的红色区域，来建立福建全省苏维埃政权，造成中央苏区巩固的后方”。会议确定了为召开福建省第一次工农兵代表大会的各项筹备工作。

经过几个月的筹备，在中华苏维埃临时中央政府的领导下，福建省第一次工农兵代表大会于 1932 年 3 月 18 日在汀州试院大礼堂胜利召开。3 月 21 日，大会发布宣言和电文，宣告成立福建省苏维埃政府。到会代表选举张鼎丞等 35 人为福建省苏维埃政府执行委员会委员；钟友勋等 13 人为候补执行委员。3 月 22 日，省苏维埃政府召开第一次全体委员会会议，选举张鼎丞、阙继明、张思垣、范乐春、李六如、郭滴人、钟显光、张华先、谭震林等 9 人为执委会主席团成员。选举张鼎丞为主席；阙继明、张思垣为副主席；范乐春为土地部部长，张思垣为劳动部部长，谭震林为军事部部长，阙继明为工农检察部部长，李六如为财政部部长兼内务部部长，郭滴人为文化部部长，钟显光为粮食部部长，张华先为裁判部部长。

此后，清流县、归化县、岩连宁边区成立苏维埃政府。1932 年 3 月以后，闽西苏区先后新成立了 8 个县，并组建县苏维埃政府。在长汀县内新成立了汀东县、兆征县、汀西县；在上杭、武平县内新成立了杭武县、代英县；在连城县内新成立了新泉县；在宁化县内新成立了彭湃县、泉上县。

（二）工农兵代表大会成为立法工作的主体

闽西苏区各级苏维埃政府领导人，是通过召开各级工农兵代表大会选举产生的，而工农兵代表是通过广大工农兵群众选举出来的，并在召开的过程中颁布了一系列切合实际、便于操作的苏维埃法律法规，有效地维护了无产阶级和人民群众的政治权益。

为了健全法律体系，闽西苏区共颁布实施了数百部各类法律法规，几乎占中央苏区形成前后法规总量的一半。1928 年 8 月，永定县溪南区苏维埃政府制定了由张鼎丞、邓子恢等经过调查研究，并亲自起草的土地、劳动、肃反条例、婚姻条例等一系列政策法令。这些政策法令，在溪南地区武装割据期间，都得到了不同程度的贯彻执行。特别是土地政策确定了“抽多补少”的分田办法，是中国共产党人最早制定的土地革命原则之一。毛泽东就曾经高度评价永定溪南区土改分田经验“解决办法最好，值得推广，最值得各地效法”。

1929 年 10 月 26 日，永定县工农兵第一次代表大会在成立宣言中指出，永定县苏维埃，是永定全县工农兵的政权机关，是代表全县工农兵贫民及其他非剥削阶级利益而决定，遵照共产党的政纲政策主义实行。同时，以法令的形式，规定了苏维埃政府的“十大政纲”：

一、举办地方建设事业，如开办学校、阅读室、阅报室、图书馆、医院、合作社，修筑道路、整顿水利以及救济失业者；

二、宣布并实现土地法、劳动法；

三、组织济难会及调剂粮食、住屋；

四、统一度量衡货币制度；

五、废除一切旧礼教，改良婚姻制度；

六、禁绝烟赌；

七、取消苛捐杂税，征收统一累进税；

八、镇压反革命；

九、扩大革命武装；

十、发展苏维埃区域。

以上十项是县苏维埃当时的基本施政纲要。①

1930 年 2 月，闽西苏维埃政府筹备处颁发的《闽西工农兵代表会议（苏维埃）代表选举条例》规定：凡在闽西赤色政权所及地方，

---

① 中共龙岩地委党史资料征集领导小组、龙岩地区行政公署文物管理委员会：《闽西革命史文献资料》（第二辑），1982 年，第 265 页。

年满16岁的劳动男女均有选举权和被选举权。这种由群众大会选举代表，经初选、复选、县或相当于县级单位三选后选出代表的选举方式，有效地维护了广大工农群众的民主政治权利。

1930年3月，闽西第一次工农兵代表大会讨论通过了《苏维埃政府组织法》《土地法》《山林法》《劳动法》《婚姻法》《工会法》及《借贷条例》《优待士兵条例》《商人条例》《取缔牙人条例》《取缔纸币条例》《保护妇女青年条例》《保护老弱残废条例》《合作社条例》《裁判条例》《暂行税则条例》等共计16个法案和条例。

其中，《土地法》明确规定：所有土地不论水田、旱田一律没收，为苏维埃政府处理，分配与农民使用。土地的分配以乡为单位，照人口平均分配，分田方法以抽多补少为原则。《劳动法》规定：工人有组织工会、言论、集会、出版、罢工之自由权。对于失业工人，政府应设法救济，或分与田地及介绍工作。取消工头制度，不准克扣工人工资，纪念日和例假工资照发。《婚姻法》规定：男女结婚以双方同意为原则，不受任何人干涉。取消聘金和礼物。寡妇任其自由结婚，有借端阻止者要严办。男女结婚须向区、乡政府登记。《商人条例》规定：商人遵照政府决议案及一切法令，照章缴纳所得税者，政府予以保护，不准任何人侵害。商人自由贸易，政府不予限制其价格。商家来往账目，政府不予取消，维持商家账簿等。《保护老弱残废条例》规定：凡无亲属之孤儿及老弱残废者，由政府设法给养。禁止贩卖人口，违者枪决。禁止后母虐待前母所生之子。禁止养母虐待嗣子，嗣子受不过虐待者准其回生父家。《保护妇女青年条例》规定：六岁以上的男女小孩，由政府予以免费教育。禁止虐待童养媳，并废除妾媵童养媳制度。女子被迫为娼妓者，自行解放，恢复其一切自由，其馆主或鸨母的财产分与娼妓。绝对禁止贩卖女子为婢妾娼妓，违者枪决等。

闽西第一次工农兵代表会议讨论通过的各项法令通俗易懂，简明扼要，可操作性强，从各方面保证了苏维埃政权民主执政、依法执政，尤其是保证儿童妇女切实享受的各种权利，得到人民大众的热烈拥护，也为后来全国苏区政权建设提供了范本。在尚未建立苏区中央政府和省级政府的时期，闽西苏区的伟大法治实践对推动党、政、军的建设和苏区经济社会的发展起到了巨大作用，奠定了中央苏区的基础。正如毛泽东在中华苏维埃共和国第二次全国苏维埃代表大会报告中所指出的：“每一个有眼睛的中国人，只要不是丧心病狂的国民党地主资本家，便不能不承认苏维埃政府的政策与国民党政府的政策有何等相隔天渊的差别。”

1932 年 3 月，福建省第一次工农兵代表大会讨论通过了土地、劳动、军事、经济、苏维埃建设等决议案。《苏维埃建设问题决议案》强调：“城乡代表会议应按期开会，经常讨论各种法令及上级政府决议，实施的具体办法，分配代表迅速执行，并注意解决本乡发生的问题，以满足工农贫民基本群众的要求。”各级代表会议的主要任务是集中广大人民群众意志和要求，讨论和决定各级政府的计划和任务。代表会议后，每一个代表应向群众报告政府的决议与工作，并动员与领导群众为实现苏维埃的决议及群众的要求而奋斗。同时，对各级政府的领导人执行一切法令负有监督权。

工农兵代表大会制度在闽西苏区实施后，苏区人民的民主意识极大增强，促进了各级政策法令的贯彻执行，加强了各级政府与群众的密切联系。由此，闽西苏区成为中国共产党较早进行民主建政实践的地方，闽西苏维埃区域成为“夜不闭户，行不裹粮”的天下，成了独树一帜的“另一个世界”。恽代英在《闽西苏维埃的过去与将来》一文中，曾对闽西苏区局部执政的经验进行了总结，他认为“闽西苏维埃确实表现出来是工农的政府，经常有群众会议与代表会议，有很多工人农民以至妇女参加苏维埃代表会与委员会，一切权力都属于苏维埃”。他认为闽西苏区在政权建设中体现了执政为民、民主执政的理念。他提出的一些基本理论观点和意见，对当时全国苏维埃建设具有重要的作用。毛泽东三下上杭才溪调查，总结了“中央苏区的模范区、模范乡”才溪的民主建政经验，主要体现在重视最基层的村级政权的建设、注意选举工作的公开公平公正、切实解决民生问题等三个方面，为全苏区民主建政树立了光辉典范，起到了榜样和导向作用。在第二次全国苏维埃代表大会上，毛泽东对才溪等地苏维埃政权建设的经验做了详细的总结，称之为“全苏区的第一个光荣的模范”和“争取全中国胜利的坚强的前进阵地”。

二、人民法院的前身——裁判处

当代中国的人民法院是国家专门的司法审判机关，与政府和检察院合称“一府两院”，由同级人民代表大会产生，对其负责并报告工作，依法独立审理各类案件，制定司法解释，行使司法执行权和司法决定权。红色法院的前身也可以追溯到闽西苏区时期的裁判部（处）。

（一）闽西苏区成立最早的裁判处

永定暴动后，省委认为，在交通信息不畅的前提下，“闽西暴动局面，已从永定开始了”，为了“创造一个闽西暴动的局面”，1928年7月10日，省委向中央汇报了处理永定暴动后闽西局势的做法，即要求闽西特委“马上成立暴动委员会，以执委十五人组织之，同志占半数以上，团可派三人参加。暴委会设七处：（1）秘书处；（2）军事处；（3）裁判处；（4）财政处；（5）宣传处；（6）交通处；（7）谍报处。军事、裁判、财政三处可设委员会，主席由执委兼之”[①]。同日，省委发出“西字第一号”文件，致函中共闽西特委，指示“马上成立闽西暴动委员会，下设裁判处”。为了推进这一计划，还派出省委宣传部部长王海萍前往闽西永定指导。可见，省委的初衷是要在闽西暴动委员会中设立七个处。

7月19日，王海萍等在永定培风制定了《永定太平里秋收暴动计划》，明确表示“遵照省委对于闽西斗争的指示，太平里务于二星

① 中共龙岩地委党史资料征集领导小组、龙岩地区行政公署文物管理委员会：《闽西革命史文献资料》（第一辑），1981年，第220页。

期内发动斗争，实行秋收暴动。一面肃清境内反动派，打破封建关系；一面向外发展，东与龙岩取联络，西与陈东坑取联络……暴动委员会之下设立秘书处、宣传处、军事处、裁判处、财政处、交通处、谍报处、财政委员会、土地委员会。各处须明日成立，开始工作”①。永定高陂和兴人廖志德被任命为太平里暴动委员会裁判处主席。7 月 20 日，中共闽西特委向省委报告了永定在暴动后及闽西暴动委员会中成立裁判处的情况，即已经成立了七个处和若干个委员会。按照省委计划，闽西暴动从永定暴动开始；王海萍来永后，新的闽西暴动从太平里暴动开始，并决定在区苏维埃政府成立之前，包括裁判处等七个内设机构的暴动委员会履行临时政权职能，为“群众指导机关”。而当时有条件成立区苏维埃政府的只有溪南区和太平区。最终，溪南区苏在 8 月成立，太平区苏由于太平里暴动失败，则没有成立。可见，溪南区苏成立之前，暴动委员会（包括内设机构）履行了革命运动工作职责。闽西暴动委员会（含永定暴动总指挥部）中设立了裁判处。永定金砂人张德茂任设在金谷寺的永定暴动总指挥部裁判处主席。

永定暴动后，永定县委组织了红军营。7 月中旬，红军营三个连开往金砂周围地区，把各乡村的地主监视起来，收缴了他们的武器，没收他们的粮食财产，当场烧毁田契借约，杀猪分田。然后，各乡召开群众大会，选举乡苏维埃政府委员和主席，先后有双溪、樟园、赤半、太平、中金、三坊、秀溪、玉石、卓墩、秀山、西一、西二、中石等 13 个乡成立苏维埃政府。乡苏下设土地没收分配委员会、军事部、财政部、裁判处、文化部等。各乡苏维埃政府成立后，积极领导群众，组织赤卫队，实行赤色戒严，开展反对豪绅地主和封建势力的斗争，严防反革命分子的破坏等。

各乡苏维埃政权的建立，为溪南区苏维埃的建立奠定了基础。1928 年 8 月初，全区举行民主选举工作，之后，溪南区工农兵代表

① 龙岩市中级人民法院、古田会议纪念馆：《闽西苏区法制史料汇编》，2008 年，第 144 页。

大会在金砂金谷寺召开，正式成立了福建第一个红色政权——永定县溪南区苏维埃政府，内设军事委员会、裁判处、财政委员会等。作为省委指示在闽西暴动委员会中成立裁判处这一机构的延续，溪南区、乡苏政权中设立裁判处（颁布《肃反条例》后，在多种场合被称为“肃反委员会”），成为1929年8月中共闽西特委颁布的《苏维埃组织法》中“裁判兼肃反委员会”的历史渊源。其执法依据是张鼎丞、邓子恢等起草、溪南区苏维埃政府颁布的《肃反条例》。张德茂任区苏裁判处（肃反委员会）主席。这是中国共产党第一个真正意义上的审判机构。①

图 1-15　福建省第一个红色政权——永定县溪南区苏维埃政府旧址金谷寺

---

① 1927年11月，彭湃领导广东海陆丰地区的农民武装，攻克了海丰和陆丰县城，选举产生了苏维埃政府，内设裁判委员。遗憾的是，该政权只存在短短的几个月，既未成立独立的司法机构——裁判处，也未发布任何司法审判方面的法律法规。裁判委员的作为有限，自然无法认定为中国共产党第一个真正意义上的审判机构。

1928年5月，毛泽东根据中共江西省委的指示，在宁冈茅坪主持召开了中共湘赣边界第一次代表大会，选举产生了湘赣边界党组织的最高领导机关——中共湘赣特委，毛泽东任书记。根据大会决议，5月下旬，湘赣边界工农兵苏维埃政府成立，袁文才任主席，设土地、军事、财政、政法四个部。但政法部也并非专门的审判机构。

（二）裁判与肃反的并行

闽西苏区司法审判机构的内容与形式始终是随着苏区的历史任务而开展的，制度不断完善，机构不断健全。随着闽西各县工农兵代表大会的召开，苏维埃政府纷纷建立。1929 年 10 月 25 日，永定县苏维埃政府在湖雷庆兴寺成立，下辖秘书处和财政、经济、裁判兼肃反、军事、土地等五个委员会。永定县革命委员会委员、1928 年永定暴动期间金丰农民武装重要领导人谢献球任裁判兼肃反委员会主任。此后，赖桂祥、郑扬端、郑学坤、熊任新、郑醒亚、廖镜涛、沈国贤、李秉清等先后担任永定县苏的裁判部部长。

1930 年 3 月，闽西第一次工农兵代表大会在龙岩召开，成立了闽西苏维埃政府，通过了《苏维埃政府组织法》，发布第一号布告，在大会执行委员会下设裁判肃反委员会等八个委员会，共同组成权力机关系统。在闽西苏维埃主席之下设裁判部（县设裁判科、区乡设裁判委员）、秘书处等八部一处，对应权力机关系统执行委员会下的各个委员会，共同组成办事机关系统。裁判肃反委员会主任一般兼任裁判部部长。闽西第一次工农兵代表大会通过的《裁判条例》规定：闽西、县、区、乡各级苏维埃政府的裁判委员编制数分别为五人、三至五人、一人、一人；闽西及县两级委员任期一年，区乡两级代表任期六个月。原永定县苏裁判兼肃反委员会主任谢献球当选执行委员兼裁判肃反委员会主任。

1930 年 7 月 16 日，闽西苏维埃政府执行委员会第二次会议推选郭滴人为常委、秘书长、裁判肃反委员会主任兼裁判部部长。[①]

1930 年 9 月 9 日，闽西第二次工农兵代表大会通过了《修正苏维埃政权组织法》，将闽西第一次工农兵代表大会规定的权力机关系统（各委员会）和办事机关系统（各部和秘书处）合并为闽西政府

① 龙岩市中级人民法院、古田会议纪念馆：《闽西苏区法制史料汇编》，2008 年，第 149 页。

组织系统。其中闽西苏维埃政府裁判肃反委员会内设裁判部，人员编制数为五人；县苏维埃政府裁判肃反委员会内设裁判科，人员编制数为三至五人；区苏维埃政府内设裁判委员，乡苏维埃政府内不设裁判肃反机构和人员。郭滴人为常委、秘书长、裁判肃反委员会主任兼裁判部部长。

1930 年 11 月 27 日，闽西苏维埃政府改选，林一株为常委、秘书长、裁判肃反委员会主任兼裁判部部长。① 1930 年 12 月 15 日闽西党政军机关迁至永定虎岗后，闽西苏区逐步向省级建制过渡，在很多场合被称为“闽西省委”。闽西苏维埃政府裁判部成为中华苏维埃共和国成立之前，全国苏区唯一的也是最大的省级裁判机构。

（三）裁判部与肃反委员会的分离

受李立三“左”倾错误影响，1930 年下半年，闽西红军连续出击东江失利，龙岩、汀州、永定、坎市等主要城镇失守，闽西苏区一时处于十分紧张和不利的状态。国民党反动派加紧反动宣传，苏区内外的反革命分子互相勾结，蠢蠢欲动，或者造谣惑众，张贴反革命标语，动摇军心民心；或者阴谋杀害苏区的党员干部、积极分子，企图实行反攻倒算；红军中也存在着失败主义情绪，干部战士对上级领导产生不满，发牢骚、说怪话，思想上的自由主义倾向严重起来，边境地区甚至还发生投敌事件。

1930 年 12 月，闽西党政军机关迁至虎岗。为了巩固革命政权，肃清反革命，下旬，闽西苏维埃政府根据中共福建省委的指示，成立闽西苏维埃政府肃反委员会，驻地在虎岗思顺堂。原有的裁判肃反委员会取消，留下单纯的裁判部。裁判部在虎岗崇德楼办公。闽西苏维埃政府常委、秘书长、裁判部部长林一株兼任肃反委员会主席，接着各县也成立了肃反委员会。

---

① 龙岩市中级人民法院、古田会议纪念馆：《闽西苏区法制史料汇编》，2008 年，第 150 页。

1931 年 5 月，闽西苏维埃政府提出“改造苏维埃”问题，裁判部部长由政府执委常委、红军代表接任，[①] 林一株专任肃反委员会主任。

图 1-16　设在长汀汀州试院内的福建省苏维埃裁判部旧址

1932 年 3 月，闽粤赣苏区党的第二次代表大会和福建省第一次工农兵代表大会在汀州先后召开，分别选举产生中共福建省委和福建省苏维埃政府。在省苏维埃政府内，设裁判部等八个部，永定金砂人张华先为首任裁判部部长。福建省苏维埃政府裁判部先后管辖 20 多个县级裁判部，是中央苏区成立最早、所辖区域最大、人口最多的省级审判机构。它的成立，标志着法律手段与政治手段、军事手段已经成为苏区三大革命斗争形式。

（四）中央到地方审判机构的运作机制

1931 年 11 月以后，按照《中央苏维埃组织法》和《地方苏维埃暂行组织法（草案）》规定，中华苏维埃共和国的审判机构的组织体系由最高法院、地方各级法院和专门法院即军事法院所组成。但是由于战争影响，并未建立起完整的法院系统，仅仅于 1934 年 3 月建立了最高法院，任命了董必武为最高法院院长，并在实际审判工作中审理了苏维埃共和国个别高级领导人犯罪的重大案件。

在最高法院成立之前，最高法院及地方各级法院职权由国家各级临时审判机构依法代为行使。国家的临时审判机构，已经形成了

① 中共龙岩地委党史资料征集研究委员会、龙岩地区行政公署文物管理委员会：《闽西革命史文献资料》（第六辑），1985 年，第 32 页。

从中央到地方的较为完整的组织体系，由临时最高法庭、各级裁判部及巡回法庭组成；在军事审判机构设立了刑事法庭、民事法庭与巡回法庭，分别审理有关案件。其中，临时最高法庭代行最高法院职权，为最高法院成立之前的国家最高审判机关；省县（市）区各级地方审判机构裁判部代行各级地方法院职权，是省县（市）区各级地方法院成立之前的地方审判机关；军事裁判所包括初级军事裁判所和高级军事裁判所，代行军事法院职权，是各级军事法院成立之前的军事审判机关。这样，就形成了从中央到地方及军队的较为完整的苏维埃共和国临时审判组织体系。

作为临时司法机关，苏区裁判部实行双重领导体制，既受地方本级苏维埃政府领导，又归中央司法部领导，执行审判和司法行政的职权。

中华苏维埃共和国的各级各类审判机构是严格依照国家有关法律的规定建立起来的。首先，由国家最高立法机构全国苏维埃代表大会及其常设机构中央执行委员会制定与颁布有关法律、法规、条例等，然后依据法律规定而建立相关机构。中央审判机构临时最高法庭，是依据《宪法大纲》关于为保证苏维埃法律效力，保障广大民众的民主权利，对阶级敌人实行有效专政，巩固苏维埃政权及保证民主革命不断发展的基本原则建立并行使职权的。最高法院是依据《宪法大纲》的上述基本原则及《中央苏维埃组织法》关于在中央执行委员会之下设立最高法院的规定建立并行使职权的。最高特别法庭是依据《中央苏维埃组织法》为审判中央执行委员犯法的特殊案件而授权最高法院所组织的临时性最高特别审判机构。

地方各级临时审判机构是依据《处理反革命案件和建立司法机关的暂行程序》《裁判部的暂行组织及裁判条例》《地方苏维埃暂行组织法(草案)》关于在各级地方司法机关未设立法院之前，须在省县（市）区设立审判机构作为地方各级临时审判机关，依法审理反革命案件及一切民事与刑事案件的规定成立并行使职权的。

各级军事审判机构是根据《地方苏维埃暂行组织法(草案)》及

《军事裁判所暂行组织条例》关于为保障红军指战员及军事工作人员的合法权利，维护红军铁的纪律，须在红军内部设立各级军事审判机关的规定成立并行使职权的。

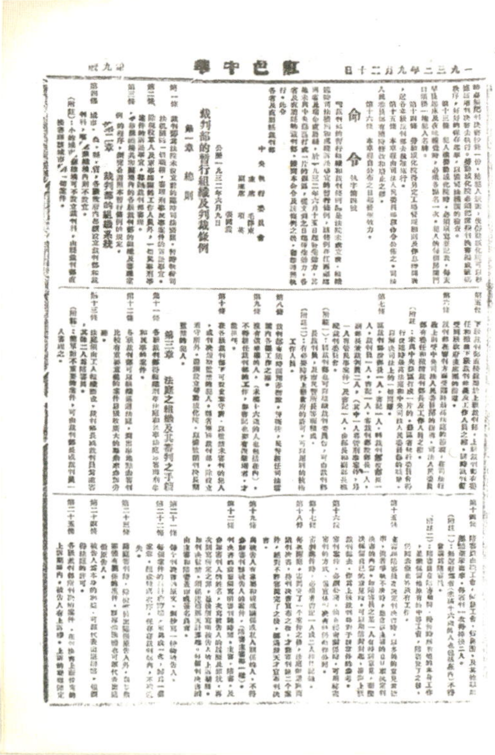
一九三二年九月二十日　紅色中華　第九期

命令

裁判部的暫行組織及判裁條例

第一章　總則

第二章　裁判部的組織系統

图 1-17　《红色中华》上刊登的《裁判部的暂行组织及裁判条例》

依法成立的各级各类审判机构，是苏维埃共和国民主专政机关，是国家机器的一个重要组成部分，具有极大的权威性。其审判活动不受行政机关及任何个人的干预，依法进行独立审判。但是地方各级裁判部（科）在执行职权时，在审判方面须受临时最高法庭或最高法院节制，在司法行政方面须受中央司法部的指导。省裁判部部长及工作人员须由中央司法部委任和撤换。其他各级裁判部直接隶属于上级裁判部，下级部长及工作人员由上级裁判部委任或撤销，裁判部受同级苏维埃执行委员会主席团的指导。高级军事裁判机构在执行职权时，在检察及审判方面受临时最高法庭或最高法院节制，在司法行政上隶属于中央司法部。

苏维埃各级地方裁判部及各级军事裁判所有两种性质的职能，即一方面管理本裁判部内的司法行政工作，向上级审判机构及中央司法部报告司法行政方面的工作，负责组织培训裁判部工作人员，以提高他们的司法水平；另一方面，管理裁判部内案件的审判工作。裁判部内所设立的刑事法庭、民事法庭、劳动法庭、巡回法庭及军事所设立的刑事法庭、民事法庭及巡回法庭分别审理有关刑事、民事、劳动、军事案件。

依据中央执行委员会颁布的《地方苏维埃暂行组织法(草案)》及《裁判部的暂行组织及裁判条例》的有关规定，苏维埃共和国地方审判机构有省裁判部、县裁判部、区裁判部及城市裁判部（科），是为各该级地方法院未成立前的临时审判机关，暂时行使审判机关的一切职权，审理刑事、民事等案件的诉讼事宜。

各级裁判部的组织系统。区裁判部设部长一人，书记一人；县裁判部设部长一人，裁判员一人，书记一人；省裁判部设部长一人，副部长兼裁判员二人（其中一人专管刑事案件，另一人专管民事案件），及书记一人，由部长和副部长组织裁判委员会。县裁判部也可以组织裁判委员会，可由裁判部部长、裁判员及市民警所长等而组成。①

各级裁判部的权限。裁判部有随时调用赤卫队、警卫排、民警担任司法范围内各种工作之权。区裁判部审理一般不重要的案件，其判决处罚强迫劳动，或监禁的期限，不得超过半年。县裁判部是区裁判部所判决的案件的终审机关，同时又是审判有全县意义的案件之初审机关，有判决死刑之权，但没有执行死刑之权，县裁判部判决死刑的判决书，得到省裁判部的批准之后，才能执行；与省苏维埃政府隔断的县苏裁判部，在得不到省苏裁判部的批准情况下，可以执行。省裁判部为县裁判部所判决的案件之终审机关，同时又是审判有全省意义的案件之初审机关，有判决死刑之权，但必须移送临时最高法庭批准而后执行；未与中央苏区打成一片的省，省裁判部有最后处理案件之权。②

军事裁判所分为初级军事裁判所、阵地初级军事裁判所、高级

---

① 龙岩市中级人民法院、古田会议纪念馆：《闽西苏区法制史料汇编》，2008 年，第 75 页。

② 龙岩市中级人民法院、古田会议纪念馆：《闽西苏区法制史料汇编》，2008 年，第 76—77 页。

军事裁判所、最高军事裁判会议四种类型。初级军事裁判所设在红军的军部、师部及军区指挥部或独立师师部内，阵地初级军事裁判所设在作战阵地的最高级指挥部内，高级军事裁判所设在中央革命军事委员会内，最高军事裁判会议设在最高法院内。初级军事裁判所及阵地初级军事裁判所都隶属于高级军事裁判所，高级军事裁判会议则隶属于最高法院。最高法院未成立以前，凡属于最高军事裁判会议所应解决的案件，一律由临时最高法庭解决。在未与中央苏区连成一片的苏区，在该苏区的最高军事委员会内设立高级军事裁判所，以审理有关案件，并有最后决定案件之权。

（五）创办革命法庭

1931 年 3 月 1 日，闽西苏维埃政府在永定虎岗率先成立了革命法庭。后来，司法人民委员部吸收闽西革命法庭的经验，将革命法庭作为苏维埃行使司法权限的机关，权限为公审或判决一切违反民族革命利益、投降帝国主义的汉奸卖国贼；接受国家原告人（政治保卫局）起诉的一切政治上、经济上、军事上反革命案件公审判决；处理一切苏区境内关于劳动法令、土地法令、商业条例之各种纠纷，保护工农群众利益；处置苏区境内一切民刑诉讼案件。[①]

（六）肃反委员会的后续

1930 年底成立的苏维埃肃反委员会，是集公检法三种职权于一身的苏维埃地方临时政权的专政机关，兼侦查、逮捕、审讯、判决、执行等职能。但是，在李立三冒险主义路线、王明“左”倾错误路线的指导下，从 1931 年 1 月开始，在林一株任闽西肃反委员会主席期间，开展了一场所谓肃清“社会民主党”运动，以惩办主义代替党的政策，既未坚持实事求是、依法办案的原则，又大搞刑讯逼供，

① 龙岩市中级人民法院、古田会议纪念馆：《闽西苏区法制史料汇编》，2008 年，第 79 页。

制造了大量冤假错案。

1931 年 6 月 16 日，中共中央政治局给苏区各级党部及红军发出训令，要求肃反工作必须有经常性，各苏区政府及红军中必须建立起政治保卫处的工作，而且要指定政治上坚定的、有斗争历史的党龄较长的党员，特别是工人党员去担任。[①] 根据中央训令的精神，7 月 15 日，闽西苏维埃政府发出通告，取消肃反委员会，成立政治保卫处。在没有正式成立政治保卫处的地方，所有肃反机关受上级政治保卫处指挥。[②] 闽西苏区肃反委员会基本取消。但是，在其他苏区，肃反委员会作为临时政权的司法机关，依然存在。

1933 年 4 月 15 日，中华苏维埃共和国中央执行委员会正式颁布了《关于肃反委员会决议》，规定：凡属新发展苏区与临时政权，在县、区常务委员会之下组织肃反委员会，为临时肃反机关。一旦正式政权（苏维埃）得以建立，不论腹地、边地，必须成立裁判部和国家政治保卫局（区为特派员），执行肃反工作，并处理一般民刑案件，肃反委员会即取消。

1933 年 12 月 12 日，中央执行委员会颁布了《地方苏维埃暂行组织法（草案）》，就肃反委员会机构问题做出更加明确的规定，即在新苏区或者临时政权革命委员会之下，设立各级肃反委员会。乡肃反委员会由 7 至 9 人组成，区及市肃反委员会由 7 至 11 人组成，县及省肃反委员会由 5 至 7 人组成。肃反委员会分为省、县、区、市各级革命委员会，接受同级苏维埃执行委员会的领导与节制，下级肃反委员会绝对服从上级肃反委员会的领导。肃反委员会的主要任务，是镇压所辖境内的反革命，与其他刑事犯罪分子做斗争，维护革命秩序，保障人民的合法权利。肃反委员会不是专门审判机构，

---

① 中共江西省委党史研究室、中共赣州市委党史工作办公室、中共龙岩市委党史研究室编：《中央革命根据地历史资料文库·党的系统 3》，中央文献出版社、江西人民出版社，2011 年，第 1658 页。

② 中共龙岩地委党史资料征集研究委员会、龙岩地区行政公署文物管理委员会：《闽西革命史文献资料》（第六辑），1985 年，第 129 页。

但在苏维埃司法程序中规定了其在执行职务过程中兼有部分审判职能。肃反委员会的公检法职能在不同时期的侧重点不同。

在中央苏区第五次反“围剿”战争时期，针对苏维埃共和国境内一些反革命分子活动猖狂的紧急情况，为了从速准确地镇压反革命，支持反“围剿”战争，中华苏维埃共和国执行委员会调整了各级肃反委员会的权力。

《中华苏维埃共和国司法程序》规定，在新区、边区，在敌人进攻的地方，在反革命特别活动的地方，在某种工作紧急动员时期（如查田运动、扩大红军、突击运动），区肃反委员会与区裁判部一样，有审讯或审判当地一切反革命分子及其他犯罪分子之权，只要得到了当地革命群众的拥护，对于反革命及豪绅地主的犯罪者，区肃反委员会与该区裁判部一样，有一级审判之后，直接执行死刑之权，但执行后必须报告上级备案。

《中华苏维埃共和国司法程序》还赋予了省县两级肃反委员会与省县两级裁判部、高级军事裁判所一样，有捉拿、审讯、判决与执行判决犯人之权。

（七）从拘留所到看守所

看守所是设立在苏维埃各级裁判部之下的执行判决机关，是专门监禁未审判及被判决短期监禁的犯人的机构。早在1930年5月16日，闽西苏维埃政府秘书处制定的《各部办事细则》就规定，“裁判部设部长一员，秘书一员。部之下设拘留所长一人，处理部内一切事务”，“拘留所长承部长之命、秘书之指导，管理各种人犯及执行刑罚等”。①

1930年夏，永定县太平区苏维埃政府在西陂双寿堂裁判肃反委员会驻地，设置了拘留所。裁判部与肃反委员会分离之后，太平区

---

① 中共龙岩地委党史资料征集领导小组、龙岩地区行政公署文物管理委员会：《闽西革命史文献资料》（第三辑），1982年，第285页。

苏维埃政府在西陂又单设了监狱。1930年底，闽西苏区党政军机关迁至永定虎岗，在楼子厦建立了闽西监狱。这是中央苏区成立之前最早、最大的监狱系统。虽然当代的看守所、拘留所、收审所的管理职能隶属于公安部，但是苏区时期，这些拘押犯人的机构与监狱没有多大区别。

1931年11月，中华苏维埃共和国临时中央政府司法人民委员部在瑞金成立，狱政工作走上了正轨。中央司法机关的审判权、司法行政权采用“分立制”，最高法院和司法人民委员部分别负责审判和司法行政工作，司法人民委员部设立中央苏维埃监所及劳动感化院；在地方上，则采取“合一制”，由各级裁判部负责审判与司法行政工作，下设看守所、劳动感化院等，以便死刑以外有罪判决的执行，这也是司法审判工作全过程的最后环节。监所机构成为裁判部的一个执行判决机构，受本级裁判部的领导与节制，受司法部劳动感化处的检查与指导。

1933年12月12日，《中华苏维埃共和国地方苏维埃暂行组织法（草案）》对中央苏区看守所的性质做出了法律的规定，“省及中央直属市裁判部之下，设看守所及劳动感化院，县及省直属市裁判部之下，设看守所，必要时亦得设立劳动感化院，为监禁及教育犯人的机关。区设看守所”。

中央司法人民委员部要求，看守所工作人员，应经常研究看守的技术，加紧工作人员的训练，提高文化和政治水平，懂得自己的任务；犯人的进出，必须要有很好的登记，没有裁判部的条子不能放人，看守人员必须日夜分班看守，以免发生意外，如有外人与犯人会面，必须得裁判部的许可。送来给犯人的东西，及犯人写出去的信，必须经过严格的检查。①

---

① 龙岩市中级人民法院、古田会议纪念馆：《闽西苏区法制史料汇编》，2008年，第165页。

(八)劳动感化院的建立

除了看守所,苏维埃执行死刑以外的有罪判决的机构还有劳动感化院。1932 年 6 月 9 日,中央执行委员会颁布《裁判部的暂行组织及裁判条例》,规定"在各级裁判部下可设立看守所,以监禁未审判的犯人,或判决短期监禁的犯人。县省两级裁判部,除设立看守所外,还须设立劳动感化院,以备监闭判决长期监禁的犯人"。

1932 年 8 月 10 日,中央司法部颁发了《关于实施劳动感化院暂行章程问题》的命令,同时颁布了《劳动感化院暂行章程》。《劳动感化院暂行章程》为劳动感化院开展工作的规则,规定劳动感化院设院长一人、副院长一人、科长若干人,管理员、收发员、文书、看守队员若干人。副院长可兼任科长。在劳动感化院内组织劳动感化院管理委员会,由院长任管理委员会主任,管理委员会其他成员有副院长及各科科长。劳动感化院设总务科、劳动管理科、文化科,每科各设科长一人。

劳动感化院,是县、省裁判部及临时最高法庭(后为最高法院)发生法律效力的判决及裁定的执行机关,各感化院之间没有隶属关系,其职责是按照生效的判决和裁定所规定的内容,看守、教育、感化被判处长期监禁(最长的监禁期为 10 年)的犯人,使这些犯人在监禁期满之后重新做人,出狱后不再违犯苏维埃法律,成为苏维埃国家的守法公民。福建、江西两省裁判部及中央直属县瑞金县裁判部首先建立了劳动感化院。其中,福建省劳动感化院规模最大,效果最明显。时任长汀劳动感化院院长吴顺民回忆,福建长汀东陂江的劳动感化院是中央司法人民委员部直接创办的。当时东陂江共有 200 多名犯人,刑事犯被押去耕荒田,那时有 100 多担谷田的种植面积供其耕种,对反革命犯实行监内劳动感化,让他们做斗笠、雨伞、竹筒、口哨等,将产品分批交中央政府,作为支援前线的物资。

中央司法人民委员部在成立一年之际发表了工作报告,指出:

劳动感化院已经成立的有福建、江西、瑞金三处，都设有工场。如福建的劳动感化院能制造红、绿、蓝、黑等油墨，还有香糊、毛笔、墨斗、信纸、信封、并装订书籍、刻字等。瑞金的劳动感化院能制造各种洋袜、毛袜、藤篮子、信纸、信封、草鞋、带子等等。江西的劳动感化院能制造斗笠、草鞋、粉笔、信纸、信封、缝衣等等。劳动感化院实为苏区商品市场上的一大供给者。

1933 年 5 月 30 日，中央司法人民委员部提出，对于劳动感化院的工作，特别要注意生产与感化。生产和发行方面，与国民经济部共同组织劳动感化院企业管理委员会，来管理和监督生产与发行的事宜，有计划地进行生产和发行。应将工场与犯人居住的地方分开，以便管理和教育。感化方面，充实文化工作人员，要有计划地教育犯人，经常上识字课、政治课等等。将俱乐部、列宁室、图书馆健全起来，利用犯人工作以外的时间，经过这些文化机关来感化他们。感化犯人的工作，是劳动感化院的主要部分，应当特别注意。

在党的领导下，苏区监所机构充分发挥监所和劳动感化院的职能和作用，广泛开展民主法制建设，创立了与剥削阶级专政国家截然不同的监所和劳动感化院的原则、程序和制度，为保卫新生的人民政权及巩固根据地做出了积极的贡献。闽西中央苏区的监所和劳动感化院的建设与实践，是中国共产党创立人民司法的伟大预演和管理监所的光辉实践，为抗日战争时期和解放战争时期的红色司法行政工作提供了宝贵的经验教训。

长征胜利后，最高法院随中央机关到达西北，在西北办事处的领导下继续开展审判工作。“七七事变”以后，最高法院改组为陕甘宁边区高等法院。陕甘宁边区高等法院成立后，弘扬、传承苏区红色审判经验，积极开展司法审判工作，实行公开、陪审、辩护、回避、死刑复核等制度，坚持重证据轻口供等原则，还根据边区实际情况，创造了“马锡五审判方式”，便利群众诉讼。边区的审判工作为巩固和促进抗日大局并最终取得抗战胜利，起到了积极作用。

解放战争初期，各解放区基本沿用抗日根据地的审判原则和审判制度。各解放区大多在军事机关内设立军事法庭或特别法庭，审判汉奸、叛国分子。1946 年 8 月，中国共产党在第一座获得解放的省会城市哈尔滨设立了哈尔滨市地方法院。1948 年 5 月，中央决定合并晋察冀、晋冀鲁豫两个解放区，成立华北人民政府。华北人民政府下设华北人民法院，共审理、复核刑事、民事案件 153 件，完成了接收晋冀鲁豫、晋察冀两边区高等法院等重要任务。华北人民政府在其存在的 13 个月期间，先后制定颁布了 200 多项关于政权、军事、经济、文化等方面的法律法规。随着人民解放战争的节节胜利，一些新解放的大中城市纷纷设立特别（军事）法庭，在军事管制委员会领导之下，负责反革命犯罪案件的审判。

1949 年 10 月 31 日，在华北人民法院基础上组建成立最高人民法院。民盟中央主席沈钧儒为第一任最高法院院长。共和国的审判工作迎来了新的历史时期。

三、最早的政治保卫机构和民警队伍

（一）政治保卫处（局、分局）的建立

地方党和苏维埃政权的政治保卫工作，最早由工人纠察队、农民赤卫队承当。

1925 年 6 月 19 日，为了支援上海人民五卅反帝爱国运动，广州和香港爆发了声势浩大的省港大罢工。省港罢工委员会先后发布了《纠察队军法处组织法》《会审处组织法》《会审处办案条例》等法令，并建立了纠察队军法处、会审处等司法审判组织。工人纠察队军法处负责讯问违法嫌疑人，然后转送会审处审判。

闽西农民暴动之时，政治保卫职能由工农武装承担。永定暴动前夕，1928 年 2 月，永定上湖雷农民协会镇压了收租、逼债、强奸妇女的张耕养；溪南“铁血团”在金砂、兰地、古木督、卓坑源等

地镇压恶霸土劣20多人。闽西工农兵一大要求，“各工会及各区工联会应组织纠察队，定期会操，其无武装者可做木棒与武器。各工会总工会除公开纠察队外，另可组织秘密纠察队，秘密逮捕反动派及工贼等”①。

苏区创建之时，政治保卫职能一度由肃反委员会承当，特别是在新开辟的革命根据地或者临时政权中。随着闽西肃反委员会在“左”倾错误路线指导下造成的政治祸乱，规范政治保卫职能势在必行。

1931年7月15日，闽西苏维埃政府发出通告，表示根据中央指示，取消肃反委员会，成立政治保卫处，其任务是“巩固政权”“镇压反动”“保护工作人员及群众性命的安全”。郭滴人被任命为首任处长。经闽西政治保卫处批准，闽西苏区各县可以成立县政治保卫处，区成立区政治保卫科，负责人（处长）由苏维埃政府委任。各县政治保卫处和直属区（如闽西第一直属区太平区）政治保卫科，直接受闽西政治保卫处的指导，区政治保卫科受县政治保卫处指挥。在没有正式成立政治保卫处的地方，所有肃反机关受上级政治保卫处指挥。②

7月底，中共苏区中央局成立了政治保卫处，苏区中央局常委、宣传部部长王稼祥兼任处长，赣南苏区也开始筹备成立政治保卫处事宜。9月间，中共闽粤赣临时省委书记邓发调任苏区中央局委员，并接任苏区中央局政治保卫处处长一职。

1931年9月底，中共苏区中央局政治保卫处随红军总部等机关从兴国移驻瑞金。11月，中华苏维埃第一次全国代表大会召开，宣告中华苏维埃共和国临时中央政府成立。“为镇压反革命之目的，在

① 中共龙岩地委党史资料征集领导小组、龙岩地区行政公署文物管理委员会：《闽西革命史文献资料》（第三辑），1982年，第192页。

② 中共龙岩地委党史资料征集领导小组、龙岩地区行政公署文物管理委员会：《闽西革命史文献资料》（第六辑），1985年，第129页。

人民委员会之下，设国家政治保卫局”。于是，中共苏区中央局政治保卫处改为中华苏维埃共和国国家政治保卫局，成为全国苏维埃政府肃反保卫工作的最高领导机关，邓发任局长。

国家政治保卫局内设侦察部、执行部、政治保卫大队、秘书处（后称总务处）等机构。1932 年起，增设了红军工作部、白区工作部。各级国家政治保卫机关实行垂直领导，地方政府无权改变政治保卫局（分局）的命令。

1933 年 12 月，《中华苏维埃共和国地方苏维埃暂行组织法（草案）》规定了各级政治保卫局的组织和权限。在组织机构方面，在中央人民委员会之下设立国家政治保卫局，局长由中央执行委员会委任，并兼任国家政治保卫局委员会主席；委员会委员由中央人民委员会批准委任，委员中有同级共产党组织的代表及最高法院的检察员参加，最高法院未成立前由临时最高法庭的检察员参加。在省及直属市、直属县及省直属市苏维埃执行委员会下，设立国家政治保卫分局，在红军的方面军、军团下设立军委会国家政治保卫分局，在区及县直属市苏维埃执行委员会下设立政治保卫局特派员，在红军师团及独立营内设立政治保卫局特派员及干事。各省分局局长、委员及特派员的任免处分权，统属于国家局；基层（区或红军中的团、营）特派员的派遣任免权，属省分局及军委会分局，但最后批准权属国家局。国家政治保卫局与下级各分局、特派员之间，实行系统垂直领导。在工作业务上，下级分局需绝对服从上级分局命令；但在政治上，各分局及特派员受当地同级政府或红军中军事政治负责人指导，各分局局长必须列席同级政府主席团会议；各级政府或红军中军政首长一律无权改变或停止国家政治保卫分局执行国家局的命令。如有意见，只能提交到中央人民委员会解决。

在闽西，1931 年 8 月 29 日，中共中央发出《致闽粤赣苏区省委的信》，指出了闽粤赣边省委在肃反问题上的错误。9 月中旬，闽西政治保卫处在上杭白砂改组为国家政治保卫局福建分局，郭滴人为首任局长，张鼎丞、张耕陶分别任永定保卫分局正副局长。9 月 29 日，闽西苏维埃政府发出 97 号通告，逮捕并处决了在“肃社党”运动中犯有严重罪行的闽西政治保卫处副处长林一株、原永定肃反委员会主任郑醒亚等，进一步稳定了局面。12 月，福建省政治保卫分局迁至汀州。

图 1-18　中华苏维埃共和国国家政治保卫局旧址

1932 年起，在省苏管辖的永定、长汀、连城、新泉、上杭、武平、宁化、归化、新杭、代英、清流、兆征、汀州等 10 多个县级苏维埃政权建立政治保卫分局（科）。省、县政治保卫分局内设侦察科、执行科、总务科，管理看守所、政治保卫队。福建省政治保卫分局成为中央苏区成立最早、辖区最大的省级政治保卫机构。

（二）政治保卫局的职能

政治保卫机构作为工农民主政权设立的司法机关，“在临时中央政府人民委员会管辖之下执行侦查、压制和消灭一切反革命的组织活动、侦探及盗匪等任务”[①]，在维护国家社会治安的执法过程中兼有部分审判职能。

政治保卫局必须在苏维埃法律规定的范围内活动，同时法律也赋予其一定的特殊权力。1931 年 12 月 13 日，中央执行委员会非常会议规定，“一切反革命的案件，都归国家政治保卫局去侦查逮捕和预审，国家政治保卫局预审之后，以原告人资格，向国家司法机关（法院或裁判部）提起诉讼，由国家司法机关审讯和判决”[②]。除国家政治保卫局系统外，各级政府机关和其他团体机关均无权拘捕审讯人犯，但可将嫌疑犯拘送保卫局机关讯办。当政治保卫局有充分证据需要拘捕政府机关、红军与革命团体负责人时，在采取行动之前才能通知该机关最高负责人，以便物色替代人选；该机关最高负责者即使有不同意见，也不得阻挠政治保卫局的行动，只能向上级抗议。

1933 年 4 月 15 日，中华苏维埃共和国中央执行委员会正式颁布了《关于肃反委员会决议》，明确了肃反委员会与政治保卫局的传承关系，规定已经建立正式政权（苏维埃政府）的县、区，必须成立裁判部和国家政治保卫局（区为特派员），肃反委员会即取消。在新发展苏区与临时政权，在县、区常务委员会之下组织肃反委员会，为临时肃反机关，职权兼有司法机关和政治保卫局的责任。在肃反工作上，受上级国家政治保卫局（分局）的指导或者附近红军部队军级以上的保卫局（分局）之指导。

“镇压反革命，保障革命民众的利益，巩固苏维埃政权”[③] 是政

---

① 中共江西省委党史研究室、中共赣州市委党史工作办公室、中共龙岩市委党史研究室编：《中央革命根据地历史资料文库・政权系统 6》，中央文献出版社、江西人民出版社，2014 年，第 163 页。

② 龙岩市中级人民法院、古田会议纪念馆：《闽西苏区法制史料汇编》，2008 年，第 71 页。

③ 龙岩市中级人民法院、古田会议纪念馆：《闽西苏区法制史料汇编》，2008 年，第 168 页。

治保卫局的固有职责。第五次反“围剿”战争开始后，由于苏区面临的环境日趋恶劣和复杂，苏维埃中央执行委员会和人民委员会赋予了国家政治保卫局新的特权：

1. 在边区的地方保卫局和前线的红军保卫局，对敌人的侦探、边区的法西斯帝分子、反动的豪绅地主阴谋叛变分子，有权不经过法庭审判而直接处置，但处置后需呈报国家政治保卫局备案审核。

2. 在团匪活动区域内的地方分局、红军分局，对捕获的团匪首领及地主出身而坚决反革命的分子，也可不经法庭审判直接处置，处置后再呈报国家政治保卫局备案审核。

3. 对重大的紧急的反革命案件，国家局及各分局机关有权采取紧急处置，处置后如地方政府或军政首长提出异议、发生争执时，由中央人民委员会裁决。

（三）政治保卫武装的建立

土地革命初期，在闽西苏区创建之时，为了执行政治保卫任务，闽西苏区各级政府从赤卫队中挑选精英，加上 1930 年红四军随营学校的部分毕业生，专门设立政治保卫队，受苏维埃政府指派。在司法范围内，各级裁判部有随时调动赤卫队（军）、民警所、政治保卫队之权。

1931 年 7 月 15 日，闽西苏维埃政府在取消肃反委员会成立政治保卫处的同时，决定改组政治保卫队，作为“直接受政治保卫处指挥的武装”，其他地方武装中，“不属政治保卫处直接指挥的武装，不能称为政治保卫队”。①

国家政治保卫局成立以后，在本局及各省、县分局，都建有常备的政治保卫大队（队），并重新规定政治保卫队的性质是“国家保卫局的公开的武装组织”，相当于苏区的武装警察部队，也是苏区革

① 中共龙岩地委党史资料征集领导小组、龙岩地区行政公署文物管理委员会：《闽西革命史文献资料》（第六辑），1985 年，第 130 页。

命武装的组成部分，但只接受国家政治保卫局及各分局的直接指挥，而不受红军和苏维埃政府的指挥。保卫队的组织有共产党员、团员，纪律严明，武器精良，英勇忠实。政治保卫队的政治任务，一是看守政治犯，二是与反革命派别做公开斗争，三是直接保护政权、保证革命领袖的安全。

国家政治保卫局系统的工作人员、保卫队官兵以及所有杂务人员，除便衣人员外，均穿红军服装，但所佩戴的领章不是红色，而是绿色；所有人员均随身携带由国家政治保卫局统一制发的特别证章。

（四）红色民警局的建立

1931 年 10 月，汀州市第一次工农兵代表大会召开，宣布成立汀州市苏维埃政府。汀州市逐步发展为中央苏区的经济、文化、金融中心，被誉为“红色小上海”。于是，中共福建省委基于“整顿市镇民警”[①] 的考虑，决定设立汀州市红色民警局。11 月，宁化县苏维埃政府成立。宁化作为产粮大县，被誉为“中央苏区的乌克兰”，1932 年 8 月一度设市。于是，1932 年 3 月，省苏维埃政府内政部设立民警厅，先后在汀州和宁化建立红色民警局，负责户籍、市政、工商业、治安、仲裁等管理工作，还接受政治保卫局的指导。其中，汀州由于是福建省苏维埃政府所在地，民警局队伍较大，共有 30 余人。江西瑞京（金）市在 1933 年才设立红色民警局。红色民警局局长和国家政治保卫分局分局长或特派员一样，兼任同级裁判部的裁判委员会委员，民警队必须随时配合同级裁判部开展司法活动。[②]

1932 年 7 月 4 日，汀州红色民警局拿获赣军刘和鼎部派来的探子叶永开、江帮良，识破了敌人通过贿赂苏区动摇分子骗取路条路

---

① 中共龙岩地委党史资料征集领导小组、龙岩地区行政公署文物管理委员会：《闽西革命史文献资料》（第六辑），1985 年，第 246 页。

② 龙岩市中级人民法院、古田会议纪念馆：《闽西苏区法制史料汇编》，2008 年，第 50—51 页。

票等通行证的手段，得到了福建省苏维埃政府的高度肯定。[①] 1934年4月8日，《中华苏维埃共和国司法程序》明确了民警局有“捉拿反革命及其他应捉拿的犯人之权”[②]。

（五）政治保卫工作的延续

1934年10月，中央红军开始长征，福建政治保卫分局的干部、战士多数随红军长征，留下少数人坚持根据地工作，红色民警局也被迫解散。福建政治保卫分局与军队政治保卫分局合并为福建省政治保卫局。1935年春，福建省党政军机关在武平大禾被国民党军包围，顽强抵抗之后全军覆没。

抗日战争时期是中国共产党政治保卫工作的重要时期。1937年八路军挺进太行山，1940年8月冀太联办公安处成立，这是抗日根据地公安保卫工作的开始。这一时期，地方没有统一的公安保卫领导机构，锄奸工作主要由部队保卫部门执行。此后，在八路军总部所在地，从1940年8月到1945年12月太行行署公安局成立，公安保卫工作经历了残酷的斗争，逐步走向统一、正规。1941年9月1日，晋冀鲁豫边区公安总局在涉县成立，总局局长由民政厅长李一清兼任。

1945年12月冀太联办公安处升格为太行行署公安局（处），到1949年8月太行行署公安局（处）撤销，太行区公安保卫工作进入全面发展时期，并在中华人民共和国建立时期顺利交接。

四、最早最大的省级检察机构

中华人民共和国人民检察院是国家专门的法律监督机关。检察

---

① 古田会议纪念馆：《闽西革命史文献资料》（第七辑），2006年，第278页。

② 龙岩市中级人民法院、古田会议纪念馆：《闽西苏区法制史料汇编》，2008年，第168页。

院通过履行侦查、批准逮捕、审查起诉、支持公诉、监督审判、保障民权等法律监督职能，行使检察权，保证国家法律的统一和正确实施。

（一）中央工农检察部的组建及其权限

当代人民检察院的前身可以追溯到中央苏区时期。1931 年 11 月，中华苏维埃第一次全国代表大会在江西瑞金召开，通过了《中华苏维埃共和国工农检察部组织条例》，决定设立中华苏维埃共和国工农检察部，何叔衡任中央执行委员兼工农检察人民委员。这是人民检察事业的光辉起点。

根据《中华苏维埃共和国工农检察部组织条例》，工农检察部是各级行政机关的一部分，实行双重领导体制，受同级执行委员会及其主席团的指挥，也接受上级工农检察机关的命令。工农检察部的任务主要是监督苏维埃机关在没收并分配土地的时候立场是否正确；监督苏维埃机关正确地去执行苏维埃的政纲和策略；监督苏维埃机关对于苏维埃经济政策，首先是财政与租税政策，是否执行得正确；及时向各级执行委员会建议撤换或处罚国家机关与国家企业工作人员和监督企业或机关工作实施；向法院检举犯罪等。工农检察机关从中央政府到区政府均称工农检察部，但负责人只有中央政府称工农检察人民委员，省县区均称部长，城市苏维埃则称工农检察科，负责人称科长，这些人员均由坚决的有阶级觉悟的、在革命斗争中有经验的工人、雇农、贫农及其他革命分子组织而成。

图 1-19　工农检察部的控告举报箱

苏维埃共和国的中央审判机构与中央检察机构不是平行的关系。

中央审判机构设在中央执行委员会之下，隶属于国家最高权力机关中央执行委员会；中央工农检察机构设在国家最高行政机构人民委员会之下，隶属于人民委员会。但是省县区市的地方各级审判机构与检察机构共同设在该级地方执行委员会之下，是同级平行关系。

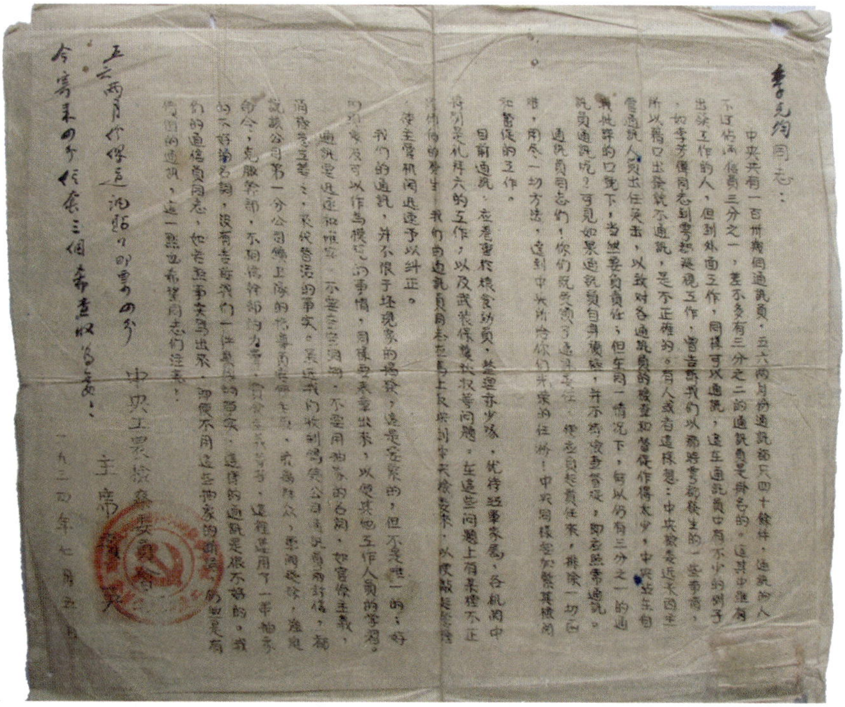
李克均同志：

中央共有一百卅几个通讯员，五六两月份通讯却只四十余件，通讯的人不过占通信员三分之一，差不多有三分之二的通讯员是挂名的。这其中虽有出去工作的人，但到外面工作，同样可以通讯，这在通讯员中有不少的例子，如李秀傳同志到零都巡视工作，曾告诉我们以零都发生的一些事情，所以借口出发就不通讯，是不正确的。有人或者这样想：中央检委近来因主管通讯人员出任突击，以致对各通讯员的检查和督促作得太少，中央在自我批评的口号下，当然要负责任；但在同一情况下，何以仍有三分之一的通讯员通讯呢？可见如果通讯员自身积极，并不为缺乏督促，即会照常通讯。

通讯员同志们！你们既然负了通讯责任，便应负起责任来，排除一切困难，用尽一切方法，达到中央所给你们光荣的任务！中央局根据加紧其检阅和督促的工作。

目前通讯，应着重于粮食动员，扩大赤少队，优待红军家属，各机关中特别是礼拜六的工作，以及武装保卫秋收等问题。在这些问题上有某种不正确倾向的发生，我们的通讯员有必要马上反映到中央检委来，以便马上监督使主管机关迅速予以纠正。

我们的通讯，并不限于坏现象的揭发，这是主要的，但不是唯一的；好的现象及可以作为模范的事情，同样要表彰出来，以使其他工作人员的学习。

通讯要迅速和确实，不要空洞的，不要用抽象的名词，如官僚主义，消极怠工等之，要从实际的事实，[illegible]

[illegible]

中央工农检察委员会

主席 [illegible]

一九三四年七月五日

五六两月你[illegible]通讯[illegible]

今寄来四个任务三个，希查收为要！

图 1-20　工农检察委给李克均同志的指示信

（二）福建省建立最早最大的省级检察机构

根据《苏维埃组织法》，省级工农检察部一般 7 至 9 人，常任人员 3 至 5 人；县级工农检察部一般 5 至 7 人，常任人员 2 至 4 人；城市苏维埃工农检察科一般 3 至 5 人，常任人员 2 至 4 人；区级工农检察部一般 3 至 5 人，常任人员 1 至 2 人。

1932 年 3 月 18 日，福建省苏维埃政府在汀州试院成立，内设工农检察等部。杭武县苏维埃政府主席兼裁判部部长阙继明当选为福建省苏维埃政府副主席兼工农检察部部长。这是中央苏区最早、最大的省级工农检察机构。

1932 年 9 月 4 日，福建省工农检察部联席会议通过了《加强检查工作的几项规定》的决议案，要求“建立和健全各级工农检察部的工作，各县区未建立工农检察部和控告局的，在九月间必须要成立起来，而且要建立工农检察部的经常工作”①。

（三）工农检察制度的延续

抗日战争时期，检察制度在抗日根据地延续。1943 年 2 月 23 日，晋察冀边区行政委员会针对抗日锄奸的实际情况，在北岳区发布了《关于加强各级公安工作的指示》，明确专署、县公安科科长兼特种刑事检察官，负责军法审判的起诉。

1949 年 10 月 1 日，根据《中央人民政府组织法》的规定，中央人民政府委员会第一次会议任命罗荣桓为最高人民检察署检察长。12 月发布了《最高人民检察署试行组织条例》，规定“对刑事案件实行侦查，提起公诉”。

1954 年 9 月 20 日，中华人民共和国第一届全国人民代表大会第一次会议通过了新中国第一部宪法“五四宪法”，对检察机关的设置、职权和领导关系做了规定，同时颁布了《中华人民共和国人民检察院组织法》。人民检察事业迎来了新生。

---

① 龙岩市中级人民法院、古田会议纪念馆：《闽西苏区法制史料汇编》，2008 年，第 328 页。

第二章　立法先行——苏维埃早期的法治探索

中国共产党领导的土地革命战争初期的法治建设，也就是工农民主政权初期，或者说红色苏维埃早期的法治建设。近年来发现的大量闽西苏区法治建设的第一手宝贵资料，使我们在以往革命根据地党组织建设、政权建设与军事建设的基础上，进一步了解到，中国共产党在早期革命斗争中对法治建设的重视与领导，也可以找到在此后抗日战争及解放战争中一系列法治建设的渊源所在。

闽西苏区的法治建设与军事、政权建设一样，离不开党的领导。以最重要的土地政策与法规为例，1928 年 7 月在中共福建省委和永定县委领导下永定暴动成功，立即成立闽西特委，并召开工农兵代表大会，选举成立溪南区苏维埃政府，在特委指导下进行土改试点实践。1929 年 7 月，中共闽西第一次代表大会召开，会上通过《土地问题决议案》，并以红四军政治部名义发布《土地法》。8 月，闽西特委向省委书面报告一年来根据地建设包括溪南土改的经验与问题。同年 11 月及次年 2 月，闽西特委先后两次召开扩大会议，通过并完善土地问题决议案。1930 年 3 月，闽西第一次工农兵代表大会根据特委决议案通过并发布《土地法令》。之后各地区又根据本地情况进行细节修正，如同年 11 月永定县第四次工农兵代表大会发布的《修正土地法令》。以上闽西苏区早期土地法的立法过程，是仅就现存文件资料归纳的，但其中凸显的党的领导在苏区立法过程中的核心作用，已是清晰可见。

第一节　“抽多补少，抽肥补瘦”——闽西苏区的土地立法

中国共产党领导的革命根据地基本建立在农村，农民是革命的主力军，发动农民的主要动力来源于土地革命，故 1927 年至 1937 年的第二次国内革命战争也被称为土地革命战争，仅从闽西苏区土地政策与法规发布之频繁也可以看出当年的革命者对于土地问题之重视。由于土地立法在革命根据地时期的独特性与重要性，故这里将土地法从经济法中剥离而独立为一节进行介绍。

1927 年南昌起义之后，起义军经闽西南下广东，沿途宣传中国共产党的政纲，号召当地民众打倒地主豪绅，废除苛捐杂税，在闽西传播了土地革命的思想；另一方面，八七会议的召开，确定了土地革命和武装斗争的总方针，也进一步推动了闽西土地革命的斗争。

闽西苏区的土地法制建设就是在土地革命和武装斗争的环境中产生的，并在实践中经过了多次修改、补充，苏区政府发布了一系列适应社会发展和斗争形势的决议和法令，最终确立了“抽多补少，抽肥补瘦”的基本原则，形成了土地没收、分配、征税、开荒等具体实施规定，为苏区的经济建设和社会稳定提供了有力的保障，这也成为后期苏区、解放战争时期革命根据地及新中国成立后土地法律制度的重要渊源。

一、永定溪南区早期土地政策

1928 年 7 月，闽西永定地区暴动成功，邓子恢向中共永定县委建议开展土地革命，烧毁田契租约，没收地主土地及财产。在中共福建省委、永定县委的领导下，永定溪南区成立了中共闽西特委，同时还成立了闽西暴动委员会，进一步整合武装力量，发动群众成

立乡一级的苏维埃政府，为土地的没收和分配做好准备。

随后，永定县委召开全区工农兵代表大会，成立了溪南区苏维埃政府，这是福建地区建立的第一个革命根据地。此时秋收时节已到，当地群众迫切要求分田，于是福建省委指示中共闽西特委和永定县委积极开展土地没收和分配工作。

作为永定地区土地革命的骨干，邓子恢和张鼎丞在没有成功经验可供借鉴的情况下，充分发挥能动性和创造性，深入群众当中调查研究，找到经验丰富的老农民座谈，和农民一起制定出可行的土地政策和具体实施办法。

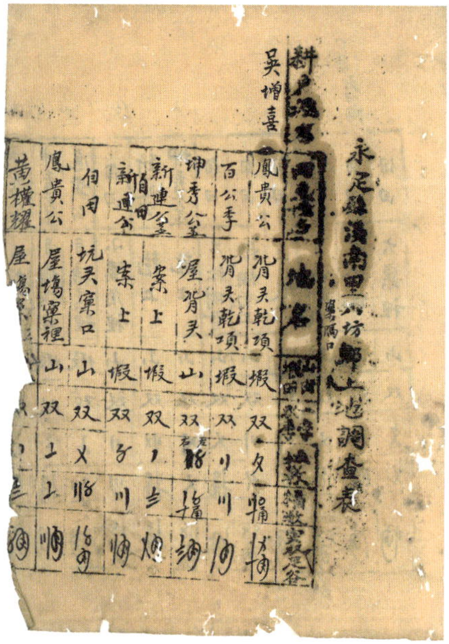

图 2-1　永定县溪南区八坊乡土地调查表

关于闽西苏区第一次土改暨溪南区土地分配的政策，当时文件均无留存，只有中共闽西特委在1929年8月22日提交的《闽西工作报告》中“分田情形与所得经验”一节简要阐述了永定溪南近一年来土地斗争概况及红四军到来后的政策变化：“此次（龙）岩、永（定）、（上）杭三县田地得（红）四军帮助，于最短时间内分完，实在为在斗争中伟大的成绩。在此次斗争中所得到不少的经验：A. 分田的区域标准在去年永定溪南是使农民发生很大纠纷，以乡为单位——本乡农民分其本乡土地，这种方法是使农民发生很大纠纷，如（1）乡村界限分不清楚；（2）农民在别乡所种之田一旦被丢而换过新田感觉不便，田少乡农民多在别乡耕耘之田放去无田可耕，必使农民生反感。这些纠纷都是去年弄出来的。今年在白沙区委扩大会中才得新的办法：便是某农民将他在本乡及外乡所耕之地，总合起来共同分配，这样一切困难与一切纠纷都没有了。B. 去年分田照年岁（即年龄）分别使分田手续麻烦得多，此次多以人口为单位，平均人分，虽然生产力（即劳动力与土地数相匹配）不甚适当，但为一般农民群众所拥护的，在夺取群众观念上有很大的意义。C. 对土豪劣绅去年是只（不）可分田地，今年则在不反动条例之下酌量分田。其自耕农之地主（此处“地主”应指土地所有者，非指地主阶级）亦没全部没收，而留予生活必需物。D. 乡村对手工业工人与知识分子，各处分田地这种少分一半。这样他们目前找不到生活，不得不分予田地，保存其生活，假若闲赖（懒）者不在此例。E. 这样的分法一般群众都表现很满意……”①

这份闽西特委的工作报告中可以反映出，在红四军到来之前，溪南区的土改政策的基本内容包括：1. 没收一切土地，包括自耕农土地，归苏维埃所有。2. 按年龄即劳动力分配土地，目的是为了地尽其力，不浪费土地，但客观上使分配土地极其复杂，标准不一，妇女、老人、儿童必然少分土地，群众意见多。3. 土豪劣绅即地主阶级在土地被没收后不再分配土地。4. 工人和乡村知识分子（如私塾教师）分成年劳力的一半土地。5. 分配土地以乡为单位也产生了很多问题。

闽西特委的工作报告，逻辑上与毛泽东领导的井冈山、赣南革命根据地对土地革命的认识过程是一致的。井冈山革命根据地经过一年多的土改实践，于 1928 年 12 月由毛泽东主持制定了《井冈山土地法》，当时溪南区土改正在进行中。毛泽东后来在 1941 年讲话中就指出《井冈山土地法》的三个原则性错误：“（一）没收一切土地而不是只没收地主土地；（二）土地所有权属政府而不是属农民，农民只有使用权；（三）禁止土地买卖。”② 其实根本问题就是没有认

① 中央档案馆、福建省档案馆编：《福建革命历史文件汇集（闽西特委文件）（一九二八年——一九三六年）》，1984 年，第 103—104 页。

② 毛泽东：《土地法》，《毛泽东文集》（第一卷），人民出版社，1993 年，第 51 页。

识到新民主主义革命和社会主义革命的区别。但因为土改实行时间较长，所以《井冈山土地法》也已经基本解决了闽西土改尚未解决的几个方法问题：一是分田的区域标准，以乡为单位分配为主，特别情况下可以几乡或区为单位分配。二是分田的数量标准，主要以人口为标准，男女老幼平均分配，特别情况下可以劳动力为标准，能劳动的比不能劳动的多分土地一倍。

四个月后，红军移师赣南之兴国，1929 年 4 月，毛泽东又主持制定了《兴国土地法》，此时已经清醒地认识到两个革命阶段的区别。[①]《兴国土地法》相对《井冈山土地法》仅做了两条修正：一、将“没收一切土地归苏维埃政府所有”，改为“没收一切公共土地及地主阶级的土地归兴国工农兵代表会议政府所有”。二、将“一切土地，经苏维埃政府没收并分配后，禁止买卖”，改为“一切公共土地及地主阶级的土地，经工农兵政府分配后，禁止买卖”。这两条极其重要的修正导致的结果是：第一，只没收地主的土地，中农和贫农的土地不没收了；但土地税仍然是要收的，苏维埃政府的收入不会发生变化。第二，没收并分配的土地禁止买卖，但未被没收的中农和贫农的土地仍可以买卖。按照当时的一般估计，大概江西农村中60％的土地是在地主手中（闽西的情况也大致如此），这样没收及分配以后，苏维埃区域应该还有 30％至 40％的土地是可以自由买卖的。所以《兴国土地法》的结果实际上是国有土地和私有土地并存，国有土地占主导。

这样的修正消除了农民的顾虑，受到农民的极大欢迎，土地革命轰轰烈烈地开展起来。《兴国土地法》在赣南开花，在赣南与闽西两地结果。

---

① 这个认识变化，当时有人不理解，质疑“为什么资产阶级的任务，要我们无产阶级来完成?”在理论上，一直到 1939 年，毛泽东在《中国革命和中国共产党》一文中，首次明确提出“新民主主义革命”的科学概念，既区别于资产阶级领导的“旧民主主义革命”，也区别于中国共产党领导的将来的“社会主义革命”。

二、1929 年红四军发布的《土地法》

在《兴国土地法》公布仅一个月后，1929 年 5 月，毛泽东、朱德领导的红四军进入闽西，迅速建立了苏维埃政府，苏区得到了长足的发展。在毛泽东的指示下，红军向广大农民宣传党的土地革命政策，逐步开展土地的没收与分配工作。6 月 21 日，龙岩县革命委员会成立，推举邓子恢等负责领导全县的斗争，随后，永定、上杭也纷纷开始分配土地。

不久，红四军政治部发布《土地法》，这是苏区建立后最早的土地法文件之一。[①] 它分为土地的没收与分配，废除债券，征收土地税和工资问题等章节。本次《土地法》的颁布标志着闽西苏区废除了地主阶级土地所有制，旗帜鲜明地指出没收豪绅地主的土地全部分配给苏区农民，为苏区土地分配提供了法律依据。

这次《土地法》明确针对不同的主体有不同的分配方法。对于地主阶级，没收一切豪绅地主阶级及祠堂庙宇的田地、山林、池塘、房屋，归苏维埃所有；对于自耕农，鼓励其自给自足，如有多余才会没收进行分配；对于豪绅地主的家属，也会酌量分配土地让其维持生计；对于红军官兵，照例分田并帮助其家属耕种；对于工商学各阶层不能生活的才分田；对于雇农及无业游民予以分田，但是不准其有赌博等不良嗜好；旅居在外地的人不分田等等。从中我们可以看出土地政策的逐步成熟与完善，“因人施策”，体现其鲜明的价值取向。对于自耕农和贫雇农，分配一份生产资料供给生活，这是立法精神中最重要的一块。另外，为了鼓励参军和稳定后方，对于红军及其家属予以了优待。为了提高农业生产的效率，对在外地的人和游手好闲的人不分田。同时，对豪绅地主的家属也体现了人道

① 从发布的主体上看，本次颁布的《土地法》并不是正式法律文件，但是却成为后续颁布的正式土地法的蓝本和渊源。

主义精神。

《土地法》明确规定，“为求迅速破坏封建势力起见，分田以抽多补少为原则，不得采取绝对平均主义，重新瓜分”。因为绝对的平均主义并非土地革命的精神要义，也不是本次土地法颁布的宗旨。分配土地的区域标准为就近原则，即以乡或毗邻几个乡为单位共同分配，这样可以克服部分乡地少不够分的矛盾。分配土地的数量标准有二：一是根据乡村人口数目，男女老幼平均分配，二是在特殊情形下，根据劳动力分配，能劳动的比不能劳动的，多分一倍。根据人口分配的好处是让大多数人尽快得到土地，根据劳动力的精壮程度分配，可以最大限度发挥土地的效用。《土地法》采取了以人口分配为一般、劳动力分配为例外的分配标准。

《土地法》还体现了许多近现代的民法原则或物权理念，例如“暴动分田时，如农民已下种，则本季生产归原耕种农民收获，他人不得刈取”，该条就区分了物的归属问题，土地革命导致物权发生变动，土地的归属发生变动，但是地上附属物仍然归属于原物主，保护了物权的稳定和法律的公信力。

为了消灭剥削与压迫，专章规定了债券废除问题，使农民全身心投入新的农业生产中来，最大限度地调动农民的积极性。条文区分不同主体间的债务清偿问题，涉及欠地主豪绅的债务采取工农单方面的债务免除；涉及商家欠账，区分是否为高利贷性质、是否为自身的债务和时间长短等因素；对于工农之间的欠债区分革命前和革命后分别偿还。此外，还对典当、抵押和禁止高利贷进行了规定。

同时，为了苏区公益事业的发展，还规定了土地税的征收标准和工资的发放标准。土地税按照分田的数量分等征收，分田收谷五担以下的，免收土地税，六担开始按比例征税。征收后再按比例归省、县、区、乡苏维埃所有。手工业者和雇农的工资标准，苏维埃要根据生活物价涨跌和农民收入丰歉两个标准决定。

这部《土地法》有两处值得注意的地方：一是明确规定地主阶级的土地被没收以后，对其家属可以酌量分配土地以维持生计，有利于分化与减弱苏维埃的反对势力。这在《井冈山土地法》和《兴国土地法》中均无明确规定，而闽西特委工作报告中可以看出曾经是不分配的。二是对中农多出平均标准的土地实行“抽多补少”的原则，在尽量保持土地持有原状基础上进行调整。这是对《兴国土地法》的重要补充。

三、中共闽西特委关于土地问题的系列决议

随着闽西苏区在武装斗争和土地革命的浪潮中不断巩固发展，红四军前敌委员会指示闽西特委及时召开大会加强革命领导。闽西特委根据土地革命的斗争形势，形成了一系列针对土地没收与分配的相关决议，这些决议案构成了闽西苏区早期土地法治建设的重要文件。

（一）《中共闽西第一次代表大会关于土地问题决议案》

1929 年 7 月，闽西特委召开中共闽西第一次代表大会，由于斗争形势日益严峻，大会不得不提前闭幕，但是这次大会在毛泽东的指导下讨论通过了《关于土地问题的决议案》，这份决议案全面总结了闽西土地革命的正确做法和经验，深刻分析了当前的局势，对此后土地政策法规的颁布实施，具有十分重要的指导意义。

决议案分析了地主通过地租、商人通过高利贷、政府通过课以重税、帝国主义通过低价倾销等方式对闽西农民进行残酷剥削，导致农村凋敝，农民破产，闽西土地问题日益突出。决议案指出，“土地革命的主要目标在改良农业生产方法，使土地改善，生产力提高，农产品增多，以发展农村经济，解放困苦的农民，而解决全社会的生活问题。要达到上述目的，根本只有用革命的方法，没收一切地主阶级的土地，归于农民生产者，舍用这样痛快的方法，是决没有其他道路可走的”。“农民得了土地，解除一切封建束缚，开辟了农业资本主义生产之道路，表面上看来是要朝向资本主义那条路跑的。

但因为无产阶级在这民权革命当中建设了革命的领导权的原故，最后的结果是要把农业引向社会主义的道路上发展的”。[1] 这两段话点明了土地革命的目标是改善地力，发展生产力，解放农民。实现目标的唯一途径就是通过暴力革命，没收地主土地，分配给农民，经由农业资本主义，最终过渡到社会主义。这也是中国共产党在闽西地区实行土地革命的意义和前途，深刻阐释了党制定土地政策和法规背后的立法目的和精神。

决议案总结了党对闽西的土地政策，主要包括土地的没收和分配、夏收问题、山林问题、债务问题、土地税问题、工资问题等。

（二）《中共闽西特委第一次扩大会议关于土地问题的决议》

1929 年 11 月 5 日，《中共闽西特委第一次扩大会议关于土地问题的决议》公布。这次决议旨在总结过去的经验，并认真反思暴露出的缺点。关于分谷斗争，出现了“抢夺式”与“平分式”两种方式，“抢夺式”的好处在于可以迅速分配谷子然后发动群众，但是老弱群体就无法分得谷子；“平分式”能够使所有群众满意，但是比较耽误时间。决议认为，在城市里或根基不稳的地方应当采取“抢夺式”，在乡村应当采取“平分式”；无论采取何种方式都应当提前对群众做好充分的宣传。

决议反思了关于平分土地的经验教训。这次闽西苏区按照人口平均分配，无论男女老幼一律分田地，快速取得了群众的信任和拥护，但是土地被分割成小块，导致精壮劳力不够种，而分给老弱的田地又必须雇人耕种，劳动力和财力都被闲置，阻碍了农村生产力的恢复，反而违背了土地革命的初衷。针对平均主义的问题，决议认为，当前的局势仍然属于争取群众支持的局面，还是应当以平分土地为主，但是可以通过收回和奖励制度保证土地的开垦和利用。

---

① 转引自蒋伯英：《闽西革命根据地史》，福建人民出版社，2019 年，第 123—124 页。

在土地法实施的过程中，农民中存在一定的平均主义倾向。决议反思了党在平分土地时没有注重对当地群众的宣传教育，特别是没有通过解释打破农民的绝对平均主义思想。原定计划自耕农的土地基本不动，但是事实上的做法往往是没收一切土地，焚烧一切田契，而无人敢提出反对意见。这是因为闽西地区贫农人口占到了80％，自耕农的人口和田地占比都极小，这样一来大部分群众都要求把所有土地拿出来平分。尽管这次土地决议迁就了农民的平均主义观念，违背了中共六大以来的有关方针政策，但是在当时条件下也是权宜之计，并不具备长久的意义。①

（三）《中共闽西特委第二次扩大会议关于土地问题决议案》

1930年2月25日，中共闽西特委召开第二次扩大会议，通过了关于土地问题决议案。决议指出，土地革命的两个目标，一是改良土地增加生产，一是争取群众巩固政权。所有的土地工作都要围绕这两个目标进行。前述的两次决议都对土地问题进行了反思和修正，但是山林问题的规定脱离实际，耕牛问题、房屋问题、水利问题都没有讨论，所以这次决议对土地问题的规定进行了重新修订。需要指出的是，这次决议受到了党内“左”倾思想的影响，也存在不尽合理之处。

关于田地分配规定吸取了之前的经验和教训，在原来“抽多补少”的基础上加以提高。对于反革命及其家属不再分田，“分田方法以抽多补少为原则”，意即土地尽量保持原状不动，仅抽走多的田地，补分给田地少者。这种做法，有利于中农和贫农心态的稳定，也受到了毛泽东的重视。“抽出之田以肥瘠均匀为度，好田多者抽坏田，坏田多者抽好田”②，意即对抽走的田地视其肥瘦均匀分配，对田少应补分的农户，视其原有土地中好田、坏田的比例，决定其补

---

① 蒋伯英：《闽西革命根据地史》，福建人民出版社，2019年，第157页。

② 转引自蒋伯英：《闽西革命根据地史》，福建人民出版社，2019年，第208页。

分的土地应在待分配的好田还是坏田中抽取，原有土地好田多，那么就在坏田中抽取，原有土地坏田多，那么就在好田中抽取。这是最早的“抽肥补瘦”原则。

决议还规定了在死亡、逃跑、撂荒时土地的收回制度，规定土地不得种植鸦片等违禁品，开垦的荒地六年之内不征收土地税。新增了水利问题、耕牛问题、房屋问题等规定，譬如水利设施由专门的机关管理和专人巡查，严格限制耕牛的宰杀，大部分山林矿产归政府统一管理保护，没收土豪劣绅的房屋并取消其房租，等等。上述规定也都共同辅助着土地分配工作的开展，对增加农业生产、解放生产力具有重要作用。

四、1930 年《土地法令》及《修正土地法令》

在中共闽西特委第二次扩大会议召开以后，闽西苏区不断巩固发展，土地分配也基本完成，但几次决议形成的精神还没有及时固定为法律条文，这就迫切需要修订新的土地法规。1930 年 3 月，闽西第一次工农兵代表大会根据几次土地问题的决议颁布了《土地法令》，较 1929 年颁布的《土地法》更为完善。

法令吸收了前几次决议的精神，强调“抽多补少、抽肥补瘦”的原则，这两条原则是毛泽东、邓子恢等苏区领导人进行了大量调查的情况下才找到的解决问题的办法。这个经验也在三个月后，即 1930 年 6 月被中国革命军事委员会针对全苏区颁布的《苏维埃土地法》所吸收，其第十条规定：“分田须按抽多补少、抽肥补瘦的原则。”

此法令新增的主要内容还有：规定了土地的回收情形，促进了土地的循环利用；规范了土地的用途，保障了有限的耕地的生产；鼓励开垦荒地，鼓励登记土地；对水利设施、水利管理部门、维修使用的原则等进行了规定；对耕牛的使用和宰杀进行了严格的规定；对房屋的分配、典当和收租收税等进行了规定。本次完善后的土地法，对闽西苏区农业生产的发展、提高土地的整体利用率具有重要的作用。

1930 年 11 月，永定县第四次工农兵代表大会发布了《修正土地法令》，对《土地法令》的耕牛问题和房屋问题进行了修改和补充。本次修改特别注重生产资料分配的公平。

在再分田的问题上，由于以前只注意到抽多补少，即数量上的平均，导致很多地方的富农不愿将肥田抽出，而将瘦田拿出来分给贫农。这样一来土地分配中肥瘦不均的现象就越来越突出，贫农强烈要求重新分配，于是再分田成为当务之急。《土地修正法令》规定，只要多数群众赞成再分田，这里的土地矛盾就比较激烈，就需要重新分配田地。强调不仅要贯彻“抽多补少”的原则，还要注重“抽肥补瘦”“好坏搭半”，土地委员会委员中雇农要过半数担任，富农不得参加，再分田后绝对禁止转租。上述规定顺应了广大贫雇农对于土地的极度需要，提高了他们参与革命的积极性，限制了富农对土地的占有，反映出闽西土地法制建设在革命形势中不断适应的过程。

在耕牛、农具、房屋问题上，加大了对耕牛的保护力度，保障耕牛的耕作能力，房屋和农具的分配也贯彻了“抽多补少”的原则，保障了贫苦群众生产生活的基本需要。

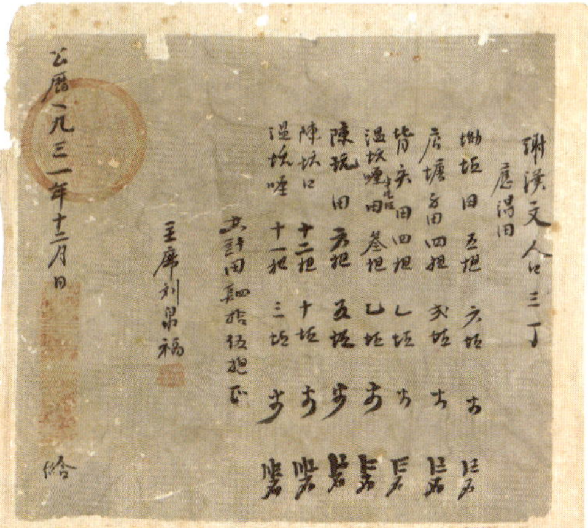
公曆一九三一年十二月　日
主席刘昂福
給

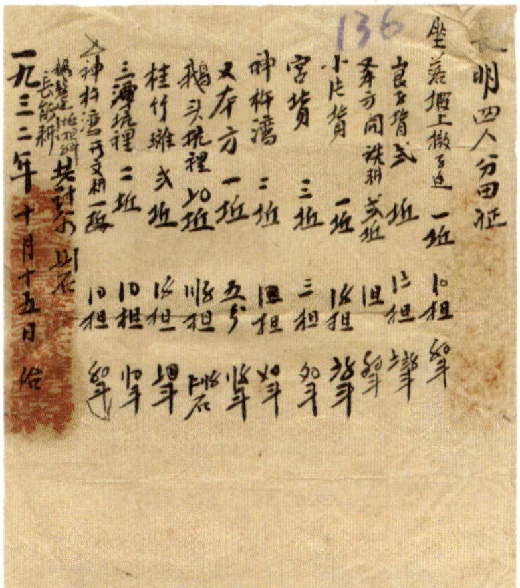
一九三二年十月十五日給

图 2-2　分田单

五、“左”倾错误影响下的富农政策

由于中国共产党当时对于富农作为农民的一种分类一直没有确切的定义，富农在各地也有不同的情况，导致了土地政策的摇摆和反复。1928年，中共六大指出，“富农在农民运动发展的过程中，常表现消极、中立或仇视的态度”，这是因为中国富农“具有资本主义的与资本主义以前的半封建剥削的形式，他往往是农业企业和工商业企业的剥削雇佣劳动的人，或者同时又将其土地的一部分出租，以通常残酷的形式来剥削佃农，或以高利贷来剥削一切贫农”。六大认为，“党在目前阶段中的任务，乃在使这种富农中立，以减少敌人的力量”。[①] 中共闽西特委在初期的土地法制建设中也贯彻了六大的精神，并没有针对富农进行与地主同样的斗争。

1930年6月，受苏联农业合作化运动中反富农思潮的影响，在李立三的主持下中共中央通过了《新的革命高潮与一省或几省的首先胜利》的决议案，“左”倾冒险主义影响着中央的决策，导致对富农问题进行了错误的分析，认为应当加紧对富农的斗争。

同月，闽西特委也受到了“左”倾错误的影响，认为革命斗争进展迟缓都是富农分子在从中阻隔，因此，“要保障土地革命胜利首先要肃清党内富农成分”。红四军前委、闽西特委联席会议对富农问题做出了决议。对于“抽肥补瘦”的问题，如果只按“抽多补少”“不得妄想平均”执行，富农就会把这样的政策当作护身符，将肥田把持在自己手里，把瘦田给人，这样一来贫农就不会满意，这种现象除了闽西，在其他各地都有出现，所以决议认为在“抽多补少”之外再加上“抽肥补瘦”，并且将“不得妄想平均”改为“不得把持肥田”。决议还提出不仅要没收半地主性的富农土地，还要没收资产

---

① 《农民运动决议案》，中共中央文献研究室、中央档案馆编：《建党以来重要文献选编（一九二一——一九四九）》（第五册），中央文献出版社，2011年，第425—426页。

阶级性的富农土地和初期富农的土地，初期富农与中农的界限十分模糊，不免扰乱了革命的阵线。[①] 这份决议是中国共产党第一次专门分析土地革命中的富农问题的决议，它反映了广大贫农对土地的需要，适应当时土地革命斗争的形势，得到了苏区大部分群众的拥护，但是富农问题的决议仍然受到了“左”倾错误的影响：其一，片面强调了富农的阶级属性和政治属性，导致苏区对富农的土地政策趋向严苛，将富农划分到地主土豪的阵营进行坚决打击，导致土地法制的不稳定；其二，扩大了富农的范围，严格限制雇佣劳动和出借农具等行为，不利于团结革命力量；其三，过分夸大了富农对土地革命的破坏作用，实际上富农在整个闽西农村中占比极少，仍然是民主革命初期需要团结和争取的对象。

1930 年 9 月 5 日，闽西第二次工农兵代表大会通过了《反富农斗争决议案》，进一步对富农的概念做了区分。决议认为，富农就是“农民中的富裕分子”，“每年都有多余存积，是一个新发户，他的多余，不是勤俭的报酬，而是剥夺别人的结果”。决议认为 1929 年闽西犯了“富农路线”的错误，富农的资本不仅没有减少反而有所增加，雇佣劳动增多，导致农村中资本主义的剥削更加严重。

上述两次关于富农问题的系列政策，是在当时中共中央的“左”倾路线错误影响下做出的一系列决策，对闽西苏区的土地法制建设造成了破坏，导致土地立法的极端和不稳定，闽西苏区也在土地革命中遭受了严重的损失。

六、关于重新分配土地的决议及条例

1931 年 4 月，闽西苏维埃政府颁布了《闽西土地委员扩大会决议案》。决议讨论了分田问题，认为过去在土地革命斗争存在若干错误和缺点：一、没收一切土地过于激进，不符合民主革命的精神。

① 卓帆：《中华苏维埃法制史》，江西高校出版社，1992 年，第 108 页。

二、分田时由于有些富农把持了政权，导致富农分好田，雇农贫农分坏田。三、单纯以人口为单位，平均分配一切土地，结果富农的人口多，反而维护了富农的利益。四、禁止土地买卖、抵押、出租，结果导致劳动力不足的、老弱残废的及红军战士的家属，分得了田地没法耕种，无法维持生活，农村经济得不到调剂，反而减少了农田的产量。五、工人和商人与贫农同样地平分土地，减少了贫农中农利益，削弱了无产阶级的领导力量，违反了以劳动力为标准的土地分配原则。六、给地主豪绅分田，是违背了土地革命观点，向豪绅地主阶级“仁慈”“妥协”，失去了土地革命的意义。七、分配了田地之后，又决定死亡者收回，新生者补分，导致土地分配难以操作，问题始终没有彻底解决。八、没有确定正确的分田原则，反复重新分配田地，使农民不敢下种下肥，妨碍了耕作，减少了生产，同时使农民对土地革命怀疑，脱离了群众。总的来说，决议对过去土地分配工作的反思大部分是值得肯定的，但是部分条文仍然犯了“左”倾错误。

决议还对今后土地的没收及分配进行了安排。一是旗帜鲜明地消灭反动势力，一切军阀、豪绅、地主阶级的祠堂、庙宇、土地等所有财产，无条件一概没收（富农或半地主出租的田地也要没收）。过去分给地主阶级的土地立即收回，一切财产立刻没收归公。豪绅地主及一切军阀、官僚及其家属，加入反革命政治派别、始终不觉悟的反革命分子，长期旅外不在本乡者，无论该乡田多田少，一概不能分田给他。如已分了给他的地应马上收回，分配给雇农、贫农。

二是土地分配原则以劳动力为标准，兼顾人口。土地没收后，由政府以劳动力为原则，站在维护贫农中农的利益观点上，以人口平均分配给贫农、中农。雇农要田的，亦须分给他，而且要好田。在纠纷解决方面，决议还体现了现代物权法中的物权登记原则，苏区土地也以登记为保护的要件。农民分得之田，政府应登记清楚，并由县政府发给土地所有证，如该证丢失要向政府请求补发，无所有证者，如发生争执时，政府不予保护。

三是分田还考虑了弱势群体的生活保障，只要是有劳动力的农民，应领得一部分土地。小孩、老人，由群众大会决定酌量分给他们一部分田地，作为“附加亩数”。亩数多少，要按照当地生活情形，经乡苏群众大会通过规定，但每人领得的附加亩数，不得超过有劳动力的人每人应得的亩数的三分之一。无人赡养的孤寡老人和没有劳动能力的人，由当地苏维埃实行社会救济。

四是分田的时候，除了面积，还应当考虑收成数量，应注意到田地位置、肥瘠，特别是水旱田之别，土地面积不计，以收获数量多少，来决定分配，并应以贫农、雇农为前提，把好的田地分给雇农、贫农、中农。雇农、红军士兵家属，应该分配田地，半耕半工的劳动者及失业的工人有要求田地的，由群众大会决定酌量分配给他，但商人及在业工人，无论如何不得分田。

五是规范分田的机关与手续，由土地委员会先行调查统计田地、人口（分有劳动力者与不能劳动者两种）的总数，预定每人分配亩数与附加亩数的多少，由工农兵会（苏维埃）决定分配，其土地委员会委员必须是雇农工会会员、贫农团贫农，绝对不许富农参加。

六是应当考虑土地法制的稳定性，符合农民的预期。农民（红军士兵在内）分得的田地如未经雇农、贫农同意，不得随便重新分配。农民领得田地即为自己所有，有权转租或变卖、抵押，苏维埃不禁止，但绝对严防富农利用机会来欺骗诈取贫农、中农的田地。田地、山林分配给农民之后，死亡的不收回，新生的不再补。

1931 年 6 月，闽西苏维埃政府按照几次决议的精神颁布了《重新分配土地的条例》。苏区政府认为过去分田单纯按照人口分配，导致占人数优势的富农占到了便宜，土豪劣绅也分到了田地，没有彻底消灭封建势力。这次重新分配就是为了全面维护贫雇农和中农的利益，彻底消灭农村的封建残余势力。

条例规定一切军阀豪绅地主的祠堂、庙宇及反革命派的土地及财产无条件的一概没收（富农或半地主的出租那部分的田地亦没收，非出租那部分的田地按原则分配），过去分的土地应立即收回。分田

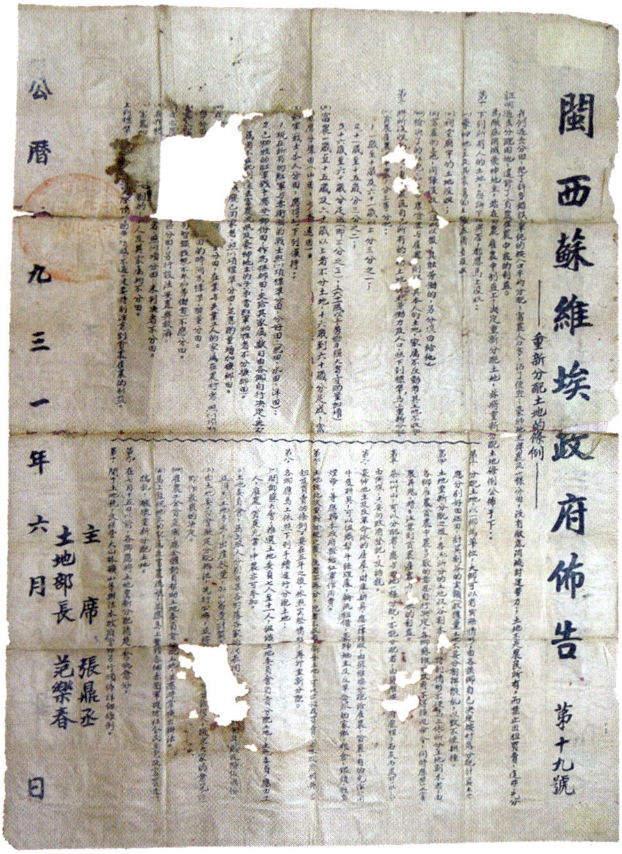
閩西蘇維埃政府佈告 第十九號
——重新分配土地的條例——
主席 張鼎丞
土地部長 范樂春
公曆一九三一年六月 日

图 2-3 闽西苏维埃政府颁布《重新分配土地的条例》

范围以乡为单位，由该乡工农群众大会（苏维埃）将本乡及在别乡所耕种之田总合起来共同分配，其数乡合并为一乡者照原来乡村范围或合并乡村共同分配，由该乡中农贫农群众意见决定。分田的时候应当根据土地位置肥瘠好坏、收获数量多少来决定分配，并应以贫农雇农为前提，好的田地分给雇农、贫农、中农。贫农、雇农与中农，分三等分配：一岁至十岁及六十一岁以上分三分之一，十一岁至十五岁分三分之二，十六岁至六十岁分足成；此外，六十一岁以上，劳动力强大者，可酌量加增。富农一岁至十五岁及六十一岁以上者不分土地，十六岁到六十岁分足成，富农应分坏田（山田、少水、远田）。

上述针对重新分配土地的法令及条例，将土地没收的范围扩大到了富农，土地分配的原则基本上为“地主不分田”“贫雇农分好田”“富农分坏田”，也就是在肉体上消灭地主，在经济上消灭富农。这是当时中央“左”倾错误在闽西苏区的延续，是继富农问题被定性后，进而针对全局土地分配工作进行的改动，自此闽西土地法制建设全面受到了“左”倾错误的影响。由于法令的教条、激进和盲目，导致很多农村基层干部对法令存在误解，在实施过程中产生了偏差，过于打击富农甚至伤及中农（将部分中农也划为富农），十分教条地在贫雇农和中农之间制造界限和矛盾，比如土地分配的实际方法已经异化为“地主不分田”“贫雇农分好田”“中农分中田”和“富农分坏田”的极端路线，严重损害了苏区的土地法制在基层的实施效果。

第二节 革命政权合法性的法律保障——闽西苏区的组织立法

组织法对于革命政权具有十分重要的意义，它确保了政权的合法性，为政权的发展提供法律保障。闽西苏区的组织法是在共产党的领导下，闽西人民不断探索的结果。闽西苏区的组织法具有鲜明的革命性和民主性，为中华苏维埃共和国地方组织立法提供了宝贵的经验。不过，受到“左”倾错误的影响，闽西苏区的组织法也存在一定的局限性。

一、闽西政权组织立法的纲领性文件:《苏维埃组织法》

1929 年《苏维埃组织法》由闽西特委颁布，虽然严格意义上还不是一部法律，不过作为党的文件，它对闽西政府的组织立法具有指导作用。后来闽西政府的几部组织法就是在这部文件的精神上展开的。

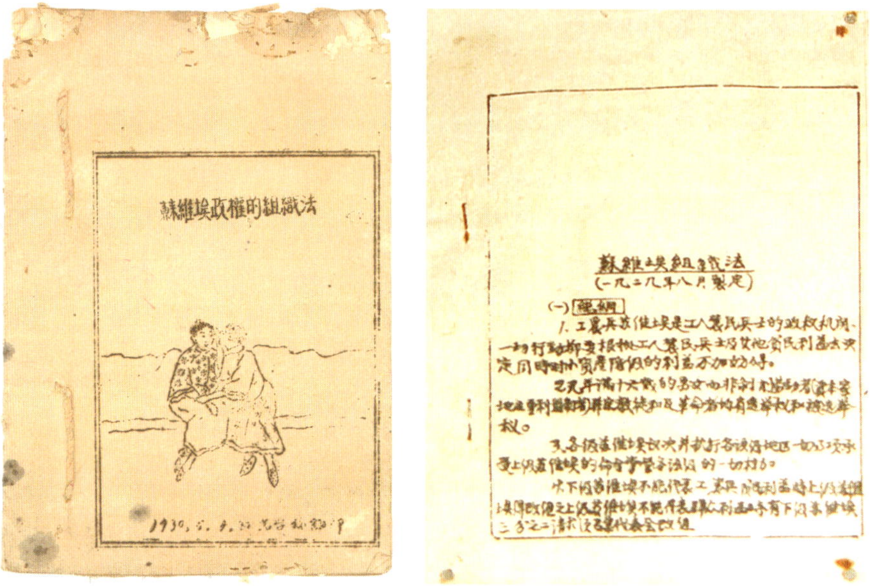

图 2-4　《苏维埃组织法》的相关文件

该文件规定了三个方面的内容。第一方面是组织法的总则。第二方面是乡、区、县苏维埃政权组织的具体规定。第三方面规定的是其他问题，如代表会的会期、委员的职业成分等。整个文件的核心部分是前两部分。

总则部分，一共五条。内容涉及政权的性质、选举权、上下级苏维埃的关系以及对代表的改撤。苏维埃作为红色政权，最鲜明的特点就是人民的政权，代表的是工农兵的利益。苏维埃政权是人民的政权，这还体现在选举权的广泛性上。对于选举权几乎不做限制。满足年龄条件且不是剥削阶级或者反革命分子的，都被赋予了选举权和被选举权。对于上下级苏维埃的关系的规定则凸显出苏维埃政权锐意打破旧的官僚机器，建立真正民主政权的决心。而且选举出的苏维埃代表需要真正为人民谋利益，否则一旦被不信任，“原区域或原机关得撤回改派代表”。总的来说，总则部分较好的规定了整部组织法所需要规定的原则和共性的规则。当然，其对总体的规定存在不够完善的地方，也为之后的组织法所补充。

第二部分，苏维埃政权组织的具体规定。这一部分涉及的条文很丰富，是组织法的主干部分。该文件所规定的政权为四级：乡、区、县、闽西。这四级政权的具体内容虽然有差异，但是大体相同。其规定了苏维埃的范围、代表大会的代表数目、

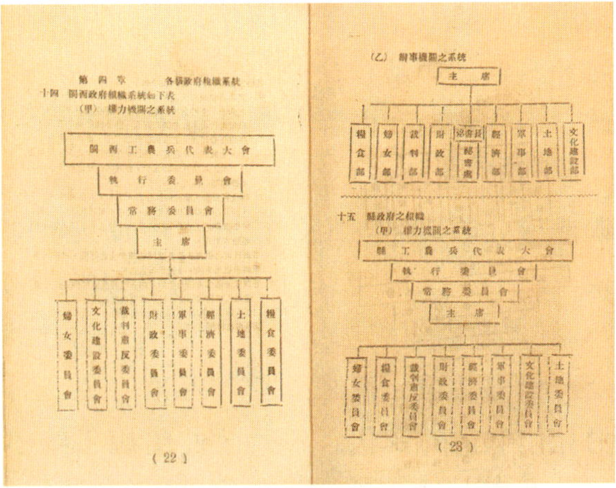
第四章　各級政府組織系統
十四　閩西政府組織系統如下表
（甲）權力機關之系統
閩西工農兵代表大會
執行委員會
常務委員會
主席
婦女委員會　文化建設委員會　裁判肅反委員會　財政委員會　軍事委員會　經濟委員會　土地委員會　糧食委員會
（22）
（乙）辦事機關之系統
主席
糧食部　婦女部　裁判部　財政部　秘書長　秘書處　經濟部　軍事部　土地部　文化建設部
十五　縣政府之組織
（甲）權力機關之系統
縣工農兵代表大會
執行委員會
常務委員會
主席
婦女委員會　糧食委員會　裁判肅反委員會　財政委員會　經濟委員會　軍事委員會　文化建設委員會　土地委員會
（23）

图 2-5　闽西政府组织系统图示

各成分的代表比例、各种委员会和主席的选举办法等。因为苏维埃政权是借鉴苏联的模式，实行的是议行合一制。这种制度下苏维埃既是权力机关又是行政机关。在当时采取这种模式有其特定的背景。

第三部分规定的是其他问题。这一部分的内容主要是对各级苏维埃的会期和代表的任期进行规定。从文件的规定来看，会期是十分频繁的。比如乡代表大会半个月举行一次。这体现出当时人民参政的热情高涨。

这份文件是革命时期党领导建设革命政权的体现，是闽西政权组织立法的纲领性文件。其制定后不到一年，闽西苏维埃政府成立，颁布了苏维埃政府组织法案，可见党在组织法立法中的重要指导作用。

二、工农兵代表大会的相关决议

（一）《闽西第一次工农兵代表大会决议案之苏维埃政府组织法案》

1930 年 3 月 25 日，《闽西第一次工农兵代表大会决议案之苏维埃政府组织法案》正式通过。该法案是闽西苏区第一部正式通过的

组织法。相较于《苏维埃组织法》，《苏维埃政府组织法案》更加细化和具体。而且，在这之后闽西通过的组织法虽然对其有一定的修改，但在体例和内容上都延续了这部组织法。

《苏维埃政府组织法案》主要分为四个部分，分别为总则、代表职业成分的具体规定、政府机构及其他规定。《苏维埃政府组织法案》与《苏维埃组织法》存在较大的不同。比如选举条例被写入《苏维埃政府组织法案》中。将各级苏维埃代表大会的代表职业成分及产生方法用一章来总括，不再每一级各列一章，这一点主要带来的是体例上的变化。各级政府组织系统不再规定各委员会和主席的产生办法，只是列出委员会名称。不过，虽然条文表述上产生较大的变化，其核心内容还是《苏维埃组织法》中所确立的。

《苏维埃政府组织法案》中值得注意的有三处。第一处是选举条例。《苏维埃组织法》对选举权的规定是一个总的原则，意为表明苏维埃政权民主的广泛性。而《苏维埃政府组织法案》列明了十一条限制选举权和被选举权的情形。这十一条不是对人民行使选举权的限制，而是具体释明了剥削阶级和反革命分子的范围。剥削阶级如“收租过活者”，反革命分子如“反动政府之官吏”，当然还有因为本身的行为能力受限而被限制选举权的，如“精神病”等。选举条例的加入保证了选举的可操作性。第二处是政府组织系统。《苏维埃政府组织法案》将苏维埃政府分为了权力机构和办事机构。这种分法是对议行合一制度的突破。第三处是按照人口的多寡将政府分为“甲、乙、丙、丁”四个等级，根据这四个等级来制定不同政府工作人员的编制。辖区人多的政府编制多，人少的则编制精简。

以上三处，是《苏维埃政府组织法案》的核心亮点。选举条例的引入，为选举工作提供了可靠的依据，同时也显示出苏维埃政权民主的广泛性，彰显了苏维埃政府是代表广大群众的政府，联合受压迫的群体，不论是工人农民还是小资产阶级。同时，这部组织法受到“左”倾错误的影响较小，富农没有被剥夺选举权。政府组织系统的设置方式说明《苏维埃政府组织法案》并不是简单地照抄照搬苏联的模式。按照人口多寡将政府划分为甲、乙、丙、丁四个等级并分别规定相应的编制，有利于闽西政府因地制宜，既能有效地实现管理，也能精简政府机构，节省政府开支。精简政府机构的思想在后来的组织法中均有继承和发展。

（二）《闽西第二次工农兵代表大会决议案之修正苏维埃政权组织法》

1930 年 9 月，在《苏维埃政府组织法案》通过六个月后，闽西第二次工农兵代表大会就对其进行了修改，通过了《闽西第二次工农兵代表大会决议案之修正苏维埃政权组织法》。《修正苏维埃政权组织法》是一部不健全的组织法，一共只有四章的内容。相较于《苏维埃政府组织法案》，缺少了其他规定部分。《修正苏维埃政权组织法》的主要内容和体例基本上继承《苏维埃政府组织法案》，但是也有较为明显的变动。

第一处较为明显的变动是选举条例中富农被加入了限制选举权的范围。这意味着闽西苏维埃政府开始用法律的形式在政治上否定富农。随着对富农经济上的否定，在政治上的否定也很快展开来。并且在这之后，一直到中华苏维埃共和国的组织法中，富农都没有选举权。

第二处明显的改动集中在代表的职业成分部分，也即该法的第三章。核心的意思是大幅度提高工人代表的比例。如在乡苏维埃，工人需要占比 30%。在《苏维埃政府组织法案》中规定的是占比 20%，《苏维埃组织法》中没有规定，但它规定的县级苏维埃中工人代表的占比也仅为 25%。闽西代表会议所要求的工人和农民的比例为工人和农民各占 45%。这反映的是闽西政府立法时不顾实际情况，盲目提高工人阶级在政权机关中的数量。闽西作为较落后的农业地区，农民占绝大多数，强行提高工人代表的比例，是不切实际的。

第三处明显的改动是将《苏维埃政府组织法案》中的政府组织系统进行合并。不再区分权力机构和办事机构。这样的好处在于减少政府部门，节省开支，高效管理。因为闽西政府所管辖的范围有限，在当时的情况下没必要区分权力机构和办事机构，合二为一更符合现实情况。这一点是为之后修改的组织法所继承的。

除了以上提到的改动，其他部分基本上保留了《苏维埃政府组织法案》的内容。这部组织法，最大的特点就是体例上不完整。它继承了《苏维埃政府组织法案》的体例，但是却将第三部分直接去掉，比如政府按照人口多寡划分为甲、乙、丙、丁四个等级以及会期等内容统统不见了。所以仅仅过了两个月它便又被修改了。

（三）《永定县第四次工农兵代表大会决议案之修正苏维埃组织法》

1930年11月通过的《永定县第四次工农兵代表大会决议案之修正苏维埃组织法》主要是对《修正苏维埃政权组织法》体例上缺失部分的补充，具体内容并未有实质性变更。

该组织法对《修正苏维埃政权组织法》所规定的富农选举权以及工人代表的比例全盘继承。新增加的部分也基本上与《苏维埃政府组织法案》相同，只是在委员会的设置上有所变动。所以该组织法并不是一部新的组织法，它可以看作是闽西苏维埃政府组织法的终稿。在《苏维埃组织法》的指导下，《苏维埃政府组织法案》为闽西苏维埃的组织法提供了确定的体例。在内容上，《修正苏维埃政权组织法》确立了闽西组织法的核心规定。《修正苏维埃政权组织法》对《苏维埃政府组织法案》的修正之处即是组织法的核心内容。而永定县第四次代表会的《修正苏维埃组织法》是闽西苏维埃组织法的最终确立。总的来说，闽西的苏维埃组织法受到了当时“左”倾错误的影响，对富农问题过于激进，这不利于团结一切可以团结的力量进行革命，巩固政权。此外，对政权代表成分的规定也过于不切实际。不过，对于精简政府机构的规定有利于节省政府开支，为之后的组织法所借鉴。

相较同时期的国民党政权的地方组织法，闽西苏维埃的几部正式的组织法存在诸多进步意义。南京国民政府1928年9月公布的《县组织法》，在县级确立的是官僚统治，缺乏民主。《县组织法》第二十八条虽然规定了县参议会，但是却并没有规定立马实行，而是要求省政府按照县政府的请求酌定。之后又改为了在区长民选时设立，而区长的民选又是《县组织法》实行两年后由省政府会同内政部酌情确定。所以最终的结果是没有什么地方的县真正设立了参议会。而且南京国民政府确立的地方组织法是一种只向上负责的官治体制，县长、县政府秘书、科长等政府成员均由省政府任命，上下级的关系完全是唯上是从，腐败严重。[①] 而苏维埃组织法在上下级的关系上，下级可以改组上级，上级也可以改组下级，注重的是发扬民主政治。这是苏维埃政权相对国民政府那种官僚政治的独特之处。

第三节　急民之需，解民之困——闽西苏区的民商事与经济立法

闽西苏维埃政权充分考虑民之所需、现实所困等因素，运用立法方式实现民之所向，纵深推进苏区社会经济建设。

一、调整民商事关系的法律法规

当时的情况是劳苦大众占多数，从与该群体关系最紧密的法律制度领域进行改革，能够获得事半功倍的效果。因而，这一时期的民商事法律关系的调整，主要体现在婚姻、借贷和贸易保护等方面。

（一）婚姻制度

中国共产党一贯高度重视妇女人权保护事业，把男女平等和妇女解放作为其矢志不移的追求目标。1928 年 7 月 10 日，在莫斯科召

① 周联合：《法律与体制性腐败——以南京国民政府的〈县组织法〉为例》，载《社会科学战线》，2010 年第 7 期。

开的中共六大上通过了《妇女运动决议案》，该决议案指出“只有社会主义的胜利能彻底解放妇女，现时中国的民权革命中也只有在无产阶级领导之下彻底的摧毁半封建宗法社会的束缚，才能引导妇女群众到解放之道路”，明确将妇女解放运动同无产阶级革命联系起来，提高了妇女解放运动在无产阶级革命中的地位。中共六大还提出“苏维埃政府成立时，应立刻颁布解放妇女的条例，以实现在妇女中宣传的各种口号，使之明了只有苏维埃的政府才能实行她们的利益，而且是能解放她们的政府”。为此，闽西苏区在婚姻法制建设上进行了有益的立法和实践探索。

1928 年 8 月，永定县溪南区苏维埃政府首先颁布了婚姻条例。随后，龙岩、上杭、永定县委及闽西苏维埃政府也都先后颁布了婚姻条例。①

1930 年 3 月 25 日，闽西第一次工农兵代表大会颁布了《婚姻法》，共九条，主要从妇女解放的角度出发，保护妇女的离婚权利，可以说是当时婚姻自由思想在法律上的体现。其一，首次确立了婚姻自由原则。《婚姻法》第一条就规定“男女结婚以双方同意为原则，不受任何人干涉”，“寡妇任其自由结婚，有借端阻止者严办”，“不准、禁止、强迫与煽动妇女离婚，违者严办”。其二，明确规定离婚事由。《婚姻法》第七条规定有下列条件之一者准予离婚：1. 夫妇间有一方患残废癫狂或暗病者，经调查实在，准予离婚；2. 妇女如有受翁姑、丈夫压迫情形，经乡苏证实者，准予离婚；3. 夫妇间有互相反目半年以上不同居者，准予离婚；4. 反动豪绅的妻妾媳妇要求离婚者，准予自由；5. 如有妻妾者，无论妻或妾要求离婚者，准予离婚；6. 婢女准其自由离婚；7. 夫妇双方愿意离婚者，准予自由；8. 如已经订婚而未结婚者，有一方不同意时，可以离婚，聘礼取消，但如有乘白色恐怖来时，将女子嫁钱者严办；9. 丈夫出外二年以上不通音讯者，准予离婚；10. 男女年龄相差太远者，准其离婚；11. 夫妇间确无丝毫感情者，准予离婚。其三，保障离婚

① 汤水清：《苏区新式婚姻制度的建立和发展》，载《党的文献》，2010 年第 4 期。

妇女的财产权利。《婚姻法》第九条规定“妇女离婚后，尚未与人结婚时，男子应帮助其生活”，这条规定主要是从妇女解放的角度出发，帮助妇女离婚后能够实现独立自主。

图 2-6　反映旧时闽西婚姻陋俗的漫画《等郎妹》

图 2-7　反映旧时闽西婚姻陋俗的漫画《鸡公拜堂》

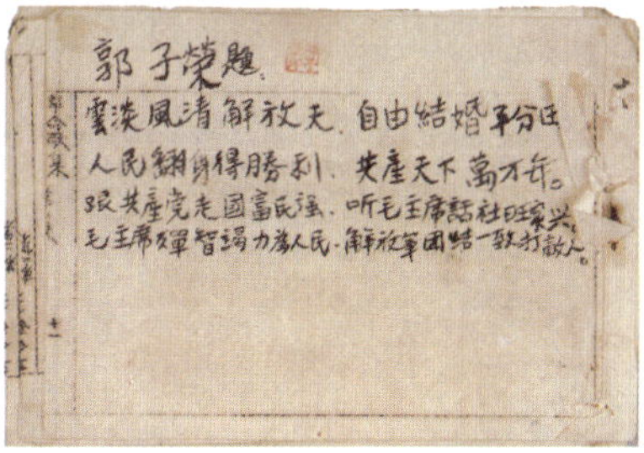

图 2-8　红军学校印发的《婚姻自由歌》

在各根据地立法中，婚姻法通常是最早颁布的法律之一，究其原因：第一，新婚姻法所造成的冲击力，远胜于除土地法外的其他法律，让民众瞬间耳目一新，感觉到新政权的新气象。新婚姻法首先得到女性民众的支持，冲击到每一个家庭和旧的传统观念，最早站出来支持新政权的，很多是追求婚姻自由的青年女性，其中的勇敢者，则成为新政权的第一批女干部。第二，新婚姻法最易制定，各根据地少有差异，没有地域差别。一夫一妻，男女平等，婚姻自由，废除包办婚姻等，词语简洁，没有复杂的法言法语，通俗易懂，简单几条，就可以掀起一场革命风暴。所以各根据地的立法，往往始于新婚姻法。

（二）商事制度

闽西革命根据地从创立开始，各级党的组织和红色政权就十分重视规范苏维埃区域的商事行为，尤其是废除旧债、打击高利贷等。

1.《告商人及知识分子》

1929年，红四军发布《告商人及知识分子》，其中阐明了共产党对城市的政策："取消苛捐杂税，保护商人贸易。在革命时候对大商人酌量筹款供给军需，但不准派到小商人身上。城市反动分子（军阀的走狗，贪官污吏，国民党指导委员，工贼，农贼，学贼）的财物要没收，乡村收租放息为富不仁的土豪搬到城市住家的，他们的财产也要没收。至于普通商人及一般小资产阶级的财物，一概不没收。但普通商人及一般小资产阶级应该赞助工农革命，服从工农阶级的指导，齐心一致向打倒帝国主义，打倒地主阶级，打倒国民党政府三大任务上努力。不要三心二意，表面服从，心怀敌意。须知共产党领导的革命是一定要成功的，而且很快要成功的，此时一不服从，就走入反革命一路，将来决无立足之地。"《告商人及知识分子》的内容明确，用词恳切，在当时有利于争取民心，争取到更多的商人和知识分子投身到革命中来。

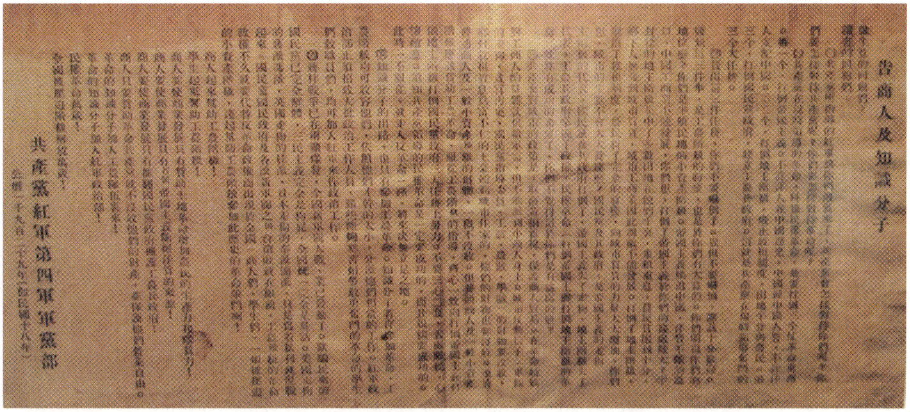

告商人及知識分子

共產黨紅軍第四軍軍黨部

图 2-9　1929 年红四军颁布的《告商人及知识分子》

2.《闽西第一次工农兵代表大会宣言及决议案之借贷条例》

1930 年 3 月 25 日，闽西第一次工农兵代表大会颁布了《借贷条例》，主要规定了以下内容：一是废除旧债。第一章规定取消各地民众债务及来往钱款、焚毁借约债券以及已暴动乡村不得向白色区域贫民讨债等内容。二是取消典当。第二章规定取消典当债券，当物无价收回；出典房屋及其他建筑物由出典人收回；此外还规定了典屋纠纷适用的实体法依据，即这类纠纷应当按照土地法房屋的相关规定来解决。三是规范商账。第三章第一条规定商家关于商品赊出之账仍旧要还，但暴动前一年元旦以前之账，及非本身所欠之账不还。再如农民欠商家之帐在暴动前一年还账的，应当按照新账扣除；商家之间账目以及民间存商店的款项照旧维持，但是民间存商店的款项本年利息豁免等内容。四是明确利息上限。第四章规定此后来往利息，最高不得超过一分五厘以上，以防止发生高利贷现象。

这个条例表明，闽西苏维埃政府在坚决打击和摧毁农村封建金融基础之一的高利贷的同时，对农村具有资本主义性质的商业经济，并未给予过激的打击，遵循了中国共产党在民主革命阶段关于区别对待封建剥削与商业资本主义的基本方针。

3.《闽西苏维埃政府布告第九号——公布商人条例》

1930 年 5 月，公布了闽西第一次工农兵代表大会关于商人条例的决议案。主要内容为：一，保障商人的合法经营权。比如该条例第一、三、四条规定，照章纳税的商人、商家往来账目、各地船只往来货物（除违禁品外）等，政府予以保护，不准任何人侵害；再如第二条规定商人自由贸易不受价格限制；第五条规定所有武装团体不得借口逮捕犯人，骚扰商店；第六条规定未经审判及政府批准的商人，不得没收其商店，否则严惩。二，规定商人应当履行的法律义务。第七至十一条规定了商人及商店应当履行的法律义务，其中商人不得私藏枪械、操纵金融、私造铜银假币，因自己恐慌而关闭商店者应按期开店经营，且应用秤斗尺，不得剥削工农。

从条文内容来看，闽西苏维埃政府当时赋予了合法经营的商店和商人相对更加宽松、更加有法制保障的营商环境，为进一步巩固苏维埃政权、稳定民心、促进经济发展起到了重要的保障作用。

4.《闽西苏维埃政府布告第八号——关于保护外来商人》

1931 年 1 月 16 日，闽西苏维埃政府发布第八号关于保护外来商人的布告，强调对各种商人，只要他们能服从苏维埃政府一切法令，贸易可完全自由，绝不加以妨碍，且保护浙江商人往来闽西内地种植香菇进行经营的纯商业行为。

5.《闽西苏维埃政府通知第九十三号——允许商人自由贸易问题》

1931 年 8 月 31 日，闽西苏维埃政府发布第九十三号关于允许商人自由贸易问题的通告，其中再次强调允许商人在苏区内自由营业的经济政策。同时分析指出杭武第六区发生的严重错误，“这一事故该区苏所犯错误非常严重：（一）不应迟延几天才报告县苏；（二）不应登（记）时不分皂白便将商人货物拍卖；（三）不应听三支队乱报说有团匪，便没收货物；（四）假定应该没收，也先应报告上级政府，经过群众路线”。“各级政府须知经济政策中的‘自由贸易’是目前一个很关重要，很要注意的问题，无论赤色白色区商人我们绝对不要随便去打击他！”

总的来说，这一时期的民商事制度主要侧重调整家庭法律关系，而平等主体之间的商事法律关系则调整较少，但是十分重视保护商事主体经营的自由权利，以保障苏区经济的发展以及打破经济封锁。

二、调整经济关系的法律法规

土地革命战争时期，反对敌人军事“围剿”的同时，还必须反对敌人的经济封锁，而粉碎经济封锁的主要途径就是发展苏区的经济建设。因此，搞好苏维埃经济建设是革命战争能否长期坚持并取得胜利的关键，也是革命根据地生死存亡的关键。1931 年 11 月之前，闽西苏区出台的涉及相关经济调控的政策及法律法规多达 70 余部，远多于其他领域的法制规范数量。以下介绍当时比较重要的一些经济法规政策。

（一）粮食调剂政策

1929 年七八月间，闽西革命根据地形成。之后，各级苏维埃政府以极大的精力领导苏区的经济建设，当时组织各种生产合作社的主要宗旨就是帮助群众解决剪刀差问题，以巩固苏维埃政权。按照中共闽西特委的解释，由于城市工业品涨价，农村农产品低价，两者之间价格相差日远，致城市与农村经济不能调和，如同剪刀口一样越张越开不能合拢来，这便是剪刀差问题。因而，在当时采取的粮食调剂政策，就成为解决剪刀差问题的主要措施之一。

1.《闽西苏维埃政府经济部关于调剂米价宣传大纲》

1930 年 6 月 1 日，为提振经济，救济贫农，闽西苏维埃政府发布了《闽西苏维埃政府经济部关于调剂米价宣传大纲》。主要内容：一是分析米价低落带来的消极影响，包括使贫民吃亏、商场冷落、工人失业，影响到生产减少等。二是强调调剂米价的重要性。《宣传大纲》第四条强调“调剂米价是目前苏维埃和全体群众的重要工作”。三是分析米价低落的原因。主要有：（1）群众怕白军摧残，将米贱价出售，预备出走；（2）分田后籴米者少，粜米者多；（3）农民要开发工钱买盐买油，而无处借贷，只得便宜粜米以资应付。四是提出解决米价低落的办法。即高价买谷、高价买米两种方法，且采取向富农借款的方式筹款。“要各乡政府向当地富裕之家筹借三十、五十、三百、五百，由政府及调剂局立借单向他移借，限一年后归还，利息不得超过年利百分之五，款借出后各政府要保护他的财产，不得借口没收，使他恐慌”。五是重视发挥贫农的中坚力量。“这个调剂米价办法，要谁来干呢？这固然是苏维埃政府的事，但是要晓得苏维埃政府又靠谁来办呢？如果政府为富农份子所把持，试问他们肯不肯自己拿出钱来救济贫农呢？这是空想呵！劳苦的同志们！我们要知道自己的利益，只有自己起来斗争，才能实现。我们要调剂米价，救济贫农，也只有广大贫农群众起来，选出忠实能干铁面无私的工人贫农分子，组织调剂局。那个有钱，可以借得多少，我们便不客气地向他借；那个是贫苦，无钱开工，我们便向他籴谷；富农的谷子我们便不要。这样贫农自己起来，办理有利于自己的事，才能把调剂局办得好，才能实际地调剂米价”。

《宣传大纲》第一次向农民们介绍的即将在闽西苏区各县建立的粮食调剂局，能够从根本上维护农民的利益。

2.《闽西苏维埃政府布告第十五号——关于组织粮食调剂局问题》

1930 年 6 月 14 日，也就是在发布《闽西苏维埃政府经济部关于调剂米价宣传大纲》不到半个月的时间内，闽西苏维埃政府经济委员会发布了该布告。布告主要内容与《宣传大纲》相同，但更加简明，而且明确地指出，建立粮食调剂局，调节米价，是“提高农民购买力与生产力，是发展闽西社会经济的重要出路，而且是目前急须进行的重要工作”。布告规定，各区乡粮食调剂局必须于 6 月 30 日前成立；调剂局筹借之款不得挪作他用，“如有侵吞此款十元以上者，即行枪决以儆效尤”。

政策如此雷厉风行地推广开来，收到的成效是明显的，但是也存在不少问题，例如筹资方法——向富农借款，实际上是一种强迫的举措，对此，邓子恢评价："这样一来，粮价开始稳定下来，贫农称快，但富农反对，中农动摇，这也影响了以后反革命活动的增长。从现在看来，粮食调剂局的设立是必要的、正确的，但向富农筹款则是不妥的。"①

3.《闽西苏维埃政府通告第八号——关于粮食调剂局问题》

1930 年 7 月 9 日，闽西苏维埃政府迅速认识到上述布告中的问题和错误，于是及时发布该通告纠正错误。内容主要有：一是强调粮食调剂局存在的重要性。"粮食调剂局的组织实为闽西目前的急务"，"解决农村的经济剪刀现象的发展，这几个重要问题之下，粮食调剂局这更成为农村中有力的斗争组织"。二是指出各地存在的执行该项政策的错误，即没有经过宣传路线去发动贫农群众起来斗争，没有指出富农标准，对富农认识不清（有许多地方强迫中农、贫农，三元五元地出款），而且筹款无计划、无限制，容易引起社会的不安，如谷价规定太呆板，而发生流弊等。三是提出相应的补救纠正办法：（1）将之前的筹款对象——富农，改为"过去剥削人，现在仍有余钱的借，过去剥削人现在无钱的不借，过去无钱无剥削，现在略有钱而不剥削人的不借"。而且，借款数量不可太少，而借款的户数也不可太多，凡是合于借款条件的均须向借，否则开除其职务，这才能开除富农分子。（2）各乡调剂局借款多少，应以该乡贫农粜谷的需要及富农筹款的能力为标准。（3）收买谷子要向过去雇农及贫农收买，过去是富农而现在破产的不收。（4）卖谷人出卖谷子的数量，应照调剂局的收买能力，与卖谷人的需要与各家粜谷限度。而可借多少和谷价与粜谷限度，则由乡政府并须召集群众大会表决总数多少来决定。

该通告发布后，迅速缓和了富农和中农的对立情绪，相对平衡地保护了两者的权益，为此该通告得到了有力的推广和农民的拥护。

---

① 转引自蒋伯英：《闽西革命根据地史》，福建人民出版社，2019 年，第 222 页。

（二）合作社制度

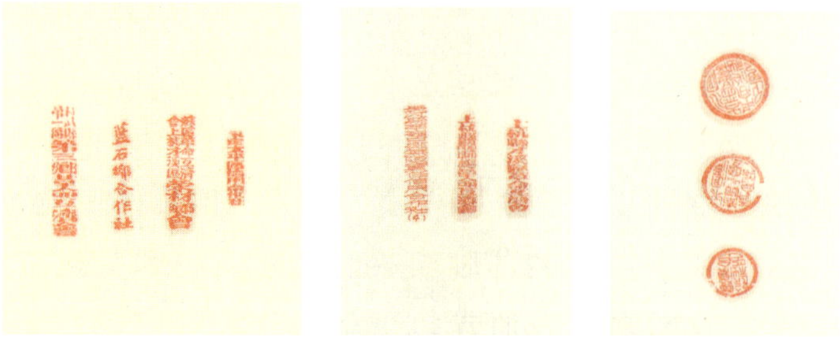

图 2-10 各种合作社的印章

合作社成立之初的意图在于发展生产，保护农村经济，保护农民不被商人剥削。

1.《中共闽西特委通告第七号——关于剪刀差问题》

1929 年 9 月 3 日，闽西特委在提出解决粮食问题的同时，提出了建立农村合作经济组织的意见，即在该通告的第八条第三款规定“由县区政府经济委员会有计划地向群众宣传，并帮助奖励群众创造合作社，如生产合作社、消费合作社、信用合作社等，使农民卖米买货不为商人所剥削，而农村储藏资本得以收集，使金融流通”。

这是目前所见最早的一份苏区关于创建农村合作经济组织的文献，虽然未明确勾画出具体的组织形态和运行方式，但对后来成长起来的合作组织有着重要的意义。

2.《合作社讲授大纲》

闽西革命根据地形成后，各地苏维埃政府积极开展经济建设，主要是组织各种合作社，以保护群众利益。1930 年 2 月 28 日，闽西特委专门出台《合作社讲授大纲》，规定了包含合作社作用、原则、种类、系统、组织、社员、红利分配、股本、与政府关系、过去缺点、办理手续以及宣传要点等 12 个方面的内容。例如，合作社成立的宗旨是“帮助群众解决剪刀问题，以巩固苏维埃政府”，“建立社会主义的经济组织基础”。还规定了合作社是由群众组织起来的经济团体，不是政府的救济机关，因此必须“以增进社员共同的经济幸福为目的，而不营利为目的”。

该大纲规定的合作社制度对正式成立合作社起到很大的助推作用。

3.《闽西第一次工农兵代表大会宣言及决议案之合作社条例》

1930 年 3 月 25 日，闽西苏维埃召开闽西第一次工农兵代表大会通过了《合作社条例》。条例既吸收了《合作社讲授大纲》的内容，又有了更加细致的规定。主要内容有：合作社的条件、红利分配办法、社员公选限制条件、实行免税等，除此之外，规定了“在业商人可以加入，但不得办事”“合作社不受工会法之支配”以及“合作社有向政府廉价承办没收来之工商业及农业之优先权”等内容。

闽西苏区倡办合作社，对于农民免受个体经营的剥削是极具吸引力的良策，帮助农民在经济上得到解放，从而在整体上推进苏维埃经济的发展。关于这一点，从 1930 年 5 月，闽西苏维埃政府第十一号布告《合作社条例》的开头内容可以得到印证：

“闽西自去年暴动以来，已建立了许多县、区、乡苏维埃政府，在苏维埃政权下的群众，解除了国民党军阀的政治压迫，与苛捐杂税的剥削。但是因为受军阀的经济封锁，商人的购买怠工，以致物价高贵，金融停滞，群众痛苦尚不能彻底解除，因此合作社的组织，是目前闽西群众最急切的需要。”

从 1930 年 5 月的《合作社条例》的具体内容来看，与第一次工农兵代表大会决议几乎一致，只是补充修正了关于自治规定及报备登记的内容，合并大会决议第九条“合作社借贷买卖，及各种章程，由社员大会规定”及第十条“合作社应将社员人数、股本、章程、分红办法及办事人姓名报告政府登记”的内容，成为布告第九条“合作社借贷买卖，及各种章程，分红办法，及办事人姓名报告政府登记”，体现了合作社的高度自治性特征。除此之外，合作社的开展有政府保障，有利于增加社员的活动积极性，进一步提振农村经济。

4.《闽西苏维埃政府通告综字第一号——发展合作社、流通商

品问题》

1930 年，针对合作社实践中存在的问题，闽西苏维埃政府发布综字第一号通告，通告的第一段内容即强调发展合作社的重要性："我们闽西在土地革命胜利后，为要发展社会经济，减少剪刀现象，解决我们目前经济困难，争取社会主义前途，对于发展合作社和流通商品，是目前最迫切的中心任务。"此外，指出过去合作社存在的问题：对合作社的组织非常忽视；合作社没有普遍的平衡的发展；信用合作社多数没有站在贫苦群众方面谋利益；消费合作社更是多数像公司性质或商人营业一样的图利，如贩牛、宰猪、挑运货物、圩场贩卖等。其内部组织也无依照《合作社条例》办理，只是有一个合作社的名义。结果剪刀差现象不能得到相当解决，农村经济还困难，如不猛烈纠正过来，必然妨碍目前斗争，延缓了社会主义过程。因此通告要求各级政府对合作社的建设不要有丝毫忽视，为此明确指出九个方面的整改办法，包括了各级政府加强重视、宣传，扩大合作社组织，以及惩戒办法、日常管理规定等内容。比如规定了"消费合作社向商店买货，不论多少要照批发扣算，同时消费合作社所卖的货，要比市场价格较廉"。如此一来，有利于保障合作社的正常经营。1930 年 9 月，闽西苏维埃政府召开第二次工农兵代表大会，其中修正了《合作社条例》的部分内容，使得合作社更加贴切农村实际，更有利于保护农民的经济权益。

5.《闽西苏维埃政府通告经字第一号——关于发展合作社流通商品问题》

1930 年 12 月 1 日，闽西苏维埃政府再次针对合作社的问题发布通告，内容几乎与上述《闽西苏维埃政府通告综字第一号》相同，但是增加了第十条规定"合作社办货须有计划，集中资本去购大批货物，价格才会低廉"。

合作社制度集中反映了当时中国共产党废除旧社会封建压迫剥削制度的坚定决心，同时也反映了中国共产党代表广大贫困群众利益、解决群众需求的政治根本和宗旨。

（三）金融制度

土地革命战争时期苏维埃政府开拓金融事业，既是一场经济斗争，也是激烈的政治斗争，在阶级社会和阶级斗争的历史条件下，摧毁反动封建金融体系，建立并发展苏维埃政府领导下的、代表工农群众利益的金融体系，是苏维埃区域金融战线上没有硝烟的斗争。

1. 禁止高利贷

贫困农民最感切肤之痛的是高利贷剥削。因而，中共闽西第一次代表大会首次将高利贷剥削问题提上规制历程。1929 年 7 月 27 日的第一次代表大会表决通过了《中共闽西第一次代表大会关于土地问题决议案》。其中就明确指出了“高利贷与商业资本的剥削：农民穷了必举行借贷，地主乘此机会放高利贷以榨取农民，普通利率平均在二分以上，有的达到了十分以上，本利相等，更使农民破产日极。城市中商业资本垄断市场，高抬外来物价，抑低土产价格，农民以多量农产品换取少量的工业品，这亦是很大的剥削。至力资的折扣，秤头之吃亏则是附带的一般现象”。针对债务问题，决议案提出以下解决办法：“1. 工农穷人欠土豪地主之债不还，债券借约，限期缴交苏维埃政府或农会焚毁。2. 工农穷人自己来往账目及商家交易之账，仍旧要还，但民国十六年底前的旧债，及非本身之债务不还。3. 目前社会还需要金融之周转，利息不能取消，但须禁止高利贷。（利息过低，富人闭借，农民不利，各地得斟酌情形规定利息为一分至一分五厘，或其它相当利率）。4. 凡超过各地普通利息以上高利债务，本利不还，其超过新定利率，而未超过以前普通利率者，还本不还利。5. 商家、土豪、地主欠农民，或小资产阶级之债务，不论新旧都要还。6. 银会谷会问题，需看各县情形而定，其土豪先得者，多则照旧维持，但需割免首会会款；如农民先得者，多则取消之。会员所欠老会及非本身会款也要取消。但是银会为农民经济互助组织，各县须调查实际情形，审慎处理之。”

2. 建立农民银行

闽西暴动以前，军阀豪绅相互勾结，包庇商人贩运劣币，操纵金融，工农群众苦不堪言，受到的伤害极大。建立革命根据地之后，闽西苏维埃政府废除旧债和高利贷，农村金融流通停滞不前，打破了旧农村金融体系。1929 年 9 月，中共闽西特委发布第七号通告《关于剪刀差问题》，提出要建立农民银行和农村合作社的主张。“由县政府设法开办农民银行，区政府设立借贷所，办理低利借贷，借与贫苦农民，使农民不致告贷无门而贱卖粮食，其余银行、借贷所基金，则由土豪货款拨出一部分，并招集私人股金或向私人告贷字，集资而成”。“由县区政府经济委员会有计划地向群众宣传，并帮助奖励群众创造合作社，如生产合作社、消费合作社、信用合作社等，使农民卖米买货不为商人所剥削，而农村储藏资本得以收集，使金融流通”。

尽管做出了建立农民银行的决定，但是当时正当国民党军向新生的闽西南革命根据地发动军事“会剿”之时，难以付诸实施。

1930 年 9 月，闽西苏维埃召开第二次工农兵代表大会。会上决定：“目前为要调节金融，保存现金，发展社会经济以争取社会主义胜利的前途，唯一的办法是设立闽西工农银行，各县分行，总行随闽西政府所在地而定。”随后，新一届闽西苏维埃政府发布了关于设立闽西工农银行的第七号布告。内容主要是：实行低利借贷；银行资本定 20 万元，分 20 万股，股金以大洋为单位，收现金不收纸币，旧银器每两扣（折）大洋 6 角，金器照时价推算，限期 9 月内募足。募股办法是各级政府、各工会、各部队组织募股委员会，县委会 5 人，区委员会 3 人，各工会、各部队 3 至 5 人。除向工农群众募股外，合作社每资本百元至少应买票 10 元，粮食调剂局每资本百元至少要买票 20 元（先交半数，12 月交清），各级政府、各工会及各机关工作人员，每人至少应买股票 1 元。

闽西工农银行是全国各革命根据地最早成立的新型的金融机构之一，其资本虽然不过每股大洋为 1 元的 20 万股，即 20 万元，但是从此打破了半殖民地半封建社会的金融体系，创建新型的民主主义金融机构，具有非凡的意义。

3. 金融流通

当时，龙岩市面有大量劣质银币和白区纸币流通，其劣币多来自广东，奸商以廉价偷运入境，购买金银或土产出口，获利甚巨，而苏区用劣币向白区购买货物则要打折扣，对苏区经济十分不利。为此，1930年6月，闽西苏维埃政府第十六号布告《关于金融流通问题》规定，“为流通金融起见，特规定袁头毫、广东毫、福建官局毫以及各种杂版旧毫，凡是银质的每元一十四角（十四角即等于一十七角半），各商店应一律行使，因为这些杂洋的银色实在比较时洋要好一点，我们正要乘这杂洋充的机会把这些银色好的杂洋集中至赤色区域的市面来”。9月，又规定“龙岩杂洋与光洋一样价格，值时洋十八毛，纸票照旧十七毛半”①。

（四）财政、税收、商贸制度

闽西苏区的经济建设，还需着重办好财政、税收、商贸等方面的事项。

1.《闽西第一次工农兵代表会议宣言》

由于敌人的封锁，销路断绝，纸业生产随之停顿。闽西党组织和政府积极采取措施，促进地方工业发展。1930年3月24日，闽西苏维埃政府发布《闽西第一次工农兵代表会议宣言》。会上指出：“闽西社会经济大部分还是农业生产。生产方法，完全用旧式农具，和人工灌溉，主要生产品为米、谷、竹、木、茶、烟叶等。工业则尚停滞在手工业的过程，出产品以做纸、木牌、刨烟、制茶、做鞭炮为大宗。以前闽西群众即靠此几种生产，以与外来生活品如布、糖、洋油等交换，所以生活极其简单。自帝国主义洋货侵入后，人

① 中共龙岩地委党史资料征集研究委员会、龙岩地区行政公署文物管理委员会：《闽西革命史文献资料》（第四辑），1983年，第153页。

民生活程度日渐提高，同时出产品如纸张、条丝烟、茶叶等受洋货的排斥，日形停滞，尤其是烟茶两项，有一落千丈之势，木排因为连年战争，也减少输出。”为此决定：“统筹闽西社会经济之发展与调节，使纸、木、烟能够输出，外来生活必需品源源而来，调节粮食、金融，以解决赤色区域群众之生活问题。”同时特别强调要保护纸、木材和烟叶的出口，增加苏区经济收入。为了巩固政权，保障人民群众生活，闽西政权对症下药，有力促进了部分滞销产品的输出贸易。

2.《闽西苏维埃政府布告第六号——税则条例》

税收是政府财政的来源。1930 年 4 月，闽西苏维埃政府深刻认识到经济恐慌现象产生的原因：过去反动政府抽收苛捐杂税，名目繁多，税则日重，因而货价日贵，实际上是间接剥削农民生产者，结果破坏农村经济，滞碍社会生产。为了限制各处自由加税，避免引起社会危机，为此出台第六号布告《税则条例》。该条例主要规定了田地税、山林税以及商业累进税。税赋也因此得到明确和公开，如该条例第二条明确规定了“田地税之税率，以分田多少为标准，分单季双季两种征收，不准增加。A. 属于单季田（指下冬不能种水稻者）的税率如下：a. 分三担田以下者抽收百分之五；b. 分三担田以上者抽收百分之十；c. 分五担田以上者抽收百分之十五。B. 属于双季田（指早晚都可种水稻者）的税率，则以早收（稻）担数为标准：a. 分三担以下者收百分之十；b. 分三担以上者收百分之十五；c. 分五担以上者收百分之二十”。再如，第七条规定“山林税只收竹麻税，照生产数量征收至多百分之十五，其余不收”。第九条规定“按照店主收得店税数额收百分之十，向商家提取”。由此可见，该税则条例在当时对确保财政收入，巩固政权，稳定民心具有重要的历史意义。

3.《永定县苏维埃政府财字通告第四号——关于统一财政问题决议案》

1930 年 8 月 31 日，永定县苏维埃政府针对各级政府未坚决执行第一二号通告的问题，发布该通告，要求切实重视起来。其中最重要的一点是实行统一收入，统一支配，做预算报告，并经县苏维埃政府核准。

4.《闽西苏维埃政府经济、财政、土地委员会联席会决议案》

1930 年 9 月 25 日，闽西苏维埃政府召开经济、财政、土地委员会，会上报告了闽西目前的经济状况以及决议闽西总的经济政策。

除此之外，针对财政统一的问题做出如下决议：（1）依照代表大会决议执行。（2）按照成数缴交上级外，制定预算表报告上级批准。（3）督促统一财政工作：派王雨昭、洪涛赴长汀、连城；派廖增德到上杭；派郑宪章、郑家汗赴永定。（4）教育费由文化部通告各级文化部，造成预算后汇交常委会核准。（5）交通费由交通总局通告各级分局，造成预算后汇交常委会核准。（6）军事费由军事部通告各纵队，造成预算后汇交常委会核准。（7）各级政府预算，按代表大会决定人数编造，超过者，应先报告上级批准。

5.《闽西苏维埃政府布告第三号——禁止私人收买金银首饰》

闽西自暴动以来，各县妇女大多数实行剪发，不再使用金银首饰，贪利之徒便争向群众收买，运到白色区域去贩卖以图厚利。为此，1930 年 10 月，闽西苏维埃政府发布该布告，认为贩卖首饰是和私运银币出口一样的捣乱金融行为。因此规定："禁止私人收买金银首饰。以后如有私人在赤色区域收买首饰，一经查出，处以十倍以上之罚金。其将首饰运到白色区域贩卖或在赤区私铸银币，则处以死刑。"可见，当时为了稳定经济秩序，禁止私人收买金银首饰，违反者处以重罚。

6.《闽西苏维埃政府通告第二十一号——统一财政问题》

1931 年，闽西苏维埃政府认识到，革命的政权（工农兵苏维埃政府）在反动势力四面环攻的环境中，要保障其巩固，使之能够与反革命势力战争，取得斗争胜利，向外发展，统一财政问题是非常重要的工作。尤其在帝国主义国民党军阀一致进攻苏维埃红军的情况下，整理财政，充裕府库，以应付斗争，更成为巩固苏维埃的主要工作任务之一。同时，苏维埃政府也意识到财政缺乏整理的严重性，并于当年 2 月 26 日发布该通告，通告分析了整理财政的重要性和紧迫性，并提出解决办法：统计税收总额、调查向富家借款金额、专员定期清查、打土豪筹款等。这些办法有利于统一、理顺财政问题，开辟财源，为苏区经济建设的繁荣和发展奠定基础。

苏区经济建设的繁荣与发展离不开上述制度的建立，不仅广大工农群众积累了财产，改善了生活，而且红军的供养与战争经费也得到了保障，从而保证了苏区军民历次反“围剿”战争的胜利。总的来说当时的制度构建虽然在体例、形式和内容上欠妥，但是在当时的时代背景下，立法要求和成效要求都比较高，因此在立法的形式上体现了多样性、杂糅性，而在内容上更多体现的是中国共产党坚持实事求是、以人民为中心等原则和理念。

第四节　巩固新生政权
——闽西苏区的刑事立法

1929 年前后，因根据地初建，且位于众军阀势力之内，特务及团匪防不胜防，刑事法律规范对于镇压反革命力量及巩固新生政权有至关重要的作用，因此闽西苏区在刑事法制建设方面进行了丰富的实践，并产生了一系列规范性法文件。

一、反革命犯罪的法律法规

关于反革命犯罪的法规系闽西苏区最重要的刑事立法，其无固定法规名称，常以反革命罪的相关规定出现在各类规范性法文件中。

（一）裁判条例

1.《龙岩县第二次工农兵代表大会决议案之裁判条例决议案》

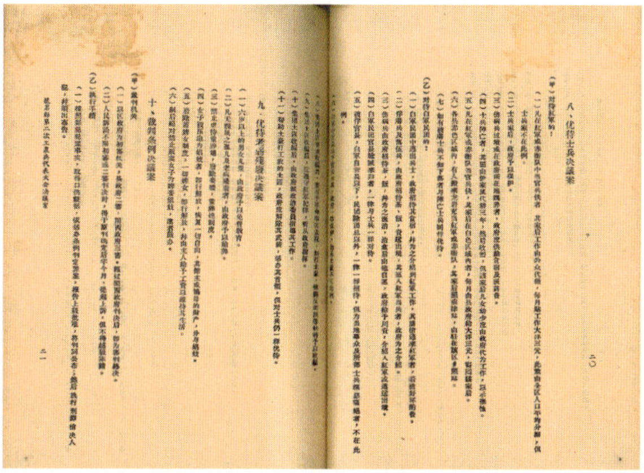
八、优待士兵决議案
十、裁判条例决議案

图 2-11 《龙岩县第二次工农兵代表大会决议案之裁判条例决议案》文件

该裁判条例系闽西革命根据地最早的裁判条例，于 1930 年 2 月颁布。其由裁判机关、执行手续、惩办方法、惩办条例等四部分组成。第四部分惩办条例则对具体罪行进行规定：（1）列举了 14 类反革命行为，主要包括土豪劣绅欺压平民、组织反动政党危害革命、勾结白军企图倾覆苏维埃政权、作反动宣传及造谣惑众、为敌军引路、为反动派充当侦探、窝藏反动派及反动派侦探、强收租息捐税、私藏枪械、破坏工会农会、撕毁标语、违抗政府命令等破坏苏维埃政治、经济秩序的犯罪行为。（2）举例了 12 类妨碍公共利益的行为，主要包括私藏公家枪弹不交、未经政府批准侵害公共建筑及所有物、捣乱会所或政府机关、贩卖灌水肉类、破坏市政交通、未得政府命令私自检查邮件、发现死尸不报等扰乱苏维埃正常社会秩序的犯罪行为。

2.《闽西第一次工农兵代表大会宣言及决议案之裁判条例》

该裁判条例在继承 1930 年 2 月《裁判条例决议案》的基础上，又对其进行改进，共规定了 16 类反革命犯罪行为，主要包括土豪劣绅欺压平民、组织反动政党领袖、勾结白军、为敌军引路、为反动派充当侦探、窝藏反动派及侦探、强收租息捐税、破坏革命团体及苏维埃政权、捣乱会场或政府机关、私藏枪械、侵吞公款侵害公共建筑及公产、乱烧乱杀、作反动宣传及造谣惑众、故意破坏革命标语布告、破坏邮政交通、抵触政府颁布的法令等。

（二）肃反条例

1.《闽西苏维埃政府通告第二十号裁字第二号——肃反与审判反革命事》

1931年2月21日，闽西苏维埃政府发布通告第二十号《肃反与审判反革命事》，认为“所有潜伏在苏维埃红军的反动政党都乘机活动”，他们到处造谣惑众、作反动宣传、企图瓦解红军、倾覆苏维埃、谋杀苏维埃红军负责人、准备实施残酷的反动行为。对于这类反动政党，重要的负责人要扣留严办，一般的党徒，可结合其罪行轻重，配合成分和过去行为，处以禁闭或警告。

2.《闽西苏维埃政府通告总编第二十二号裁字第三号——加紧肃清国际社会民主党的活动》

1931年3月4日，闽西苏维埃政府发布《加紧肃清国际社会民主党的活动》通告，通告提出肃反原则如下，根据阶级背景、社会和出身与一贯来的表现及反动能力的程度来界定反革命的罪行；根据其在反动政党中的地位界定其反革命的作用；若系间谍或时常对红军队伍进行捣乱直接认定为反革命罪；若反动政党党员造谣惑众、勾结敌人的直接认定反革命罪。

3.《杭武县少先队总队部常委扩大会决议》

该决议于1931年6月28日发布，要求每个队员尽量宣传闽西政府肃反的条例法规，特别是自首条款，使得一般被欺骗而加入社党、AB团分子赶快自首；加紧考察每一个队员、群众和各级机关革命团体的负责人，若有反动嫌疑马上予以扣留。

（三）惩治反革命条例

1929年6月公布的《工农兵代表会议提案——惩办反革命条例》共列举了敌军来时作反动宣传、造谣惑众、为敌军引路、代白军采办、助白军粮饷、强收利息捐税、强奸妇女、土豪恃势欺压工农贫民、冒名诈骗、乱派农民小资产阶级款项、强买强卖、强抢他人劳动生产品、为反动派当侦探、破坏农会、违抗烧契约、破坏桥梁、窝藏敌探土豪反动派、私藏枪弹、把持政权等 20 种破坏苏维埃政治、经济、社会秩序的犯罪行为。

1930 年 6 月闽西政府颁布《闽西苏维埃政府布告第十三号——惩办反革命条例》，系将 1930 年 3 月《闽西第一次工农兵代表大会宣言及决议案之裁判条例》提案进行公布，其内容与 1930 年 3 月《裁判条例》并无差别。

二、贪贿渎职犯罪的相关规定

1930 年 2 月《龙岩县第二次工农兵代表大会决议案之裁判条例决议案》规定侵吞公款在 500 元以内者，赔偿并剥夺其选举权和被选举权，侵吞 500 元以上者枪决。

1930 年 3 月《闽西第一次工农兵代表大会宣言及决议案之裁判条例》规定，有怠工放弃职责、侵越职权、行动乖张为群众所厌恶、违反决议案等行为的撤职；实施侵吞公款有据、受贿有据、擅发或捏造号令、把持政权、借公报私为害他人等行为的撤职并剥夺其选举权和被选举权；有侵吞公款至 300 元以上、受贿至 50 元以上、泄露内部秘密、乱烧乱杀、假借政府名义私打土豪有据等行为的枪决。

时任县苏维埃政府主席的郭滴人亦曾大义灭亲。1930 年春，郭滴人的堂弟郭江文因略有文采而担任郭滴人的秘书长。但自进城后，郭江文逐渐流露出居功自傲的情绪，后在腐化的邪路上愈走愈远，最终因接受岩东地主的 300 元贿赂款而被判处死刑，剥夺政治权利终身。对这一结果，郭滴人第一个举手赞成，与会者也一致通过判决。几天之后，面对前来求情的婶婶与弟媳，郭滴人道："江文弟犯罪情节严重，触犯刑法，此风非刹不可。何况是县苏维埃会议一致通过，个人无权更改。"郭滴人不徇私情，大义灭亲之举，在闽西革命根据地传为佳话。

官僚主义对闽西苏区的革命、建设产生了严重的危害。它搅乱了阶级阵线，影响了工农联合，增加了群众负担，腐蚀了干部队伍，损害了部队战斗力，疏远了政群关系、党群关系，阻碍了工作开展，乃至激化矛盾，激起民变，严重危害革命根据地的发展和巩固。

闽西苏区将反官僚主义斗争作为政权建设的一项重大任务。早在 1929 年 7 月，中共闽西第一次代表大会颁布的《苏维埃政权决议案》一针见血地指出，"许多革委会，尤其是新发展区域的革委会变成了派款机关……办事没有分工……办理异常迟滞，充满了官僚恶习……这个现象是新政权的致命的伤痕"①。1930 年 3 月闽西第一次工农兵代表大会通过的《裁判条例》和 1931 年 11 月中央执委会通过的《工农检察部组织条例》都有对犯官僚主义错误的干部予以撤职乃至查办的条款。1931 年 11 月的中央苏区党的第一次代表大会指出，"防止一切腐化官僚化贪污等现象的产生，党必须严格的执行纪律……加紧反对官僚腐化贪污等现象……"

三、其他刑事法律规定

（一）有关刑罚的规定

闽西苏区刑罚改革始于《古田会议决议》，此后数部规范性法文件均对其做了进一步规定，主要集中在废止肉刑、刑讯，及完善法定刑等方面。

1.《龙岩县第二次工农兵代表大会决议案之裁判条例决议案》

决议案第三部分惩办方法规定，惩办方法共八等：枪毙、没收家产、驱逐出境、罚款、示众、罚做苦工、剥夺选举权与被选举权、徒刑。涵盖了人身刑与非人身刑，杀头剖腹肉刑，一律废止，但对部分犯人可用刑讯；禁止焚烧房屋；刑罚只适用犯罪人本身，其家

---

① 中共龙岩地委党史资料征集领导小组、龙岩地区行政公署文物管理委员会：《闽西革命史文献资料》（第二辑），1982 年，第 154 页。

属不得连累。

第四部分惩办条例对刑罚做了补充规定，规定了18类妨害个人生命的行为并制定了惩罚措施，如无故殴人致伤者，需要赔付医药费并向人道歉，若殴人重伤致死的，还需处以有期徒刑。规定了4类妨害个人身份的行为并制定了相应的惩罚措施，如诽谤他人名誉者，按情节轻重，处以罚金道歉等罪责；诬告、侮辱者，处以罚金道歉等罪责；至于强奸妇女者，根据情节轻重，处以驱逐出境或枪决等罚则。规定了10类妨害个人财产的行为并制定了惩罚措施，如规定无意放火烧人房屋者赔款；故意烧人房屋者枪决；盗窃他人财物者示众等。

2.《闽西第一次工农兵代表大会宣言及决议案之裁判条例》

该条例规定的刑罚与上一条例除部分用词外，无大差别，但对使用肉刑的例外情形进行了列举，比如为取得实供，对敌探等有时得用肉刑讯问，此外对禁止烧屋亦规定了例外情形。但相比1929年《惩办反革命条例》所适用的刑罚，主要存在以下差别：（1）将行刑方式由杀固定为枪决，如规定“土豪劣绅恃势欺压平民者枪决；反动政党领袖，危害革命者枪决，其党员自首者免究；勾结白军摧残群众者枪决”。（2）增加究办为惩罚方式，如规定“破坏邮政交通者究办；与政府颁布法令有抵触行为者究办”。（3）合并数条相似规定，如规定“侵吞公款侵害公共建筑物及公产者究办、作反动宣传及造谣惑众者究办”。（4）增设一些新条款，如规定“故意破坏革命标语布告者严办、侵吞公款侵害公共建筑物及公产者究办”等。

3.《闽西政府号召群众没收社党财产》

要求对于加入社党的富农分子，无论其枪决与否，均对其全家家产进行没收，对于未参加反革命的具有劳动能力的家属，于没收后分配其部分坏田；对于贫农、雇农加入社党的，坚决反动已被枪决的，没收其本人土地及财产；对于加入社党的知识分子，视其家庭背景决定。

（二）有关自首的规定

我国现代法制中的自首制度始于第二次国内革命战争时期，最早见于1930年4月颁布的《鄂豫皖区六安县第六区肃反条例》。1931年2月颁布的《闽西苏维埃政府布告第九号——反动政治犯自首条例》系专门的自首条例，其规定“1. 凡属反动党不论党魁党羽，一律准其自首免罪。……6. 申明书交到当地最高政权机关后，暂定三天至多七天为调（查）期间。……8. 申明自首者须找到工人、雇农、贫农或共产党两人的担保。9. 自布告标贴之日起半个月为自首期间，在自首期间内按照本条例自首者概行免罪”。《反动政治犯自首条例》将自首范围扩大至党羽，且不论主从犯一律免罪。要求“得到工人、雇农、贫农或共产党两人以上担保”表明该时期的刑事法律已开始区分阶级成分。该条例涵盖了反动政治犯自首免罪的实体条件和程序条件，虽然该条例诞生于“肃社党”背景之下，但其是中国共产党同反革命罪犯及各种刑事犯罪长期斗争的经验总结，目的在于分化瓦解敌对势力，激励犯罪分子悔过自新，及时地惩治与预防犯罪，巩固统治，维护正常的社会秩序，与历史上剥削阶级自首制度的规定有着截然不同的作用。

第五节　反封建与反压迫
——闽西苏区的社会立法

闽西苏区时期，中国共产党在领导武装斗争、创建革命根据地的同时，非常重视社会生产、政治动员和后勤保障工作，这催生了一系列社会法领域的立法实践。这些立法包括直接规定劳动生产的法律，也包括一些针对特定主体的法律，比如妇女、青年、老弱病残、士兵等等。除此之外，针对工会、农会这两类特殊的社会组织，也进行了广泛的立法。

一、劳动生产方面的法律法规

和土地法保护与发动贫雇农的作用一样，劳动法的作用在于保护与发动工人，二者都是中国革命的主要依靠对象。闽西苏区时期，中国共产党在劳动生产方面的立法实践丰富，先后颁行过六部法律法规[①]。另外还有大量的训令、命令、通告等对劳动生产中的具体问题进行指导。

（一）《龙岩县第二次工农兵代表大会决议案之劳动法令》

1930年2月通过的《龙岩县第二次工农兵代表大会决议案之劳动法令》是目前所见革命根据地时期最早的直接规定劳动生产的法律文件之一。该法令的内容虽然稍显简略（全文共33条，第1至26条已佚失），但其对于中国共产党在劳动生产领域的立法工作仍有开创性的意义。

首先，《劳动法令》首次明确规定了工会、工人、雇主三方的权利与义务。其第二十七条即规定："工人有组织工会的自由，工人与雇主利益发生冲突时或为各种政治运动，工人有罢工的自由。"之后的第二十八、二十九、三十条则对雇主的义务做了详尽的规定，而且规定了雇主在违反义务时，工人应如何通过工会保护自身的权益，比如"厂主店东不得无故停业，如因亏本停业，要经工会审查，并要介绍工人工作"等。

其次，这也是第一次以法律的形式对苏维埃、工会、工人的关系进行初步的明确。其第三十二条规定"关于工人利益要求，由工会提出苏维埃批准执行"；其第三十三条规定"苏维埃关于工人的决议，工会认为有损工人利益时，临时法令得由工会与苏维埃组织联

---

① 其中《劳动保护法》为全国苏维埃区域代表大会通过，严格意义上并非闽西苏区所颁布的法律文件。但从原则上来说，《劳动保护法》应该适用于闽西苏区。

席会解决之”。

总的来看，《劳动法令》的条文较为简单，但主旨明确，意在保护工人利益。

（二）《永定县第二次工农兵代表大会决议案之保护劳动法》

同在1930年2月通过的《永定县第二次工农兵代表大会决议案之保护劳动法》与龙岩县第二次工农兵代表大会通过的《劳动法令》的主旨是一致的，也是保护工人利益。《保护劳动法》全文共13条，不仅吸收了当时的先进思潮（如男女同工同酬、工人失业救济等），同时也能够与当地的传统相结合，因而保留了一些旧时代的烙印。

《保护劳动法》是目前所见革命根据地时期最早主张男女同工同酬的法律文件，其第七条规定“女工及青年工人，与男工成年工人工作相等者，工资一律平等”。中国共产党作为工人阶级政党，在马克思主义的指导下开展革命斗争，其目标不仅仅是保护工人的利益，而且还要改造旧社会，创造新社会。这其中，争取男女平等就是其改造旧社会的任务之一，因为中国古代一直存在着对女性的压迫和奴役，男女地位长期不平等。《保护劳动法》中的“男女同工同酬”的法条，就是在这样一种背景下诞生的。可以说，这条立法为之后的诸多法律开创先河，无论是1930年3月25日闽西第一次工农兵代表大会通过的《劳动法案》，还是1930年5月全国苏维埃区域代表大会通过的《劳动保护法》，都继承了《保护劳动法》中的“男女同工同酬”思想。

《保护劳动法》还创造性地设定了失业工人政府救济制度。其第四条规定：“失业工人，由县政府，总工会共同组织失业救济委员会，设法救济”。这项制度的法律条文作用虽然很有限，但其理念为之后闽西第一次工农兵代表大会通过的《劳动法案》所继承，《劳动法案》不仅在总纲的第四条规定了政府对失业工人的救济，而且专门开辟一章对此做了详细规定。

同时，《保护劳动法》还吸收、保留了一些旧时代的特色。如其保留了有关学徒制的内容，第六条规定："学徒期限，最多二年，在学习期间，须有相当工资，学徒不为老板师傅做私事"。可以看出，这部法律虽然保留了学徒制，但并非旧时代的那种剥削和压迫式的学徒制。相反，法律对旧社会的学徒制做了很多改造，对于学徒的权利做了明确的规定，而且相当程度上限制了师傅对于学徒的剥削。

（三）《闽西第一次工农兵代表大会宣言及决议案之劳动法案》

1930 年 3 月 25 日闽西第一次工农兵代表大会通过的《劳动法案》无论在内容还是在形式上都是对前两部法律的重大突破。如果说前两部有关劳动保护的法律尚处于初创阶段，所涵盖的社会关系简单、立法技术尚显粗糙，那么这部《劳动法案》的价值就在于它内容的丰富性与结构的合理性。

首先，《劳动法案》在内容上有较大的突破。整部法案共有 83 个条款，相较于上述 1930 年 2 月通过的《劳动法令》与《保护劳动法》，内容更加丰富。其保护的权利主体涵盖工厂工人、商店工人、工场作坊工人、自由手工业工人、运输工人、女工、青工等，基本囊括了当时所有类型的工人群体。法案所涉及的权利也十分广泛，其中有些权利在之前的两部法律中可以寻到踪迹。比如：总纲第一条规定的"工人有组织工会、言论、集会、出版、罢工之自由权"，这些权利在龙岩《劳动法令》第二十七条、永定《保护劳动法》第一条中均有类似规定。还有一些内容则是《劳动法案》之首创。比如总纲第二条"各工会应规定最低限度工资，并按照生活程度递加"，这是根据地时期有关劳动保护的法律中第一次出现"最低工资"的条款。再比如其第二章第一条"工人每日工作不得超过八小时"，这也是根据地时期中国共产党第一次以法律的形式明确了"八小时工作制"。

其次，该法案在形式上也有所创新。《劳动法案》第一次以总纲—分则的形式，将有关劳动保护的法条予以体系化。该法案全篇共分为九章，第一章总纲的内容对其他八章具有提纲挈领的作用。

分则的第二、三、四、五、六章是以工种为依据，分别编为工厂工人条例、商店工人条例、工场作坊工人条例、自由手工业工人条例、运输工人条例，并在每章的开头对权利的主体做了明确的解释。第七、八两章则是对两类特殊的工人主体即女工和青工的特殊保护。而第九章失业工人救济条例，类似于兜底条款，将其置于全篇末尾，起到了“安全网”的作用，从而对工人的权益提供最大限度的保障。

（四）全国苏维埃区域代表大会通过的《劳动保护法》

1930 年 5 月 20 日，全国苏维埃区域代表大会在上海召开，大会通过了一部《劳动保护法》。1930 年 10 月 30 日，闽西准备委员会对这部《劳动保护法》进行了翻印。

由于这部法律是在李立三“左”倾冒险主义错误的影响下通过的，上海方面缺乏对苏区革命根据地的实际了解，因此该法律中存在一些激进和不切实际的条文。比如，其第一章第六条规定“禁止一切额外工作”；第三章第十七条规定“取消包工制、包工头制及一切与此类似制度”；第四章第十八条规定“未满 16 岁的男女工人绝对禁止雇用”；第四章第二十四条规定“废除学徒制度”；第五章第二十五条规定“雇主应遵守苏维埃政府工厂法令，在工厂内设置最完备的卫生、清洁、防险等设备，尽力保持工人健康，预防不幸事件发生”。

这些条文的本意是反对剥削和压迫、保护工人阶级和其他弱势群体的权益。但是一些超越历史阶段的规定在闽西等根据地的实践中无法贯彻，以“学徒制”为例，《劳动保护法》要求在全国范围内废除学徒制。但无论是之前永定通过的《保护劳动法》，还是之后的《永定县第四次工农兵代表大会之修改劳动法决议》（1930 年 11 月），都保留了学徒制。最终，在闽西苏区，这部《劳动保护法》中的要点未能广泛施行。

《劳动保护法》之所以未能广泛施行，主要原因有以下两点。一是从一开始，中央的“左”倾错误即遭到了闽西苏区的抵制，[①] 闽西特委并未积极推行《劳动保护法》。二是之后的一段时间内，中央的“左”倾错误思想逐渐得到了纠正，这部带有“左”倾思想的《劳动保护法》更无实施的理由。

（五）《永定县第四次工农兵代表大会之修改劳动法决议》

1930 年 11 月通过的《永定县第四次工农兵代表大会之修改劳动法决议》没有借鉴《劳动保护法》，而是整体继承了闽西第一次工农兵代表大会通过的《劳动法案》。这部法律文件依然按照总纲—分则的形式编排，分则部分也是按照工种对权利主体进行的划分，具体条文与《劳动法案》大同小异。相比于《劳动法案》，其主要变化有以下几点：

其一，在分则中删除了“自由手工业工人条例”。《劳动法案》的第五章对“自由手工业工人”有明确解释：“用工人自己之工具和劳动力，照双方订定工资日期或件数为人工作者，为自由手工业工人，如乡村间之泥水、木匠、缝衣、理发等属之。”可以看出，“自由手工业工人”并不为工厂主所雇佣劳动，而更像是为自己打工。《劳动法案》第五章的主要内容也并非限制工厂主，而是限制“工头”的层层剥削。《修改劳动法决议》在总纲第五条、第七条既已明确“取消工头制度”和“取消包工制度”，“自由手工业工人条例”自然也就没有存在的必要了。

其二，在分则中增加了“雇农工人条例”。不同于《劳动法案》，《修改劳动法决议》未对各主体的划分做明确的解释。因此，何为“雇农工人”，并没有具体的范围。该法律文件只是列举了一些常见的“雇农工人”，包括雇农长工、雇农短工、雇农牧童，也明确了哪些人群可以加入、哪些人不可以加入雇农工会。比如，“雇农工人条例”第十三、十四条规定：“中农、独立劳动者、东家不准加入雇农

---

① 蒋伯英：《闽西革命根据地史》，福建人民出版社，2019 年，第 260 页。

工会；贫苦的、食用不够的贫农，可以加入雇农工会。”

以上两点可以看出，《修改劳动法决议》对于工人种类的界定更加明确。一方面，“自由手工业工人条例”的删除限定了工人的范围。另一方面，“雇农工人条例”的增加则扩大了传统认知上的工人范围。

其三，在“失业工人救济条例”之后增加一章“劳工监督资本条例”。这是首次将劳动监督的内容独立成章。条例明确工人为监督权的主体，监督的对象为商人、店东、工厂主、师傅等。增加“劳工监督资本条例”不仅在“失业工人救济”这张“安全网”之下又增加了一张“安全网”，为工人的权益提供了双重保障，更表明了新政权是无产阶级政权，在劳动生产的过程中，由工人自己行使监督权，工人为自己劳动、当家做主。

（六）《劳动监察条例》

1930 年 11 月闽西苏维埃政府颁布了《劳动监察条例》。该条例内容虽然不多，却是根据地时期第一次在劳动生产的法律文件中规定侵犯工人利益、破坏生产的相关处罚。

《劳动监察条例》虽是劳动领域的立法，但却带有明显的刑事法色彩，整个条例的 14 则条文都是“行为＋处罚”的模式。比如：“凡破坏工会组织，禁止工人参加革命运动者，应受反革命的条例治罪”；“凡克扣工人工资，按数量多少处以半个月至两个月的扣留，或一个月以上三个月以下的苦工，或二十元以上百元以下之罚金”；“无故开除工友者，处以三个月至半年的监禁，或百元以上五百元以下之罚金”；“打骂、虐待和侮辱工人者，按情节之轻重处以十天至五个月之拘留”；“店东或厂主如暗中抽掉资本或用移挪资本者，没收归苏维埃，交与工人管理，其店东应受严厉的处罚”。

（七）各种其他形式的条例、训令

闽西苏区时期，除了几部主要的法律法规以外，共产党领导的革命政权还针对劳动生产的具体问题发布了各式各样的训令、命令、通告等。比如针对耕牛问题，闽西苏维埃政府就先后发布过两则通告：1930 年 7 月 18 日《闽西苏维埃政府通告新编第三号——禁杀耕牛》、1930 年 9 月 19 日《闽西苏维埃政府通告第一号——禁宰耕牛》。

这些针对具体问题的法律文件既表明了闽西苏区时期根据地建设的困难与复杂，也体现了中国共产党在处理这些问题上的实事求是的态度与灵活变通的方式。

二、针对妇女、青年、老弱残废等特殊群体的法律法规

除了劳动生产之外，保护特殊群体或弱势群体的法律也是社会法的重要组成部分。在闽西苏区时期，针对一些特殊群体，包括妇女、青年和老弱残废等，专门制定了一系列保障其生产生活的法律。

（一）《关于妇女问题决议案》

妇女群体在旧社会长期受到压迫。闽西苏区时期，为了保护妇女的权利，促进妇女的解放，中国共产党制定了一系列有关妇女的法律文件，主要包括《关于妇女问题决议案》《保护妇女青年条例》和《对妇女工作的详细规定》等。

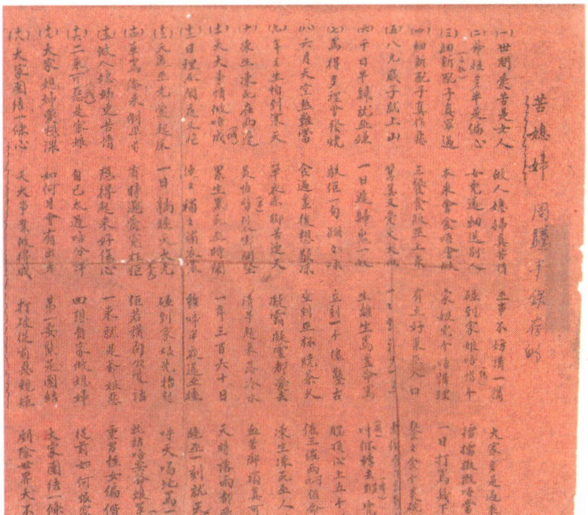

图 2-12　《苦媳妇》等歌曲充分说明当时的妇女权益得不到保障，深受封建礼教压迫

1929 年 7 月 15 日中共闽西第一次代表大会通过了《关于妇女问题决议案》。文件指出了闽西妇女深受封建礼教压迫，并号召“闽西妇女都

要劳动，与男子一样担负生产的责任”。这是闽西革命根据地发布的第一份专门针对妇女问题的法律文件，是中国共产党在详细分析了当地的自然状况、社会经济状况以及闽西妇女生存现状的基础上制定的。该文件推动了闽西苏区的妇女解放运动，为之后一系列保障妇女权利的法律文件的制定奠定了基础。

（二）《保护妇女青年条例》与《对妇女工作的详细规定》

《关于妇女问题决议案》颁布以后，在如何保护妇女的问题上，中国共产党又进行了一系列的探索实践。1930 年 3 月 25 日，闽西第一次工农兵代表大会通过了《保护妇女青年条例》。该条例虽然只有短短的七条，却意义深远。

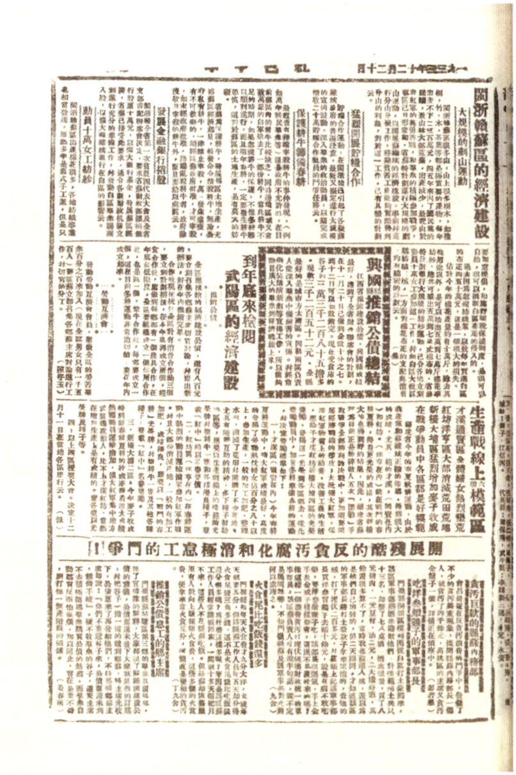
閩浙贛蘇區的經濟建設

到年底來檢閱武陽區的經濟建設

開展殘酷的反貪污腐化和消極怠工的鬥爭!

图 2-13 《红色中华》报道的才溪乡妇女成为生产模范的先进事迹

这是根据地历史上第一次以法律的形式对一系列有关女性的旧社会陋习进行彻底的否定。条例的第二、三、四、五条分别规定：“禁止虐待童养媳，并废除妾媵、童养媳制度”；“女子被压迫为娼妓者，自行解放，恢复其一切自由，其馆主或鸨母的财产分与娼妓”；“绝对禁止贩卖女子为婢妾娼妓，违者枪决”；“取消蓄婢制度，一切婢女即行解放，并由主人给与工资以维持其生活。禁止翁姑、丈夫虐待妻媳，违者按情处分”。这些陋习是中国古代男权社会对妇女压迫的集中体现，具有强烈的不平等性。中国共产党在领导人民反抗压迫、争取自由平等的斗争中，断不允许这些陋习的存在。

同时，《保护妇女青年条例》的第六条还规定“禁止妇女参加革命者处罚”。这则法条首次明确了妇女作为革命者的主体地位，不仅象征着妇女权利的解放，更有利于推动妇女的思想启蒙。从长远来看，“妇女参加革命”对于扩大革命根据地的群众基础和红色政权的巩固具有深远影响。

不久之后的 1930 年 5 月 17 日，闽西第一次各县妇女联席会议通过了《对妇女工作的详细规定》。这则规定的主题是“号召妇女参加革命”，可以说是对《保护妇女青年条例》第六条的具体化。《详细规定》中列举了妇女参加革命的九点建议，包括“妇女加入红军游击队”“妇女组织慰劳队、看护队”“妇女起来参加政权”“妇女武装起来保障土地革命胜利”“妇女起来募捐援助全国工农斗争”等。不难看出，这些建议与当时的红色政权建设、军队建设、武装斗争密不可分。彼时，广大被解放出来的妇女俨然已经成为中国共产党领导土地革命的一支重要力量。

（三）《苏维埃区域 CY 工作大纲》与《关于青年问题讨论草案》

有关青年问题，革命根据地时期最早的法律文件是 1929 年 10 月 10 日通过的《苏维埃区域 CY 工作大纲》。这部《大纲》主要是针对已经加入共产主义青年团、少年先锋队和劳动童子团的先进青少年制定的。他们已经加入了共青团或少先队，是中国共产党的后备力量，因此，《大纲》赋予了他们建设苏维埃政权和进行武装斗争的双重使命，比如：“少年先锋队应经常输送队员加入红军”，“红军出发时，少年先锋队应有巩固后方的责任”等等。

不同于《苏维埃区域 CY 工作大纲》，1930 年 9 月 18 日由永定县党团代表大会制定的《关于青年问题讨论草案》所涉及的青年范围更广。这其中不仅包括已经加入了中国共产党、共产主义青年团、少年先锋队的先进分子，而且包括对共产主义信仰缺乏了解的广大青年。号召更广大的青年加入党团组织、参加革命，是《讨论草案》的重要任务。众所周知，广大的青年群体是中国共产党领导土地革命、开展武装斗争的主力军。闽西革命根据地创建之初的多次暴动都是由青年工人和青年农民领导的。青年群体不缺革命热情，他们缺乏的是马克思主义的意识形态、近现代的科学文化知识以及中国共产党的组织性和纪律性。从《讨论草案》中可以看到，中国共产党对于青年革命和妇女革命所采取的策略是不同的。对于妇女革命，首先在于扫除封建礼教的束缚，之后才有参加革命的可能性。相比妇女革命，封建礼教对于青年革命的束缚则要小得多，《讨论草案》的主要任务也放在意识形态宣传、知识文化教育和组织训练上，比如：《讨论草案》第三条“改造与扩大少先队组织”，第四条“改变工作方式加紧青年青工的组织训练”，第五条“加紧共产主义教育”等。这些条文的目的并不仅仅是鼓动这些青年的革命热情，更是让这些青年学习马克思主义理论，学习党的组织原则，从而成为真正的无产阶级革命者。

（四）《保护老弱残废条例》

与《保护妇女青年条例》同时，1930 年 3 月 25 日，闽西第一次工农兵代表大会通过了《保护老弱残废条例》。该条例包括四条内容，分别是“凡无亲属之孤儿及老病残废者，由政府设法给养”，“禁止贩卖人口，违者枪决”，“禁止后母虐待前母所生之子”，“禁止养母虐待嗣子，嗣子受不过虐待者准其回生父家”。这是土地革命时期第一次专门以法律的形式提出对老弱残废等弱势群体进行特殊保护。

“政府设法给养”这则简单法条的背后是土地革命时期军阀混战、奸商囤积居奇、恶吏横征暴敛、土豪劣绅恃强凌弱的大背景。《保护老弱残废条例》发布之时，虽然闽西苏区号称最盛，但面对国民党的军事“围剿”、经济封锁和奸商的操纵市场，当时的革命政权也并不富裕。在这样一种困难的环境下，闽西苏维埃政府仍然对孤儿和老弱残疾者实行“政府给养”，足见中国共产党为人民服务的初心与使命。

三、双拥工作方面的法律法规

“双拥工作（拥军优属、拥政爱民）”是人民军队工作的后勤保障，是中国共产党能够不断吸收革命群众、扩大革命队伍、巩固红色根据地的基础。因此，在闽西苏区时期，中国共产党制定了大量关于双拥工作的法律文件。

（一）《优待士兵条例》

1930 年 3 月 25 日，闽西第一次工农兵代表大会通过了《优待士兵条例》。这部《优待士兵条例》是中国共产党在闽西革命根据地时期发布的最早、最系统也是最完整的专门针对士兵群体的法律文件。《优待士兵条例》将士兵分为三类，分别是“红军士兵”“白军民团土匪士兵”和“逃兵”，并将其编入三章。

“红军士兵”这一章，主要内容有二：一是提高红军士兵的待遇。比如，其第一条“改良士兵生活，每月每名发伙食（费）至少大洋四元五角，零用费至少二元，有钱多发，军衣军用品尽可能完备”，其第五条“士兵伤病医药费由公家供给，按照伤病轻重酌起增减”等。二是保障红军士兵家属的生产生活。比如，其第三条“政府切实保护士兵家属，士兵家属如非有反动事实者不得施以打击”，其第八条“士兵死亡分得田地准其家属再耕三年”等。

至于如何对待白军民团土匪士兵，《优待士兵条例》采取的是宽严相济、区别对待的办法。对于有意投诚、改过自新者，给予优待，如第四条“白军民团官长输诚来归者一律与士兵同样看待”，第五条“被俘虏官长白军自营长以下，民团除团总以外，一律同样招待”，第六条“白军中营长以下官兵家属，政府一律保护”，第八条“集团土匪要求收编者，要有革命事实表现，如打土豪、枪毙反动等，始得予以收编”。而对于怙恶不悛及首恶者，则不予赦免，如第五条“……但为当地群众及所部士兵深恶痛恨者，不在此例”，第六条“……如系土豪不在此例”，第十一条“帮助土豪打工农的土匪，政府应解除其武装，惩办其首领”等。

对于逃兵，《优待士兵条例》采取的是严惩不贷的态度：“战争时逃跑者枪决”，“拐逃武装当白军或出卖者枪决”，“平时逃跑者除拘回禁闭外，在处罚期中没收其本人土地并剥夺其公（民）权”，“拐逃军用品及款项者，按照情节轻重处以枪决至禁闭之罪”。对于逃兵的严惩不贷是严格红军军纪的必然要求，良好的军纪是红军战斗力的源泉。

《优待士兵条例》所规范的内容并不像它的名称那么简单。事实上，其所调整的社会关系相当广泛，既有关于士兵的条款，又有关于士兵家属的条款；既有优待士兵的条款；也有处罚士兵的条款。这是一部较为综合的法律文件。这部法律文件除了给士兵以物质待遇，更主要的是赋予了他们一种荣誉和使命感，传递了一种为革命而牺牲者光荣的思想。这对于鼓励广大工农群众参加红军、壮大革命队伍具有重要意义。

（二）其他涉及双拥工作的法律文件

1930年4月，闽西苏维埃政府以布告的形式公布了《优待士兵条例》。之后，又陆续公布了一些具体关于军队保障的通知和通告，如：1930年11月15日《闽西苏维埃政府紧急通告——各县赶制棉军衣支援红军》、1931年1月18日《闽西苏维埃政府通知第六号——各地供给红军给养问题》、1931年10月9日《闽西苏维埃政府通知第一〇二号——慰劳红军事》。这些法律文件有些涉及的是《优待士兵条例》中的具体问题，比如《慰劳红军事》中提及的“组织慰劳队，慰问伤病兵”。有些则是《优待士兵条例》中未曾涉及的问题，比如《各县赶制棉军衣支援红军》《各地供给红军给养问题》

中涉及的军需问题等。这些通知和通告大多是因事而发，事毕则止，反映出这一时段红军建设面临着艰巨的困难以及尖锐的敌我矛盾。

四、工会相关的法律

工会是中国共产党领导的工人自治组织。中国共产党作为工人阶级领导的政党，必然重视工会的建设。实际上，闽西地区工会组织的建立甚至早于闽西革命根据地的创建。但土地革命时期的工会与当代中国的工会具有不同的性质。彼时的工会不仅是社会组织，而且还要领导工人运动，同时又承担了部分行政职能。可以说，在土地革命的特殊时期，工会组织呈现出一种特殊的形态。正是因为工会本身的特殊性，关于工会的法律法规既有社会法的属性，也带有一些行政法的色彩。

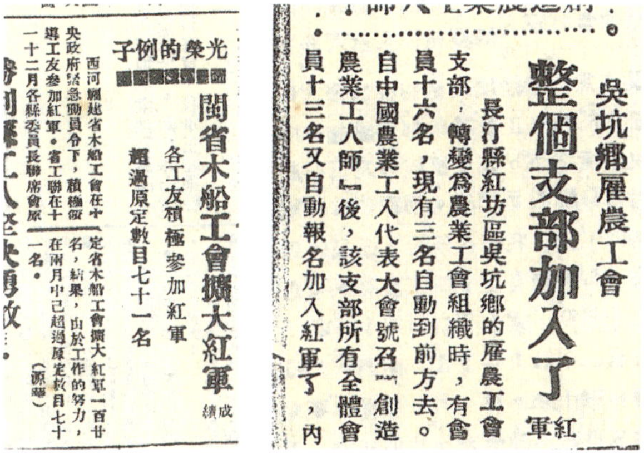
光榮的例子
閩省木船工會擴大紅軍成績
各工友積極參加紅軍
超過原定數目七十一名
西河爛趾省木船工會在中央政府緊急動員令下，積極領導工友參加紅軍。省工聯在十一十二月各縣委員長聯席會原定省木船工會擴大紅軍一百廿名，結果，由於工作的努力，在兩月中已超過原定數目七十一名。（源華）

吳坑鄉雇農工會
整個支部加入了紅軍
長汀縣紅坊區吳坑鄉的雇農工會支部，轉變為農業工會組織時，有會員十六名，現有三名自動到前方去。自中國農業工人代表大會號召"創造農業工人師"後，該支部所有全體會員十三名又自動報名加入紅軍了，內

图 2-14　各种刊物中有关发展、筹备工会的文章

（一）《工会法草案》

1929 年 8 月的《苏维埃组织法》是闽西苏区时期第一部涉及工会的法律文件。其第三章第二条第二款规定："区苏维埃由全区工会或工会支部召集会员大会，选出代表百分之二十，工人数目少者可减少。"第三章第五条规定："工会选派代表亦须参照乡村办法，使

人数少的工会得有代表出席。"《苏维埃组织法》虽然规定了工会代表得以参选苏维埃，但是却对工会本身没有做出规定。闽西苏区时期，第一部真正意义上关于工会的法律文件是 1930 年 3 月 25 日闽西第一次工农兵代表大会通过的《工会法草案》。

《工会法草案》由四条组成（其中第二条有四款，第四条有七款），其内容可以简单概括为：哪些人可以参加工会；哪些人不能参加工会；工会领导工人；工人按照职业区别组织工会。

《工会法草案》第一条规定"凡参加劳动者得加入工会"，这是加入工会的最低标准。第二条列举了四类人不得加入工会，这四类人分别是"利用资本雇用工人劳动者""自己同样做工同时雇用工人劳动者""自己虽非资本主，但系经理人总管全盘营业者""经工会宣布为工贼者"。可以看出，这里规定的不得加入工会的这四类人中，除了"工贼"以外，其他三类人都直接或间接地与工人之间存在雇佣关系。工会组织作为工人自治组织，当然不会允许阶级敌人进入自己组织内部。

《工会法草案》第三条"加入工会之工人，须服从工会决议案"、第四条"各地工人按照职业区别组织工会"。一方面工会由工人组织，另一方面工人必须服从工会领导，这说明工会组织与党组织一样，也是按照民主集中制的原则运行的。

此外，第四条的七款内容对于工会的组织划分方式做了较为具体的规定，其中工厂工人"以工厂为单位"，农村工人"以区为单位"，挑夫工人既"以区为单位"，也"以交通路线为单位"，船夫工人"以河道为单位"。第五款还专门规定"汀河流通数县，应组织汀河航船总工会，而在上河、下河、连城河、小溪河、丰稔市河，组织某河工会，另在船夫所在乡村组织支部"。不难看出，对工会的组织划分方式，充分考虑到了当时闽西苏区的自然地理特征和社会环境。这部《工会法草案》是中国共产党在吸收城市工会经验的基础上，又全面考察了农村革命根据地的实际情况后，制定的一部带有闽西特色的法律文件。

（二）《工会组织法》

《工会法草案》只有简单的四则条文，内容提纲挈领，但是没有涉及工会内部的组织结构。工会作为中国共产党与工人之间的输送带、作为中国共产党领导工人运动的重要一环，如果不能从组织内部加以规范领导，很难形成凝聚力和战斗力。因此，在土地革命进行得如火如荼的闽西革命根据地，就亟须一部较为系统和完备的法律法规对工会组织进行更为系统的规范。1930 年 7 月 15 日通过的《工会组织法》就是在这样一种背景下诞生的。

《工会组织法》分为十章，共 43 条，在中国共产党制定的有关工会的法律法规上具有十分重要的历史地位。在形式上，《工会组织法》以总纲—分则的结构编成，较之《工会法草案》具有更强的系统性、逻辑性。在内容上，《工会组织法》对《工会法草案》进行了继承和扩充。

《工会组织法》总纲第二条“工人之组织以同一产业工人的组织工会为原则，手工工人或产业工人亦均得以职业为单位组织工会”。很明显，这则条文与《工会法草案》第四条“各地工人按照职业区别组织工会”的原则是一致的。《工会组织法》总纲第三条“凡工会决议案及工会纪律，会员必须一律遵守”与《工会法草案》第三条“加入工会之工人，须服从工会决议案”所传递的思想也是一致的，即“工会领导工人”。不难看出，《工会组织法》总纲中确定的原则很大程度上继承于《工会法草案》。除此之外，《工会组织法》总纲第一条规定“工会为团结工人群众、代表工人阶级利益、参加生产管理，领导工人阶级夺取资产阶级政权，推翻资本主义，建设共产主义社会为宗旨”。这是中国共产党历史上第一次以法律的形式对工会的性质和宗旨进行阐述。从总纲的这条表述中不难看出，彼时的工会不仅承担社会组织的功能，而且扮演着中国共产党在工人阶层中的代言人的角色。

《工会组织法》的分则部分共八章。其第二章“各级工会组织”

对于各级工会的内部组成和分工做了详细规定，是《工会组织法》的核心部分。以县级工会组织为例：其内部设有执委会，执委会推选产生常委会，常委会内设一人为委员长，执委会下设有文书科、财务科、裁判科、赤卫科、宣传科、组织科等。以此类推，分工会组织同样设有执委会、常委会、委员长等，只是执委会下设机构的名称不同，分工会的执委会下设文书委员、财务委员、裁判委员、赤卫委员、宣传委员、组织委员等。通过《工会组织法》的规定，各级工会按照一定的等级和次序组建起来，形成了一个个有组织、有纪律的革命团体。

第八章“工会与苏维埃关系”较为重要，这是根据地时期第一次在法律中明确工会与苏维埃政府的关系（1930 年 11 月修改后的《苏维埃组织法》中将苏维埃称为政府）。《工会组织法》规定：“工会是工人阶级保障本身利益组织的，同时，亦是巩固苏维埃的中心组织”；“各级工会应受各级苏维埃指挥，但工会仍有组织性，上下级发生直接关系”；“工会对政治上的主张，一面向苏维埃提出意见，一面由自己会员在苏维埃各种会议中起领导作用”。从这三条法律中不难看出，工会与苏维埃不是简单的“领导与被领导”或者是“上下级”关系。“苏维埃领导工会”这种表述固然不错，但是工会仍保有自己的组织性，而且工会是巩固苏维埃政府的中心组织，其会员本身也在苏维埃中担任领导。这一时期的工会俨然是与苏维埃政府融为一体的，工会中的领导成员亦是苏维埃政府的组成人员。

第九章“工人纠察队”，其第三十五条“工人为要对抗自己的敌人，保障已得胜利，须组织武装纠察队”、第三十六条“凡工会会员除老弱残废外，概加入工会纠察队受军事训练参加武装斗争”。从这些条文可以看出，闽西苏区时期的工人纠察队是工会自己的武装力量，工会有一定的军事职能。特别是其第三十八条还规定“各级工会对纠察队须选派阶级观念较强的会员担任政治委员”。政治委员制度是古田会议后确立的，是“党对军队绝对领导”思想的体现。在工人纠察队中也设立政治委员，充分说明了中国共产党对于工人纠察队这支特殊武装力量的重视。

综合《工会组织法》总纲和分则的这些条文，可以得出这样一个结论：彼时的工会并不是普通的社会组织，它有非常强的组织性和纪律性，拥有自己的武装力量，承担了部分苏维埃政府的职能。因此，《工会组织法》就不仅具有社会法律的属性，而且带有一些行政法律的色彩。

五、农会相关的法律

秋收起义之后，中国共产党将斗争的重点转向农村，越来越多的农民开始加入革命队伍。与工会一样，农会在闽西地区的建立也要早于苏维埃政权的建立。但实际上专门规定农会工作的法律却比较晚，1929 年 5 月通过的《农民协会章程》是根据地时期第一部较为系统地规范农民协会的法律文件。

《农民协会章程》共七条，每条之下还有若干款，有的条文在款之下还分为甲、乙、丙等若干子项。其第一条开宗明义“农民协会之作用，在发动农民组织农民、领导农民，对地主阶级斗争以建立工农兵代表会议政权，没收地主阶级田地分与农民，扫除农村中一切封建势力为目的”。《农民协会章程》将农会创建的目的表达得非常清楚，概括而言就是革命。这些慷慨激昂的法条背后，是中国共产党希望唤醒广大农民，号召他们起身反对剥削和压迫、进行反封建斗争的强烈愿望。

《农民协会章程》第三、四条所规定的农会各级组织与工会类似，以区级农会为例，其设有执行委员会，包括委员长、宣传科长、组织科长、土地科长、财务科长、粮食科长、军事科长、秘书。以委员长、组织科长、土地科长、财务科长、军事科长五人，组成常务委员会。这些法条将农会成员按照一定的原则组织起来，并设置了领导机构。在《农民协会章程》的引导下，农会成员的组织性、纪律性大大增强。

《农民协会章程》第五条规定了农会的工作，包括“对一般农民作普遍的宣传”“对组织了的农民，加以政治斗争的训练”“组织赤卫队举行游击”“筹备建立区乡两级工农兵代表会议政府”等。农会不仅要进行宣传、组织工作，还要进行军事保卫和筹建苏维埃，其内设机构如军事科、土地科、粮食科、组织科等带有明显的政治色彩。从《农民协会章程》的这些规定不难看出，农会与工会类似，虽然是社会组织，但仍兼有部分行政和军事功能。因此《农民协会章程》也兼具社会法律和行政法律的双重属性。

这一时期的社会立法成就主要体现在四点：一是立法数量的丰富。目前所见闽西苏区时期的社会法领域的立法约有 27 篇[①]，在劳动与生产、特殊群体、工会和农会两大组织等领域都有数量可观的法律文件。二是立法技术的进步。从龙岩《劳动法令》、永定《保护劳动法》到闽西第一次工农兵代表大会通过的《劳动法案》，这一阶段的立法呈现出继承和发展的态势。尤其是《劳动法案》，其不仅在内容上突破了前面两部法律的束缚，而且在体例结构上更合乎逻辑，可以说是闽西苏维埃政府成立之后集各根据地劳动法之大成的结果。三是法律文件的背后蕴含着先进思想。无论是“八小时工作制”还是争取“男女同工同酬”，抑或是号召“妇女革命”，这些法条既体现了中国共产党人追求真理的初心，也反映了闽西革命根据地人民反封建、反压迫和争取自由平等的理想。四是立法活动及时反映了党的方针、路线，并与实践紧密结合。土地革命时期，中国共产党领导工人、农民运动，这一时期的工会、农会等社会组织也带有鲜明的革命性，并非单纯意义上的社会组织。这些特点反映在立法领域，使得《工会法》《农民协会章程》等社会立法也带有鲜明的政治色彩。

---

① 存在一些误差，因为很多法律文件兼有其他法律的性质，其他法律文件中也有关于社会法的立法内容。

当然，社会法的立法实践中也有一些缺点和不足。比如，1930年，受党内“左”倾错误思想影响，制定了一些激进、不符合实际的法律文件；法律文件所调整的内容存在大量交叉；法律文件存在前后文矛盾而无法衔接的现象等。

第三章　渐成体系——苏区法治建设的进一步发展

中华苏维埃共和国时期中央革命根据地的法治建设，时间上始于 1931 年 11 月中华苏维埃共和国成立，迄于 1934 年红军被迫撤离中央苏区进行长征前。这一时期的法治建设相对闽西苏区时期变化的原因在于：第一，由于军事与行政区划上的变化所导致的。1931 年 9 月，闽西红军新十二军攻占长汀，贯通了中央苏区与闽西苏区，从而使闽西苏区归入中央苏区，成为中央革命根据地的组成部分，法治建设上自然也融为一体。第二，由于政治路线上的变化所导致的。1931 年 1 月，在中共六届四中全会上，王明取得了中央领导权，打着反李立三“左”倾冒险主义的旗号，实行比李立三更“左”的“左”倾教条主义，其对法治建设的影响在闽西苏区后期已经显现，但尤其集中地反映在中华苏维埃共和国时期制定的法律与政策上。第三，法律结构上的变化。中华苏维埃共和国建国，出现了一系列在国家层面上才有的系统稳定的法制，法律结构与闽西苏区时期的区域法制有较大的区别。第四，这一时期的法治建设内容上虽然体现了王明“左”倾教条主义的影响，但由于毛泽东、周恩来、邓子恢、张鼎丞等正确路线代表的批评与纠正，以及中央根据地军民的抵制，从而保留了部分中央苏区早期及闽西苏区时期的优良法治传统，在一定程度上缓冲与消解了王明路线的破坏作用，对遵义会议后党对法治建设的领导起到了有益的借鉴作用。

第一节　苏维埃共和国时期的宪法

宪法是国家的根本大法，规定了国家的性质、制度与任务。

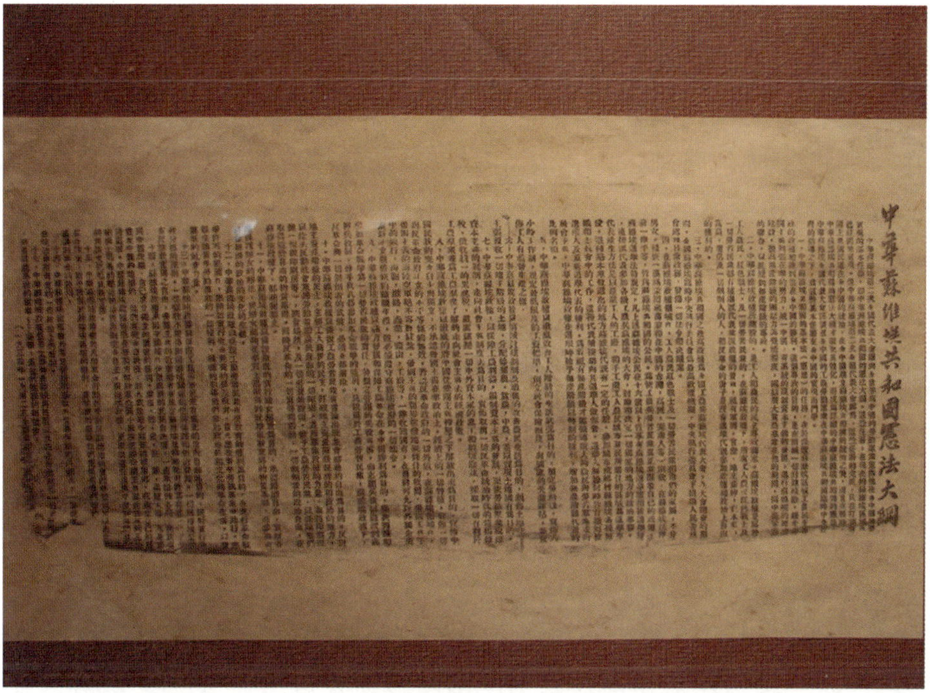
中華蘇維埃共和國憲法大綱

图 3-1　《中华苏维埃共和国宪法大纲》

1931 年 11 月 7 日，在江西瑞金叶坪召开了中华苏维埃第一次全国代表大会，宣告中华苏维埃共和国成立，并由项英做宪法报告，大会通过了《中华苏维埃共和国宪法大纲》。

《中华苏维埃共和国宪法大纲》共 17 条，其主要内容有：

（一）确定中华苏维埃共和国的国体为“工农民主专政”。第二条规定：“中华苏维埃所建设的，是工人和农民的民主专政国家。苏维埃政权是属于工人、农民、红色战士及一切劳苦民众的。”

（二）确定中华苏维埃共和国的政体为“全国工农兵苏维埃代表大会”。第三条规定：“中华苏维埃共和国之最高政权，为全国工农兵苏维埃代表大会，在大会闭会的期间，全国苏维埃临时中央执行委员会为最高政权机关，在中央执行委员会下组织人民委员会，处理日常政务，发布一切法令和决议案。”

（三）确定宪法大纲的任务和工农民主专政的目的。第一条规定："中华苏维埃共和国的基本法（宪法）的任务，在于保证苏维埃区域工农民主专政的政权和达到它在全中国的胜利。这个专政的目的，是在消灭一切封建残余，赶走帝国主义列强在华的势力，统一中国，有系统的限制资本主义在中国的发展。"

（四）确定苏维埃公民的各项基本权利与自由。包括法律平等权（第四条："不分男女、种族、宗教，在苏维埃法律前一律平等。"）、选举权与被选举权（第四条："苏维埃公民，在十六岁以上者皆有苏维埃选举权和被选举权。"）、受教育权（第十二条），以及言论、出版、集会、结社的自由（第十条），婚姻自由（第十一条），信教自由与反宗教宣传自由（第十三条）。对于"居住苏维埃区域内从事劳动的外国人，一律使其享有苏维埃法律所规定的一切政治上的权利"（第十六条），对于"凡因革命行动而受到反动统治迫害的中国民族以及世界的革命战士，给予托庇于苏维埃区域的权利"（第十五条）。

（五）确定外交政策的基本原则。第八条规定：宣布中华民族的完全自由与独立，不承认帝国主义的在华特权，宣布一切不平等条约无效，否认反革命政府的一切外债，无条件收回帝国主义的租界、租借地，不容许帝国主义的海、陆、空军驻扎苏维埃领域。帝国主义的银行、海关、铁路、矿山、工厂一律收归国有，在目前可允许外国企业重新订立租借条约继续生产，但必须遵守苏维埃政府的一切法令。

这部《中华苏维埃共和国宪法大纲》是中国共产党领导下的革命根据地制定的第一部宪法性文件。从积极意义而言，第一，其具有宪法与施政纲领的特点，将根据地人民已经取得的成果，以根本法的形式加以确认，也指出了今后的奋斗目标与施政方针。第二，其进一步推动了红色政权的法治建设，使这一时期成为土地革命战争时期立法最为频繁与系统的阶段。第三，《宪法大纲》是红色区域制宪工作的最初尝试，为其后制定人民宪法提供了有益的经验与教训的借鉴。

这一时期因党在初期建设中认识的局限、工作经验的缺乏，以及盲目照搬苏联经验的“左”倾教条主义影响，因此也存在严重的“左”倾思想错误，主要体现在：

第一，相当程度上混淆了民主主义革命和社会主义革命的原则界限。在“主张没收一切地主阶级的土地”分配给农民的同时，又强调“以实现土地国有为目的”（第六条）。但在同时期制定的土地法中还保有一定的清醒认识，规定“在目前革命阶段上，苏维埃政府应将土地与水利国有的利益向农民解释，但现在仍不禁止土地的出租与土地的买卖”。在主张现阶段只是“限制资本主义的发展”而非消灭资本主义的同时，又强调一切剥削者“没有选举代表参加政权和政治上自由的权利”（第二条）。这些都表现出急于求成，想尽快转变为社会主义革命的“左”倾特征。到了 1941 年陕甘宁边区第二届参议会上通过的《陕甘宁边区施政纲领》第六条中，“人民”一词已明确纠正表述为“地主、资本家、农民、工人等”。

第二，在阶级路线上暴露出“左”倾关门主义的特征。将一切雇佣他人劳动的人及其家属都划入敌对阵营，剥夺一切政治权利；将工农联盟理解为仅仅是工人和贫农的联盟，认为革命阵营是以无产阶级为核心，“团结广大贫农群众在它的周围”（第一条），而把中农即农村的中产阶级排除在政权基础之外，在实践上甚至采取使中农破产以逼迫他们参加革命的错误政策。直至 1934 年 1 月召开的第二次全国苏维埃代表大会上，对《宪法大纲》做了一定的修改，在第一条增加了“同中农巩固的联合”的内容，这是极为重要的修正，说明党内已经认识到，任何一场革命，仅仅是基础群众的参与尚不足以胜利，只有争取到中间阶层即中产阶级的支持与同情才有可能成功。

第三，在民族问题上错误地套用苏联的联邦制模式。第十四条规定：“中华苏维埃政权承认中国境内少数民族的民族自决权，一直承认到各弱小民族有同中国脱离，自己成立独立的国家的权利。”这是当时党内“左”倾路线盲目崇拜与套用苏联联邦制模式的结果，没有注意到苏联与中国两国国家模式的根本区别。《宪法大纲》之本义与重心虽然在提倡民族平等，但试图照搬苏联革命经验，套用联邦制模式，搞“中华苏维埃联邦”，违背了中国具有的多民族统一国家的悠久历史传统，完全脱离了中国国情。中国共产党在自我成长和逐步摆脱共产国际的控制后，已经认识到“中华苏维埃联邦”不符合中国国情，因此在民族自治问题上有了明显的转变。在1941年的《陕甘宁边区施政纲领》中提出：“依据民族平等原则，实行蒙、回民族与汉族在政治、经济、文化上的平等权利，建立蒙、回民族的自治区。”此处已是“自治区”的提法。1946年4月在陕甘宁边区第三届参议会第一次会议上通过的《陕甘宁边区宪法原则》第一部分第九条规定：“边区各少数民族，在居住集中地区，得划成民族区，组织民族自治政权，在不与省宪抵触情况下，得订立自治法规。”这里的“不与省宪抵触”，即指民族区的自治法规不得违背《陕甘宁边区宪法原则》。到1949年的《中国人民政治协商会议共同纲领》中，已明确表述为：“各少数民族聚居的地区，应实行民族的区域自治。”

第二节　苏维埃共和国时期的土地立法

随着土地革命和根据地建设的深入，闽西苏区和赣南苏区逐渐连成一片。闽西苏区的土地法制也与其他苏区的土地法制进行了融合与统一。

一、中华苏维埃共和国的第一部土地法

1931年11月，中华苏维埃第一次全国代表大会在江西瑞金召开，成立了中华苏维埃共和国临时中央政府。为了推翻地主阶级，将封建半封建的地主土地所有制转变为农民土地所有制，1931年12

月 1 日，中华苏维埃第一次全国代表大会以《土地法草案》为基础，吸取了包括闽西苏区在内的各个苏区的立法经验，讨论通过了《中华苏维埃共和国土地法》。这部土地法是土地革命的总依据，共计 14 条，对地主的土地、房屋、牲畜等财产的没收和分配，债务的废除，发展农村经济等问题进行了概括规定，为中华苏维埃共和国的土地法制工作提供了保障。

中華蘇維埃共和國土地法

图 3-2 《中华苏维埃共和国土地法》

一、该部土地法明确规定了土地没收与分配。其第一条就明确规定，“所有封建地主、豪绅、军阀、官僚及其他大私有主的土地，无论自己经营或出租，一概无任何代价的实行没收”，而且“没有分配任何土地的权利”。而分配的对象则是贫雇农，不分男女老弱都有分配的权利。在富农问题上，土地法规定没收其土地后，“可以分得较坏的劳动份地”，并且必须自己耕种。第五条明确提出，平均分配一切土地，是消灭土地上一切奴役的封建的关系及脱离地主所有权的最彻底的办法，这就表明新的苏维埃政府与旧中国的军阀政府不同，它鲜明地代表最底层最穷苦的广大人民的利益。另外也考虑到了不同受众的接受程度，对不愿意参加平分土地的中农，“如多数中农不愿意时，他们可不参加平分”，使得法令更加易于接受和施行。

二、除土地外，土地法还规定了对土地附属物的没收。比如在第八条关于没收其他附属物的规定，没收一切封建主、军阀、豪绅、地主的动产与不动产、房屋、仓库、牲畜、农具等。富农在分得土地后，多余的房屋、农具、牲畜及水磨油榨等也要没收。当地苏维埃根据贫农、中农的利益，将没收的房屋分配给没有住所的贫农、中农居住，一部分给学校、俱乐部、地方苏维埃、党及青年团委员会、赤色职工会、贫农团和各机关使用。牲畜和农具可由贫农、中农按组或按户分配，或根据农民意见自愿地将各种没收农具办初步合作社，或在农民主张苏维埃同意下设立牲畜农具经理处，供给贫农、中农耕种土地的使用。经理处应由地方苏维埃管理，农民得按照一定比例交付一定的使用金。由农民缴纳的使用金支付所有农具的修理，经理处工人的供养，以及新农具新牲畜的购置。

三、土地法在土地利用和改良地力上也有规定。比如在第十条关于自然资源与公共事业的规定已经初具社会主义的属性，一切水利、江河、湖溪、森林、牧场、大山林，由苏维埃管理建设，便于贫农、中农的公共使用，桑田、竹林、茶山、鱼塘等，应当和稻田、麦田的一样，依照当地农民群众的意愿，分配给他们使用。第十三条规定，地方苏维埃应当在条件允许的情况下，创办下列事业：（1）开垦荒田；（2）创办移民事业；（3）改良现有的与建立新的灌溉设施；（4）培植森林；（5）加紧建设道路，创办企业，促进农村经济的发展。①

四、这部土地法承认了土地可以私有及转让。比如第十二条对关于未来土地的所有权归属做了规定，认为只有在苏维埃政权下，土地与水利的国有，才是改善农民生活最可靠的方法，而事实上就是转变农村经济达到高度的社会主义发展的必经步骤。但是实行土地和水利的国有化，必须在中国重要区域土地革命胜利，与基本农民群众拥护国有条件之下才有可能。在目前革命阶段上，苏维埃政府应向农民解释将土地与水利国有的利益，但现在仍不禁止土地的

① 曾维东、曾维才主编：《中华苏维埃共和国审判史》，人民法院出版社，2004年，第205页。

出租与土地的买卖，但是同时应严禁富农投机与地主买回原有土地。实际上，这就承认了土地的私有，这是这部土地法最大的进步。

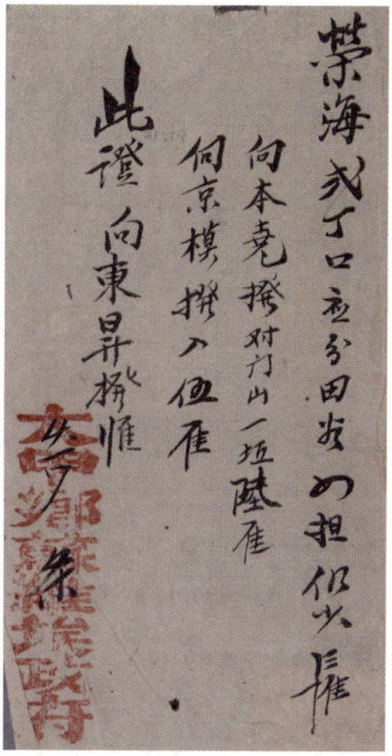

图 3-3　永定县太平区大甲乡苏发给荣海的耕田证

《中华苏维埃共和国土地法》吸取了《井冈山土地法》《兴国土地法》以及闽西苏区土地法等法律法规的起草经验，总结了各地实施土地革命的经验教训，是党在土地革命时期颁布的适用时间最长、施行地域最广、影响最大的土地法。它有力地打击了地主阶级的残余势力，保护了农民的合法权利，巩固了工农民主专政，解放了农村的生产力，支援了前线的土地革命战争，对苏区土地法制建设具有承前启后的重要意义。

二、福建省苏维埃政府颁布的相关土地法令

为了适应革命形势的发展，1932 年 3 月，闽西苏维埃政府召开了福建省第一次工农兵代表大会，成立了福建省苏维埃政府，闽西苏区建立起了省一级的苏维埃政权。大会通过了《土地问题决议》等重要法律文件。

（一）《土地问题决议》

《土地问题决议》肯定了闽西苏区在过去彻底没收地主劣绅的土地财产，按照人口和劳动力的数量分配土地给贫雇农的工作，要求闽西苏区继续贯彻实行土地法令。《决议》指出，面对苏区的斗争形势，必须推翻封建土地所有制，把农民从封建土地所有制的桎梏中解放出来，获得土地，实现“耕者有其田”。只有让广大农民在政

治、经济上翻身，代表和维护广大农民的根本利益，才能得到他们的认同，进而使他们踊跃参战，保卫自己的劳动果实。

此外，《决议》规定每乡还应抽出一部分土地作为红军公田，把每年公田所收获的谷子按市价售出得款分配给红军战士。要耐心解释红军公田的意义，让公田得到专门管理和精心耕种。这样一来，既坚定地维护了贫苦农民的利益，也鼓励了红军战士保卫苏区，进而鼓励群众保卫自己的革命果实。

《决议》还反思了“左”倾错误，批评了“贫雇农分好田，中农分中田”，甚至消灭中农的错误倾向。《决议》通过免征土地税的方式鼓励垦荒，并且注重维护水利设施，加强水利管理，破除风水迷信等封建残余，一切为了方便灌溉、兴修水利，促进了社会文明的进步。

但是，王明的“左”倾错误正在中央苏区盛行，而且中华苏维埃第一次全国代表大会刚刚结束不久，导致《决议》难免会有不少“左”的痕迹。《决议》要求在永定、上杭等老苏区里要进行土地检查，彻底消灭封建残余，检阅过去对于土地问题的解决，是否发动了基本农民——雇农、贫农、中农；在新苏区坚决执行“地主不分田，富农分坏田”的政策，即在肉体上消灭地主，在经济上消灭富农。①

（二）《福建省苏维埃政府土地部开荒规则》

由于中国共产党在民主革命阶段主要以江西和福建的农村山区为根据地，农业生产对根据地的生存至关重要。中华苏维埃共和国成立后，赣南闽西根据地连成一片，加之白区对苏区的经济封锁愈演愈烈，官兵群众对土地和粮食的需求也大大增加。苏区政府针对开荒和耕种发布了一系列重要的规定，这些规定和其他的土地法案共同促进苏区农业的增产增收。

---

① 蒋伯英：《闽西革命根据地史》，福建人民出版社，2019 年，第 345 页。

1932年6月，福建省苏维埃政府土地部发布了《开荒规则》，规定了对荒田荒地的开垦办法。对于没有经过分配的荒田荒地，工人、苦力、雇农、贫农、中农等群众都可以开垦，适用“开荒即所有”的物权规则，类似于现代的无主物先占制度，而且为了鼓励大家垦荒，还规定三年不纳土地税。上述群众开发不完的荒地可由富农开发，富农基于苏区的土地政策，各项优惠也相应降低档次享有，只享有荒地的使用权，免征荒地土地税一年。地主在上述两个群体开发完的基础上才可开垦荒地，地主可享有荒地五年的使用权，五年后由政府收回，除非无人接手耕种，免征荒地土地税一年。《开荒规则》并不利于消除地主、富农对革命的敌意与反抗。

针对已经分配的荒田、荒地，政府限令所有权人五日至十五日内开垦，如期满不开垦，政府可以允许他人开垦，所有权人不可阻拦，以保证土地的利用效率。如果去年正常耕作，今年田主无法耕作，其他人也可以开垦，收获农作物由耕作人与田主按比例分成，田主负责缴纳土地税。如果已经荒芜一年，本人不开垦，他人去开垦时，土地税免收两年。开垦富农的田地，免税一年，土地税归开荒人出。开荒的人可连种三年，三年后田主得收回自耕，如田主依旧不耕时，仍归开荒人耕种，此时不再交租与田主，直至田主收回自耕时为止。

《开荒规则》还对长期荒芜的土地进行了规定，如田主对所分之田不积极履行耕种义务时，为了提高土地的利用效率，提高农业产量，可以鼓励他人参与耕种。荒了两年或两年以上的田，本人不开但他人去开的，免收土地税三年至五年。若开的是富农的土地则免税一年至二年。开荒的人可连种五年至十年，五年至十年后田主可以收回自耕，如那时田主依旧不耕仍归开荒人耕，至田主收回自耕时为止，均不交租与田主，免税期满后的土地税由开荒人缴纳。

此外，苏区政府还发布了关于春耕的计划、“多种杂粮蔬菜解决夏荒”的计划，经过开展一系列发展农业生产的运动，谷物杂粮的产量都有明显的增长，苏区的农产品供给也极大地丰富了，稳定了后方局势，也保障了前方作战需要。

三、查田运动的相关法令

从1932年到1934年，苏区从上到下开展了查田运动，这项运动导致土地法制建设遭到了较大破坏，也标志着“左”倾错误全面指导了苏维埃共和国时期的土地法制建设。根据土地革命原来的计划，苏区应当通过没收土地，分配土地，检查土地直至进入增产增收的阶段，本来已经基本完成了土地的分配工作，后来因党内绝对平均主义思潮和扩大打击面的“左”倾思想影响，苏区进行了土地的重新分配。

1932年2月，中央苏区决定开展查田运动。根据中央的决定，闽西苏区也决定开展检查土地的工作。7月13日，福建省苏维埃政府颁布了《检查土地条例》，标志着闽西苏区的查田运动拉开序幕。《检查土地条例》认为，在重新分配土地时期还没有彻底分好土地，部分地主和富农还保有土地，检查土地是为了使贫雇农在土地革命中得到完满的利益，肃清地主阶级的残余势力，镇压地主残余和富农的反革命活动。

《检查土地条例》规定，对地主和富农实行彻底的没收，除了土地之外，还包括耕牛、农具、房屋、菜园、粪缸等都要没收。此外，包括工头、老板、商人、和尚、道士、尼姑、算命风水先生等在内的群体的分田也需要追回。条文规定十分严苛，几乎是没收了部分阶级的全部生产生活资料，断绝了其生活来源。检查出来的土地分别补充到以下几个方面：红军公田需要补充，过去少分田的贫雇农和中农需要补分，工人家属和失业人员需要分田。

《检查土地条例》还规定了层层巡视和检查的程序和手续，从县苏区到区苏区，再到乡苏区，层层推动。乡苏区应召集全乡代表会议，报告检查土地的意义、检查土地的方法和农村阶级的区别，同时应成立检查土地委员会，委员会派遣调查员和登记员调查各个阶级的户数、人口、田地，对照标准进行检查，然后视情况没收和补分。检查委员会将检查结果张榜公布，征求大家意见，如检查和补分有不妥当时，则可由检查土地委员会修改，然后再开全乡苏维埃代表会最后通过。从程序上看，苏区土地法制基本遵循了调查研究、征求意见等环节。“决定一个地主、富农成分，党支部和乡查田委员会讨论，整理材料，贫农团大会证实通过，然后召开群众大会通过，报上一级查田委员会审查，并经县查田委员会批准。没收也是一样，是经过支部和贫农团讨论决定，再经全村、全乡大会讨论同意，报上级批准才能搞”。①

但是，由于规定十分严苛，人为激化了各个阶层直接的矛盾，很多中间势力被严厉打压，加之闽西苏区早已开展过多次土地没收、分配和再分配的运动，广大群众已经十分疲惫，因此，这次《检查土地条例》没有在闽西得到深入贯彻实施。

1933 年 6 月 2 日，苏区中央局发布《中央局关于查田运动的决议》，认为个别区域里查田运动得到了很大的成绩与丰富的经验，但是整体来说，查田运动还仅仅处于开始的阶段上，应当在整个苏区开展彻底的查田运动。“必须在查田运动中，依据在农民群众斗争的开展上，来清洗一切混入党与苏维埃机关的地主、富农的暗探，提拔在斗争中涌现出来的新的力量、新的干部，以健全与加强党和苏维埃机关的工作”。福建省苏维埃政府做出上述决议之后，不得不加紧贯彻“左”倾的土地纲领，强行推行查田运动。苏区政府举办训练班，抽调各地积极分子去听取领导人专题演讲，经过培训后派遣到各地区督促开展查田运动。

随着查田运动的深入，“左”倾错误在闽西苏区愈演愈烈，“成分”几乎成为判断分田的唯一标准，地主和富农几无生活的来源，招致了他们的不满和反抗情绪，中农的利益也受到侵犯，不利于革命力量的团结，也影响到了农业生产。

---

① 曾绍东：《浅论中央苏区土地法律制度》，载《农业考古》2010 年第 3 期。

查田运动出现的危机和问题被毛泽东和其他一些领导同志发现后，也积极做出了一些修正和补救工作。10 月，苏区中央发布了《关于土地斗争中一些问题的决定》，纠正对农村各阶级划分的错误做法，不再将“富农划为地主，中农划为富农”。张鼎丞等闽西苏区领导人也在尽力弥补“左”倾错误带来的不良影响，但是王明、博古等人却全面推行“左”倾错误，否定了纠偏的文件与决定，并解除了张鼎丞的职务，改组了以其为主席的福建省苏维埃政府。[①]

查田运动是王明“左”倾错误在土地革命方面的表现，严重践踏了多年来经过实践检验的土地法制建设，破坏了闽西苏区的法制稳定性和公信力，虽然以毛泽东、张鼎丞为代表的苏区领导人都在为坚持正确路线而尽量纠正，但是查田运动还是对苏区造成了严重的损害，直至敌人大规模进攻苏区才告一段落。

第三节　苏维埃共和国时期的组织立法

中华苏维埃共和国成立后，地方的苏维埃政权不再是“各自为政”，而是实行由中央颁布统一实施的组织法。

一、《地方苏维埃政府的暂行组织条例》

1931 年 11 月通过的《地方苏维埃政府的暂行组织条例》是中华苏维埃共和国成立后，中央执行委员会全体会议通过的第一部适用全苏维埃境内的地方组织法。在这之前的苏维埃地方组织法实际上并不统一。闽西苏区此时已经成为中央苏区的组成部分，需要遵守《暂行组织条例》。由于具体的立法者和立法层级发生了转变，所以《暂行组织条例》不论在体例还是具体内容上，都和闽西苏区的组织

① 蒋伯英：《闽西革命根据地史》，福建人民出版社，2019 年，第 397 页。

法存在较大的差异。

体例上最大的不同是《暂行组织条例》将选举的内容大量去除。《暂行组织条例》的内容主要只涉及地方苏维埃政府机构的组织方法和办事规则。这更符合现在法律体系中组织法和选举法分离的特点。内容上，《暂行组织条例》对闽西苏维埃组织法的精神有所借鉴。

《暂行组织条例》可以分为三个部分。第一部分是总则，规定的是该组织法适用范围、解释权归属等问题，一共只有四条。第二部分是乡、市、区、县、省苏维埃政府组织的具体规定。乡、市[①]按照《暂行组织条例》的立法设计，体现的是直接民主。区、县、省涉及间接民主，在《暂行组织条例》中只规定各个委员会，不规定苏维埃代表会。所以乡、市各列一章，区、县、省统一列一章。从这种体例的安排也可以看出，《暂行组织条例》的立法者对于该组织法的定位很清晰，就是要确定地方政府"办事机构"的组织和办事规则。而对于权力机关苏维埃代表会，这部法明确排除在外。第三部分规定的是其他问题，即工作的方式、具体工作的内容、财政和署名等。

这部组织条例值得注意的一点是对于政府预算的严格把控以及精简编制的思想。该法明确规定"不准超出预算案所规定的数额"。而人员编制方面则要求地方各级苏维埃能省则省，非必要即不设立编制，如有特殊情况需要设立，需要向上级苏维埃请示。这一点和闽西苏维埃政府精简编制的思想是一致的。在革命时期，政府财政紧张，必须厉行节约，精简编制，提高政府效率。这在今天还是有借鉴意义的。

二、《中华苏维埃共和国地方苏维埃暂行组织法(草案)》

《中华苏维埃共和国地方苏维埃暂行组织法（草案）》是1933年

① 这里的"市"是专指城市区域，与后来的"市"意义不同。

12月推出的。这部组织法未见推行的记录，但是很多内容其实为陕甘宁边区政府组织所继承，是对1931年11月通过的《暂行组织条例》的继承和发展，但也存在很大的变化。

这部组织法在体例上发生了较大的变化。除了总则外，其将市乡苏维埃的内容合并，保留了区、县、省苏维埃及执委会的内容，新增了办事部门的规定、革命委员会和地方苏维埃的权力的部分，去除了工作的方式、具体工作的内容、财政和署名等。主要内容分为三部分，第一部分是总则。总则主要是规定地方苏维埃需要遵守本组织法。第二部分是对地方各级苏维埃政府部门的规定，内容颇为详细，不仅规定了人员编制，还规定了具体的职权。第三部分是有关革命委员会，即临时地方政权机关。这一部分的内容不见于之前的组织法中。

因为“左”倾错误的影响，第五次反“围剿”失败，红军被迫长征。后来随着陕甘宁边区的建立，这部《暂行组织法（草案）》中的内容被大量运用到了边区政府的组织法案中。《暂行组织法（草案）》规定的内容十分详细，政府部门十分齐全，已经是相当成熟的地方组织法了。但也因为过于烦琐，后来的陕甘宁边区产生了机构臃肿的问题。中共中央不得不提出了“精兵简政”的政策。对臃肿的机构进行裁剪。[①] 应该说，《暂行组织法（草案）》没有很好地继承《暂行组织条例》以及闽西组织法中厉行节约和精简编制的思想，而且同样是受到“左”倾错误的影响，许多内容是不切合实际的。比如“失业劳动科”“社会保险局”是在资本主义较为发达的城市中才需要设立的机构，在农村地区为主的苏维埃政权下，这些部门的作用较小，只会造成机构的臃肿。

---

① 成剑：《抗战时期陕甘宁边区行政管理体制创新研究》，西北大学2014年博士论文。

第四节　苏维埃共和国时期的民商事与经济立法

中华苏维埃共和国时期的民商事和经济立法是在充分总结闽西、鄂豫皖、湘赣等苏区立法和实践的基础上进行的，立法形式更加完备，内容更加合理、科学。

一、调整民商事关系的法律法规

（一）婚姻制度

1931 年 11 月 7 日，中华苏维埃第一次全国代表大会通过了《中华苏维埃共和国宪法大纲》，其以工农民主国家根本法的形式确立“婚姻自由”原则。第十一条规定：“中国苏维埃政权以保证彻底地实行妇女解放为目的。承认婚姻自由，实行各种保护妇女的办法，使妇女能够从事实上逐渐得到脱离家务束缚的物质基础，而参加全社会经济的政治的文化的生活。”

“若然没有苏维埃，我俩哪能配成双。”红色政权通过法律形式确立婚姻登记制度，取代了传统的订婚制度。一方面，减少口头结婚离婚带来的婚姻混乱现象，使婚姻步入法治化轨道；另一方面，广大妇女从封建婚姻家庭的痛苦中解放出来，妇女解放与苏区建设融为一体。1931 年 11 月 7 日通过的《中华苏维埃共和国宪法大纲》更是史无前例地以宪法的形式固定妇女应有的婚姻自由的权利，得到妇女特别是农村妇女的大力支持，并使她们积极投身革命事业。但是，应当注意到，中央苏维埃政府建立初期，由于工作重点在于调动广大农民尤其是农村妇女来巩固支持新政权，加上婚姻法调整的效果最为显著，因而这一时期的民事制度仍然是以婚姻法为主，客观上既没有精力、也没有能力去规范和调整其余的民事法律关系。

1.《中央执行委员会第一次会议关于婚姻条例的决议》

1931 年 11 月 28 日，中央执行委员会发布关于婚姻条例的决议。内容主要为：一是强调目前男女婚姻已取得自由的基础，应当废除一切封建的包办、强迫和买卖的婚姻制度。二是强调女子刚从封建压迫之下解放出来，“她们的身体，许多受了很大的损害（如缠足），尚未恢复，她们的经济尚未能完全独立，所以现时离婚问题，应偏于保护女子，而把因离婚而起的义务和责任，多交给男子负担”。由此可见，该决议在肯定《婚姻法》施行的积极效果的同时，再次要求侧重保护离婚妇女的财产权利，以解放更多的农村妇女。

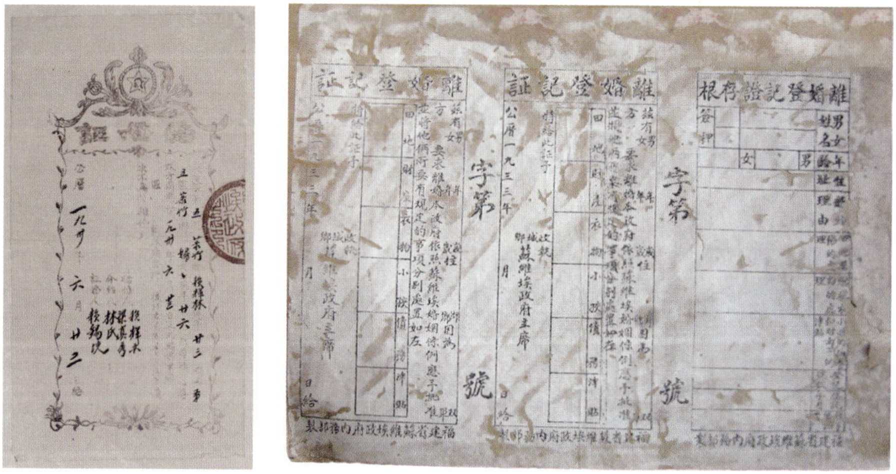

图 3-4　当时的结婚证与离婚登记证

2.《中华苏维埃共和国婚姻条例》

1931 年 12 月 1 日，《中华苏维埃共和国婚姻条例》开始实施。从条文内容来看，其继承和发展了《闽西第一次工农兵代表大会宣言及决议案之婚姻法》，而且内容更加明确，主要凸显出对妇女儿童在婚姻家庭关系中的侧重保护。其一，实行婚姻自由原则，确立一夫一妻制。该条例规定：“确定男女婚姻，以自由为原则，废除一切封建的包办强迫和买卖的婚姻制度，禁止童养媳”。“实行一夫一妻，禁止一夫多妻”。“男女结婚，须双方同意，不许任何一方或第三者加以强迫”。其二，明确婚姻成立要件。在结婚年龄上，“男子须满20岁，女子须满18岁”。在禁止结婚情形中，患有精神病及疯瘫的属于绝对禁止结婚情形，而患有花柳病、麻风、肺病等危险性病人，如经医生验明许可的可以结婚。此外明确废止聘金、聘礼及嫁妆。其三，明确离婚条件。第九条规定：“确定离婚自由，凡男女双方同意离婚的，即行离婚，男女一方坚决要求离婚的，即行离婚。”其四，明确小孩抚养问题。“离婚前所生子女归男子负责抚养，如男女均愿抚养，则归女子抚养”。“哺乳期内小儿归女子抚养”。“所有归女子抚养的小孩，由男子担负小孩必需的生活费的三分之二，直至16岁为止”。“愿养小孩的新夫，必须向乡苏维埃或城市苏维埃登记，一经登记后，须负抚养成人之责，不得中途停止或虐待”。此外，明确未经结婚登记所生的小孩，经证明后，由男子担负小孩生活费的三分之二，并通用上述其他规则。可见，离婚之时更加侧重从抚养费负担、抚养决定权、抚养期限等方面来保护妇女儿童的权益，这也就意味着当时妇女权利的解放与苏区建设融为一体，对巩固政权、调动妇女积极参与苏区经济建设起到重要的支撑作用。其五，明确离婚后男女财产的处理办法。婚前财产各自处理，但是“在结婚满一年，男女共同经管所增加的财产，男女平分，如有小孩，则按人口平分”。同居期间所负的共同债务归男子负责清偿。男方还要保障女方离婚后的居住权，即

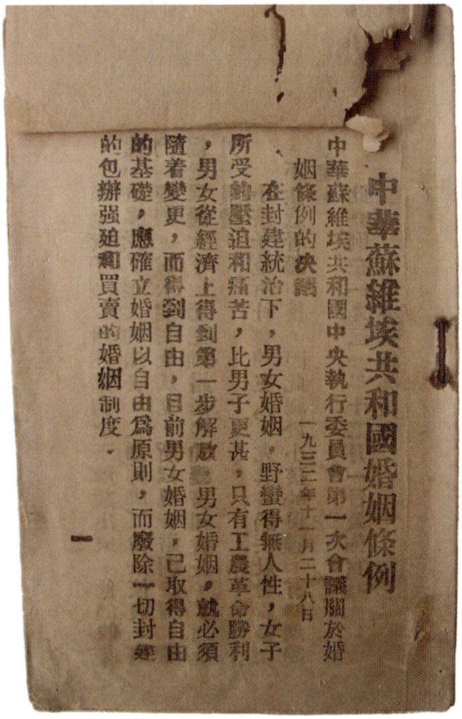
中華蘇維埃共和國婚姻條例

中華蘇維埃共和國中央執行委員會第一次會議關於婚姻條例的決議

一九三一年十一月二十八日

在封建統治下，男女婚姻，野蠻得無人性，女子所受的壓迫和痛苦，比男子更甚，只有工農革命勝利，男女從經濟上得到第一步解放，男女婚姻，就必須隨着變更，而得到自由，目前男女婚姻，已取得自由的基礎，應確立婚姻以自由爲原則，而廢除一切封建的包辦強迫和買賣的婚姻制度。

图 3-5　《中华苏维埃共和国婚姻条例》

“离婚后男女均不愿意离开其房屋时，男子须将他的一部分房子，赁给女子居住”。此外，女子如未再行结婚，男子须维持其生活，或代耕种田地，直至再行结婚为止。由此可见，中国共产党领导的革命根据地政权通过一系列婚姻立法，赋予了妇女与男子享有平等的婚姻自主权、人格权、财产权，把妇女人权保护推进到一个崭新的历史阶段，也为新中国的妇女人权保护事业积累了很多成功经验。

3.《中华苏维埃共和国婚姻法》

1934 年 4 月 8 日发布的《中华苏维埃共和国婚姻法》是中国法律制度史上第一次在国家法层面上真正赋予妇女结婚自主权。在该法“总则”中庄严宣告：“确定男女婚姻以自由为原则，废除一切包办强迫和买卖的婚姻制度。”在“结婚”一章中规定：“男女结婚须双方同意，不许任何一方或第三方加以强迫。”其余内容大部分延续了《中华苏维埃共和国婚姻条例》的规定，同时新增了以下规定，主要有：一是新增禁止“一妻多夫”；二是红军战士之妻要求离婚，须得其夫同意；三是承认事实婚姻，即“凡男女实行同居者不论登记与否均以结婚论”；四是增加男子帮助女子离婚后生活的条件，“离婚后女子如未再行结婚，并缺乏劳动力，或没有固定职业，因而不能维持生活者，男子须帮助女子耕种土地，或维持其生活。但如果男子自己缺乏劳动力，或没有固定职业，不能维持生活者，不在此例”；五是在抚养问题上优先考虑女方和小孩的意愿，“离婚前所生的小孩及怀孕的小孩均归女子抚养。如女子不愿抚养，则归男子抚养，但年长的小孩同时须尊重小孩的意见”；六是增加私生子权益保护的规定，“一切私生子女得享受本婚姻法上关于合法小孩的一切权利。禁止虐待抛弃私生子”。

由此可见，相比于《中华苏维埃共和国婚姻条例》，《中华苏维埃共和国婚姻法》在内容上更加系统、全面地保护妇女儿童的权利，是当时苏维埃政府坚持男女平等、解放妇女的集中体现。此外，立法形式上，体系更加缜密完整，如在《中华苏维埃共和国婚姻条例》仅规定了禁止一夫多妻，但是在《中华苏维埃共和国婚姻法》中同时规定了禁止一夫多妻和一妻多夫，填补了立法上的漏洞。

（二）商事制度

1.《中华苏维埃共和国临时中央政府关于工商业投资暂行条例的决议》

1932年1月12日，为巩固和发展苏维埃境内的经济，保障劳动人民的利益，临时中央政府根据第一次全苏大会所决定的经济政策的原则，公布该工商业投资暂行条例。其一，明确在遵守一切法令的条件下允许私人资本在境内自由投资经营工商业；其二，明确无论国家的企业，矿山、森林等和私人的产业，均可投资经营或承租承办；其三，如有违反苏维埃政府的法令或阴谋反动破坏苏维埃经济者，要受苏维埃政府法律的制裁。

2.《中华苏维埃共和国借贷暂行条例》

中华苏维埃共和国临时中央政府为保障工农劳苦群众的利益，除彻底肃清一切封建剥削，废除和禁止一切的高利借贷外，对于帮助各种生产事业的发展和便利于工农群众的资金周转之借贷，不加干涉，为此于1932年1月27日颁布了《中华苏维埃共和国临时中央政府关于借贷暂行条例的决议》。这在当时有利于推动辖区经济的往来和复苏。

就在同一天，为进一步规范借贷行为，中华苏维埃共和国出台了《中华苏维埃共和国借贷暂行条例》。主要内容有：一是明确宣布过去高利贷契约完全无效，且以后不得再有放高利贷事实发生。二是不干涉非高利贷性质的周转和为帮助某种生产事业而举行的各种借贷行为。三是明确借贷利率。“最高者短期每月不得超过一分二厘，长期周年不得超过一分，最短利息以期终付给，长期利息每周年付给一次，或分季付给，一切利息都不得利上加利”。三是明确借贷的形式要件。“凡订立借贷合同，须照以上之规定，经双方同意，在合同上注明借贷数目、利率、用途和归还日期，以资遵守”。

《借贷暂行条例》废除了一切高利贷形式的借贷，对于提振经济发展，鼓舞民众参与经济建设，具有强大的助推作用。

二、调整经济关系的法律法规

中央苏维埃政权建立以后，着重从解决劳苦大众的温饱，钱币安全、充足，征税以及反腐倡廉等方面着手，搭建起中央苏维埃政权最初的经济法律制度体系，这在巩固政权、加强民生保障、打破经济封锁等方面起到重要的促进作用。

（一）粮食调剂政策

1.《粮食调剂局与粮食合作社的关系》

1932 年 7 月 4 日，因未明确粮食调剂局与粮食合作社两者之间的区别和联系，中央国民经济部印发《粮食调剂局与粮食合作社的关系》，其中明确：一是两者的关联，粮食合作社是粮食调剂局的基础群众组织；只有在粮食合作社普遍发展，粮食调剂局与粮食合作社发生密切关系的条件之下，调剂局才能很好地起到调剂政府红军及群众粮食的作用，同时也只有在调剂局的领导与帮助之下，粮食合作社才能得到很好的发展与巩固。二是两者的区别，粮食调剂局系调剂苏区粮食，保证红军及政府给养，并帮助改善工农生活的国家机关，而粮食合作社则是广大工农群众抵制商人富农剥削、改善自己生活的群众经济组织。

2.《中央内务人民委员部命令第八号——禁止粮食出口与浪费》

1932 年 12 月，中央苏维埃政府发现各边区粮食出境甚多，认为这将影响到能否保证粮食充足供给红军及苏区群众，长期与敌人作战，争取彻底胜利的问题。为此在 12 月 27 日，发布该命令。命令要求各级边区政府立刻禁止米谷运出苏区，并根据各地实际需要，限制粮食浪费，如做粉干、造酒、喂鸡等。除禁止粮食出口与浪费外，鼓动群众多种粮食和蔬菜，以备次年不时之需。

民以食为天，中国共产党自成立以来十分重视民生保障问题。

粮食安全问题在当时不仅是民生问题，更是政权稳固以及夺取彻底胜利的基础保障因素，因而，当时中央以及各级政府以各种形式要求保障粮食安全。

3.《中央组织局关于收集粮食运动中的任务与动员工作》

1933 年 7 月 22 日，正值新谷大批上市时期，为解决粮食问题，保障红军的给养以争取革命战争的新的伟大胜利，同时不使谷价大跌特跌，避免农民吃亏，中央组织局发布该文件。

“各地从现在起，应该立刻开始推销三百万元苏维埃经济建设公债，因为这一公债可以用粮食来购买，所以公债的推销，同时尽可以尽到调剂粮食价格的作用”。“必须使农民出卖他们粮食之后，能够得到必需的日用品，如盐、油、布匹之类。要达到这一目的，我们苏维埃政府必须经过对外贸易局将粮食大批出口，并且容许私人以及粮食合作社自己将一定的粮食输出，以取得现金，来购买日用必需品”。“为了保证明年春天夏天粮食的供给，不像今年吃高价粮食的亏，粮食调剂局需要储存二十五万石谷子，粮食合作社储存三十万石谷子以备明年之用”。

以上种种规定可以看出以人民为中心的执政理念深入人心，这也是中国共产党能够取得最终胜利的主要原因之一。

（二）金融制度

1.《福建省苏维埃政府通令第二十号——设立国家银行兑换处兑换国家银行各种钞票》

1932 年 6 月 24 日，福建省苏维埃政府发布该通令，挂牌成立国家银行钞票代兑处，并规定了兑换主要事项：“1. 一元钞票一张兑付光洋一元，如光洋与什洋价格不同的地方，什洋应照补水。2. 一角辅币券每十张兑付光洋一元，不满一元者不兑。3. 没有号码和签字的钞票不兑。4. 只剩半张的钞票不兑（至少要有全张三分之二存在才兑）。5. 两边号码不同的钞票不兑。”

2.《中华苏维埃共和国临时中央政府布告第九号——关于发行

“革命战争”短期公债并附条例》

为了充裕革命战争的经费，以保障革命战争的继续胜利与发展，1932 年 6 月 25 日，中华苏维埃共和国临时中央政府发布该布告，募集短期的“革命战争”公债 60 万元。布告中还提到，政府发行公债，完全是为争取革命胜利，不但有利息而且能按期偿还，能买卖、抵押、缴纳租税，与其他财产有同等之价值与信用，凡工农劳苦群众及苏维埃境内之居民，每个人都有购买公债之义务。该条例规定公债定额为国币 60 万元；公债利率定为周年一分；公债半年还本还息，以 1933 年 1 月 1 日起为还本息时期，届时本利同时兑还；公债准许买卖抵押及代其他种现款的担保品之用等。

图 3-6　1933 年汀州市职工联奖给卓贤的“全城工人公债票竞赛优胜第二”奖章

3.《中华苏维埃共和国临时中央政府财政人民委员部训令第十九号——建立现金出口登记制度》

为保障苏区经济发展，防止不法分子假冒办货名义偷运大洋出外，维持市场交易起见，1933 年 4 月，中央政府财政人民委员部发布此训令，并同时颁布《现金出口登记条例》。规定“凡携带大洋或毫子往白区办货在二十元以上者须向市区政府登记，一千元以上者，须向县政府登记取得现金出口证才准出口，无出口证及非为办货用的，一律不准出口，向银行或兑换所兑换现大洋的，也要有现金出口证为凭，无出口证的，显系在苏区内使用，则一律兑换国币及毫子”。“非为办货目的或货买完回去输运现金出口者，一律禁止，不得发给出口证”，但“确系运往白区办货者，亦不得借故留难，如有故意留难或贪污舞弊者，一经查出即行究办”。

另外，“商人输运现金往白区办货，须限期如数办货回来，（除应有路费之外）……如到期无货回来，或所办货价比运出现金较少者，即严告（厉）处分该商人，但有特殊原因，如货物被白军抢劫或因运输不便致延时日等经商人提出确实证据前来申明者，得予免究”。

可见，该制度既严格管控了金融，又充分考虑了实际情况，不致引起商人恐慌。

在发布金融法规的同时，还辅之以宣传通讯的手段。

1934 年 3 月 1 日，上杭县苏维埃政府发布了宣传稿《上杭反革命的活动——地主奸商破坏国家纸币》，列举了地主奸商破坏国家纸币信用的三种情形：（1）旧县卖豆子的商家，分有两种的价钱，银币一斗多，纸币四升多，故意轻视国家银行的纸票；（2）有些奸商造谣说，汀州一块光边（指光洋）能买三元的纸票；（3）卖盐的地方，光边 20 余元，纸洋要 50 余元买一样多的。

1934 年 3 月 1 日，明光县苏裁判部发布通讯稿《明光县反革命假造国家银行纸币》，认为在国内战争环境中，发展苏区经济，巩固苏区金融，是争取战争胜利的重要保障；并且提醒，在苏区经济建设的发展中，一切反革命分子必然要来趁机捣乱苏区金融（如假造纸币、提高现洋等），用各种各样的方法来破坏，做国民党进攻苏区的内应。此外，通讯稿还公布了当时在明光县（连城）就发现有反革命分子林明映、林积记假造国家银行所发行的纸币（假造的与国家银行的国币不相同，纸色不同、号码不同、纸背不明）的反革命行为。

（三）财政、税收、商贸制度

1.《中华苏维埃工农兵第一次全国代表大会关于经济政策的决议案》

为推进土地革命的发展，巩固工农革命联盟，1931 年 11 月，中华苏维埃第一次全国代表大会通过了关于经济政策的决议案，内容涉及工业、商业、财政与税则及市政等方面。其一，坚持商业自由原则，尊重市场规律，比如该决议案规定“苏维埃应保证商业自由，不应干涉经常的商品市场关系”，“应解散商会，禁止大小商人以商会名义垄断价格”。其二，免除贫困群众等特殊群体的税收责任，“消灭国民党军阀政府一切的捐税制度和其一切横征暴敛，苏维埃另定统一的累进所得税则，使之转由资产阶级负担。苏维埃政府应该豁免红军战士、工人、乡村与城市贫苦群众家庭的纳税”。其三，实行统一币制帮助劳苦群众提高生活水准，“为着实行统一币制并帮助全体劳苦群众起见，苏维埃应开办工农银行，并在苏维埃区域内设立分行，这个银行有发行货币之特权。工农银行对于各农民，家庭工业者，手工业者，合作社，小商人等实行借贷，以发展苏维埃经济”。

从以上内容来看，其中体现了以人民为中心的发展理念，从现实状况出发，从大多数的贫苦群众的利益角度出发，比较客观地反映并满足了群众的生活需求。

2.《永定县第七次工农兵代表大会决议案》

1932 年 4 月 15 日，永定县召开第七次工农兵代表大会，并通过该决议案。决议案第四项涉及经济与财政问题：一是关于经济问题，该决议案分析了永定县当时的经济状况，并提出以下办法：（1）政府必须以很大的努力注意农业经济的改良与发展。（2）要加紧发展社会经济，必须将永定出产最大宗的纸业、烟业、木炭、石灰等各种生产合作社普遍组织起来。（3）苏维埃政府须注意建立与白色区域通商的关系，使苏区重要生产品能大量输出去，需要品运进来，才能减轻劳苦群众生活上的负担。二是关于财政问题，该决议案规定：苏维埃财政必须统一，正式收入除依照中央政府所颁布的暂行税则，征收农业税、工业税、商业税三种以外，其他永定城市及各市场的豪绅地主反动派的住房和出租的店铺应一概没收，归苏维埃所有，其住屋除留作政府及各革命团体应用外，应分配给工人贫民。

3.《福建省苏维埃政府布告——关于征收农业税问题》

农业税是国家主要税收之一。1932 年 8 月 7 日，福建省苏维埃政府发布该布告，规定“凡是苏维埃政权底下的人民，都有对国家纳税的义务”，希望各地人民群众加紧履行纳税义务，以迅速地消灭国民党军阀武装。此外，该布告规定，“它是站在阶级的原则上而决定的一种累进税，所以把纳税重担放在剥削阶级的身上，尽可能减轻贫农中农等负担，并免除红军家属（只限于本身父母妻子及不能劳动的幼弟幼妹）及分得田地的被雇佣工人、苦力、雇农本身和儿子农业税的负担”。由此表明，该税收制度与国民党军阀政府的税收制度有本质上的区别。

4.《中华苏维埃共和国临时中央政府财政人民委员部训令第十五号——建立关税制度》

1933 年 3 月 17 日，为进一步完善关税制度，中华苏维埃共和国临时中央政府财政人民委员部发布该训令。训令指出：“关税是调节进出口货物，促进经济发展的重要武器，又是国家财政的主要收入之一。当此敌人大举进攻苏区，经济封锁特别严重的时候，建立关税制度，以调剂苏区生产品与消费品之需要与供给，增加政府财政上的收入，是争取战争全部胜利的重要条件。”此外，还明确了关税与国民党厘金的不同之处在于“厘金是抽内（地）税，节节置卡，层层抽剥，关税是征收赤白区流通之税，只收一次，不收二次”。

5.《关税征收细则》

在关税制度逐步探索建立的基础上，1933 年 5 月 11 日，中央苏维埃政府发布《关税征收细则》，该细则规定了关税征收的流程、要求以及赏罚等规定。细则规定细致、明确，而且能够充分考虑实际情况。如第十二条规定“货物如因水湿致价格减低者，得按价酌量减税”，反映了这一时期立法坚持实事求是的原则，客观上反映并满足群众的基本利益诉求。此外，细则的规定还体现了当时中国共产党十分重视廉政建设，通过制度构建反腐倡廉的情况。如该细则第十四条规定的“各征收人员，除照税率征收外，不得额外勒索，借故留难，如查有此等舞弊及贪污情事者，撤职查办”，表现出中央苏维埃政府建立廉洁政府的目标。

6.《中央苏区南部十七县经济建设大会的决议》

1933年8月15日，中央苏区南部十七县经济建设大会在听取了毛泽东、林伯渠、吴亮平三位同志的报告后，一致认为中国革命形势已进入更尖锐的阶段，应该用全部的条件来粉碎帝国主义国民党的第五次“围剿”。为此，需要迅速地推销经济建设公债，广泛地发展合作社运动，努力地进行粮食的调剂与收集工作，扩大对外贸易，打破敌人经济封锁，加紧筹款运动，向地主罚款、让富农捐款，以此消灭封建半封建势力的残余，增加国家财政上的收入。

除了这些经济政策外，决议第八条还提出了要开展批评与自我批评的要求。“在进行经济建设的过程中，必须最高度的发展自我批评，坚决的反对官僚主义命令主义的工作方式，严厉的打击那些不良倾向，如以为现在我们的工作中心已由革命战争移转到经济建设工作上来……这些观点都是机会主义的，都是妨害经济建设工作与革命战争开展的，我们应当集中火力向这些不良的倾向斗争”。由此可见，当时的立法的一大特点是将党的政策和法制交融在一起，即将党的政策融入具体的法令之中，使党的政策得到快速有效的执行。

第五节　苏维埃共和国时期的刑事立法

1931年11月中华苏维埃共和国临时中央政府成立，统辖和领导全国苏维埃区域的斗争，并发布了一系列刑事法律规范。

一、反革命犯罪的法律法规

中国共产党首次在国家层面处理破坏政权的犯罪，始于20世纪30年代。该时期颁布了一系列实体法与程序法来保障制度的实施，主要有《中华苏维埃共和国惩治反革命条例》《处理反革命案件和建立司法机关的暂行程序》《中华苏维埃共和国司法程序》等。

（一）《中华苏维埃共和国惩治反革命条例》

将该部惩治反革命条例与1929年、1930年的惩治反革命条例进行对比，其明显存在以下进步之处：

第一，确定反革命概念，即图谋推翻或破坏苏维埃政权及工农民主革命所得到的权利，图谋保持和恢复豪绅土地资产阶级政权者。

第二，列举了28条具体罪行，主要包括对苏维埃的领土侵犯、经济侵犯、政治侵犯、思想侵犯。如第三条，组织反革命武装军队及团匪侵犯苏维埃领土，或煽动居民在苏维埃领土内举行反革命暴动；第四条，勾结帝国主义国民党军阀，以武力来进攻苏维埃领土，或抵抗苏维埃红军的行动；第六条，组织或煽动居民拒绝纳税，或不履行其他义务；第七条，以反革命为目的，故意反对或破坏苏维埃的各种法令及其所经营的各种事业；第九条，以反革命为目的，暗杀或谋害苏维埃政府、红军、革命团体的工作人员，及其他革命分子；第十二条，以反革命为目的用反动的文字图画演讲及谈话，对居民或红色战士进行宣传鼓动或散布谣言，使社会发生恐慌，破坏苏维埃及红军信仰等。

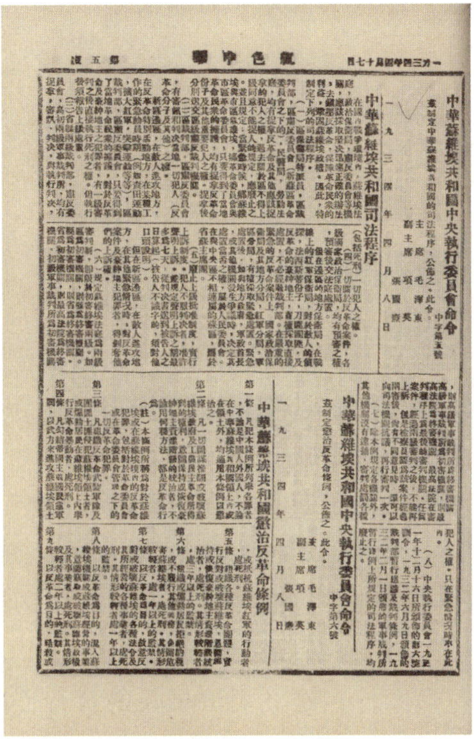
紅色中華

中華蘇維埃共和國中央執行委員會命令

中華蘇維埃共和國司法程序

中華蘇維埃共和國懲治反革命條例

图 3-7　《红色中华》上刊登的《中华苏维埃共和国司法程序》和《中华苏维埃共和国惩治反革命条例》

第三，规定了刑罚原则。具体如下：

第一条，普遍管辖原则“凡犯本条例所列举各罪者，不论是中国人外国人，不论在中华苏维埃共和国领土内或领土外，均适用本条例以惩治之”。

第三十一条，累犯原则，“凡犯本条例第三条至第三十条所列举各罪之一或一项以上，经法庭判处监禁，又再犯本条例所举各罪之一项或一项以上者，加重其处罚”。

第三十二条，未遂减轻处罚原则，“虽有本条例规定的犯罪行为之企图而未达到目的者（未遂罪），或为该项犯罪行为所附和者，得减轻其处罚”。

第三十三条，被胁迫者减轻原则，“凡被他人胁迫，非本人愿意，又确无法避免其胁迫，因而犯罪者，或未觉察该项犯罪行为的最终目的者，或与实施该项犯罪行为无直接关系者，均得按照各该条文的规定减轻或免除其处罚”。

第三十四条，身份犯减轻原则，“工农分子犯罪，而不是领导的或重要的犯罪行为者，得依照本条例各该条文的规定，比较地主资产阶级分子有同等犯罪行为者，酌量减轻其处罚”。关于工农分子犯罪减轻原则，最早见于1931年12月13日中央执行委员会《处理反革命案件和建立司法机关的暂行程序》，而后成为苏区审判时的重要刑法原则。

第三十五条，对苏维埃有功者减轻原则，“凡对苏维埃有功绩的人，其犯罪行为，得按照本条例各该条文的规定减轻处罚”。

第三十六条，自首减轻原则，“凡犯本条例所列各罪之一，未被发觉，而自己向苏维埃报告者（自首分子），或既被发觉而悔过，忠实报告其犯罪内容，帮助肃反机关破获其他同谋犯罪者（自新分子），得按照各该条文的规定减轻处罚”。

第三十七条，未成年人减轻原则，“年龄在十六岁以下的未成年人，犯本条例所举各罪者得按照该条文的规定减轻处罚。如为十四岁以下的幼年人，得交教育机关实行感化教育”。

第三十八条，类推适用原则，“凡本条例所未包括的反革命犯罪行为，得按照本条例相类的条文处罚之”。

第四，确定了刑罚种类，主刑有死刑与监禁，附加刑有没收财产与剥夺公民权。如在列举的28条反革命罪中，有27条规定情节严重的得处以死刑，而依据当时法令，死刑一律用枪决，禁止使用杀头、破肚等酷刑。规定对反革命罪行情节较轻者，处以监禁刑，其刑期从6个月至10年不等，此外根据《裁判部暂行组织及裁判条例》规定，各级裁判所均设置看守所以监禁未审判的犯人或判决短期监禁的犯人。第三十九条规定，对犯反革命罪行的，除按各该条文上的规定科刑外，得没收其本人财产全部或一部，并得剥夺其公民权一部或全部。

对其条文进行分析可知，反革命犯罪危害的客体是苏维埃政府或民主革命所得到的权利，此处所指的苏维埃政府即国家利益，而工农民主革命所得到的权利即社会利益，这与当下的危害国家安全类犯罪的侵犯客体是相似的。综合《惩治反革命条例》全部条款，我们可以得出初步结论，本条例确定了罪行法定主义与刑事类推相结合的司法原则，[①]《惩治反革命条例》明确规定了反革命罪的构成要件，又以罪行法定辅之刑事类推确定反革命犯罪的惩治办法。

（二）其他规范性法文件

1.《中华苏维埃共和国中央执行委员会训令——处理反革命案件和建立司法机关的暂行程序》

1931年12月13日中央执行委员会非常会议通过。其中规定，在新发展的区域，若豪绅、地主、富农、资本家罪恶昭著，经当地工农群众要求处决者，当地政府得迅速执行处决，无须得省政府许可；在暴动初期，革命政权机关尚未建立的时候，当地革命群众有直接逮捕和处决豪绅地主及一切反革命分子的权利。

---

① 张晋藩总主编、张希坡主编：《中国法制通史》第十卷，法律出版社，1999年，第228页。

2.《中央执行委员会训令第二十一号——关于镇压内部反革命问题》

1933年3月15日颁布，要求各级政府及肃反机关立即纠正散漫的错误，立即动手处理反革命，对于反革命分子潜藏和活动的事实，给予严厉的镇压。边区各县的裁判部，对于已捕犯人，应迅速清理，凡属罪恶昭著、证据确实的分子，应立即判处死刑，不必遵从裁判部暂行组织和裁判条例第二十六条须批准才能执行死刑的规定，可以先执行死刑后报告上级备案；对于敌人进攻区域及边区内的地主富农分子，有反动事实的，立即逮捕严厉惩办。

3.《中华苏维埃共和国司法程序》

1934年4月8日公布施行。规定区裁判所、区肃反机构只要得到当地革命民众的拥护，对于反革命及豪绅地主之犯罪者，有一级审判之后，直接执行死刑之权；但在边区的地方保卫局、战线的红军保卫局，面对反革命分子，有权直接处置。

革命根据地时期，对反革命类犯罪进行区分、审判是一件至关重要的事情，因其关系着苏区革命政权的稳固与否。由于革命情势的复杂及社会环境的多变，审判工作难免出现一些偏差。正如《关于若干历史问题的决议》（中国共产党六届七中全会1945年4月20日通过）分析第二次国内革命战争时期“左”倾路线问题时指出：“很多地区，更由于错误的肃反政策和干部政策中的宗派主义纠缠在一起，使大批优秀的同志受到了错误的处理而被诬害，造成了党内极可痛心的损失”。但总体来说，苏区反革命罪的立法与司法实践是我国法治建设进程中的第一次尝试，其制定的许多司法原则，如处罚加重与减轻结合、裁判委员会制、陪审员制、重视群众意见等，仍对当今的刑事法律产生深远影响。

二、贪贿渎职犯罪的相关规定

1932年3月2日，项英在《红色中华》上发表《反对浪费严惩贪污》一文，指出：贪污是苏维埃政权下，绝不准许有的事，如若发生，即是苏维埃政府的羞耻。我们号召工农群众起来，帮助政府，来反对各级政府浪费政府的钱，驱逐各级政府中的贪污分子出苏维埃，对于一切浪费经济，特别是贪污分子，都要给以严重惩办……这个时候，谁要浪费一文钱，都是罪恶，若是随意浪费，那实际是破坏革命战争。至于吞没公款、营私舞弊等贪污行为，简直是反革命的行为。

紅色中華

紅色中華

人民委員會命令

蘇維埃建設

反對浪費嚴懲貪污

图 3-8　《红色中华》上刊登《关于惩治贪污浪费行为》的训令以及项英《反对浪费严惩贪污》一文

（一）《中华苏维埃共和国临时中央政府执行委员会训令第二十六号——关于惩治贪污浪费行为》

由于中央苏区没有惩治贪污浪费行为的专门法律，造成苏维埃临时最高法庭在审理此类案件时，审判依据不明确，量刑标准不一致。经过反复酝酿和讨论，1933 年 12 月 15 日，中华苏维埃中央执行委员会制定了《关于惩治贪污浪费行为》的训令，这个训令是中国共产党第一个完整的以反贪污浪费为主要内容的法律文献，是廉政建设和反腐败斗争的里程碑。其规定：凡苏维埃机关、国营企业及公共团体的工作人员，利用自己的职权贪污公款500元以上者，处以死刑；贪污公款在300元以上500元以下者，处以两年以上五年以下的监禁；100元以上300元以下者，处以半年以上两年以下监禁；100元以下者，处以半年以下强迫劳动；凡犯上述各项之一者，除上述处罚外，得没收其本人家产之全部或一部分，并追回其贪污之公款。苏维埃国家机关、国营企业及公共团体的工作人员，因玩忽职守而浪费公款，使国家受到损失者，依其浪费程度，处以警告、撤销职务及至一个月以上三年以下监禁。

（二）“对贪污分子及重大的浪费分子都应举行群众公审”

1934年1月4日，中央工农检察部指示“对贪污分子及重大的浪费分子都应举行群众公审”，经大会批斗后，送法庭裁决。《红色中华》就曾载，对中央总务厅干部左祥云、徐毅等贪污犯，经开群众大会公审一次，复由最高法院在全苏大会场举行公开审判，到庭旁听者达数百人。判决左祥云枪决，徐毅六年监禁并剥夺公民权六年。而允许农民在审判时旁听，并在一定程度上采纳其意见，这是中央苏区在反腐败斗争中得出的经验，后续被推广到其他苏区并被采用。

（三）反对官僚主义

1932年，《红色中华》刊登了福建省工农检察部工作总结，其中指出，福建省龙岩、长汀两县工农检察部扩大和优待红军工作做得不够，批评控告工作力度不够。据此，9月4日，福建省工农检察部联席会议决定“严格的检查政府工作人员不积极领导群众及地方武装与敌人作坚决斗争及敌人未来而先恐慌逃跑的事情”，“与政府机关的形式主义、官僚主义作坚决的斗争”。[①]

---

① 古田会议纪念馆：《闽西革命史文献资料》（第七辑），2006年，第327页。

1933 年 8 月，毛泽东在中央苏区的一次经济建设工作会议上对官僚主义做了归纳：“一种是不理不睬或敷衍塞责的怠工现象”，“另一种是命令主义”。毛泽东还指出，“当着国民党贪官污吏布满全国，人民敢怒而不敢言的时候，苏维埃制度之下则绝对不容许此种现象”。

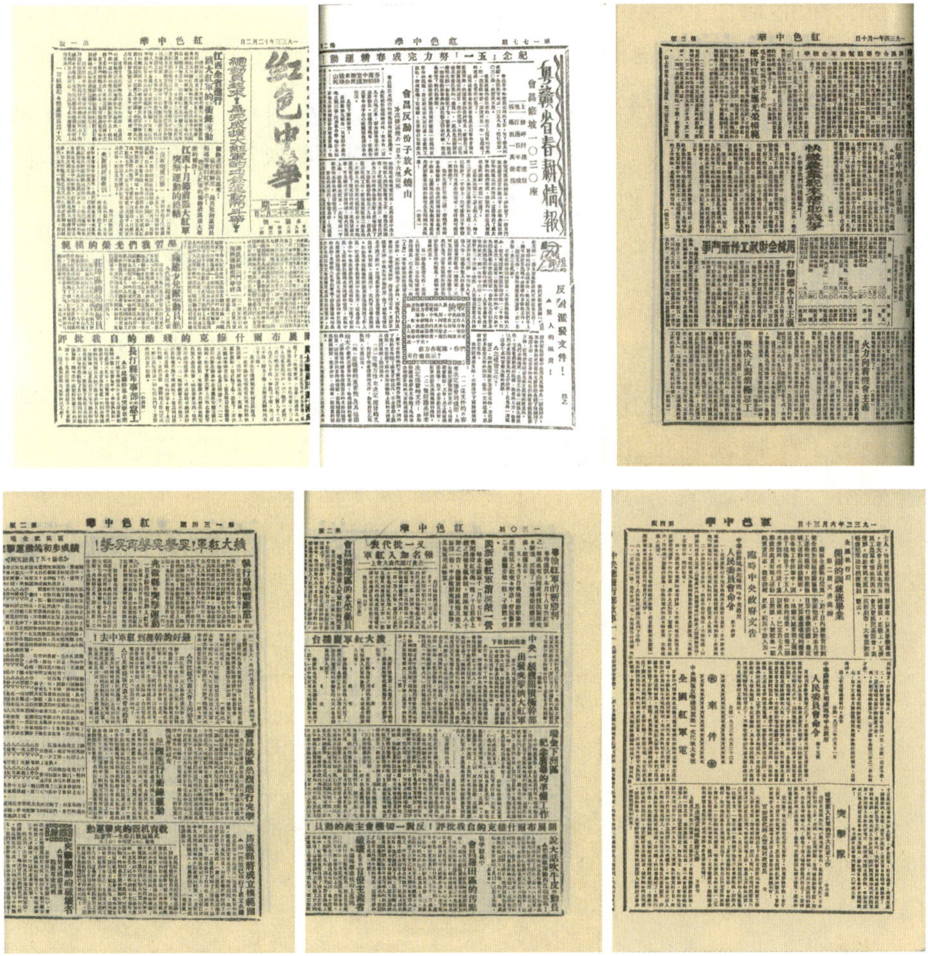

图 3-9　《红色中华》根据毛泽东的论述，批判官僚主义的八种表现（部分）

1934 年，第二次全国苏维埃代表大会指出，“各级工农检查委员会，必须经过各种团体，领导广大工农群众，来进行反官僚主义的以及反贪污浪费的斗争”。打击官僚主义这一毒瘤，成为当时中央苏区反腐败斗争的重中之重。

苏区党和政府内产生官僚主义，既有外部因素，又有自身的原因。对此，第二次全国苏维埃代表大会的《苏维埃建设决议案》做了较为系统的剖析，认为苏区党政机关产生官僚主义的外部原因在于剥削阶级思想的影响，“中国经济的落后，农民的小生产经济在苏区占着统治地位，群众文化程度的不足，以及某些阶级异己分子之钻入苏维埃”。而选举制度的不完善，代表会议制度的不健全，加之苏维埃工作人员素质较差，政府工作及工作人员缺少有效的经常的民主监督，冗员过多，党政不分，忽视发挥群众组织的作用等，则是滋长官僚主义的内部原因。

为了有效打击贪污犯罪及官僚主义，苏区各级工农检察部进行了广泛的宣传发动。工农检察部下设立控告局，通过组织突击队、轻骑队、群众法庭，设立专门控告箱，成立各种专门检察委员会，如土地分配检察委员会、租税问题检察委员会等，开展工作。1934 年春，为了整顿裁判部工作，中央司法人民委员部一口气撤换了“动摇妥协”的粤赣省苏裁判部部长李世森及消极怠工的兆征、汀东、上杭等 10 个县的裁判部部长。① 3 月，福建军区军事法庭审判了二分区（驻明光县）政委张斯惠的“不执行军区指示”的推诿塞责罪行。

苏区时期被查处的闽西部分贪官污吏②

姓名	职务	主要犯罪事实	惩办措施	惩办时间
林延年	闽西苏维埃政府常务委员兼粮食部部长	贪污 250 元	死刑	1930 年 6 月
陈日兴	闽西总工会代理委员长	乱用工会公款大洋 27 元吃喝的腐化行为	给予严重警告处分	1932 年 5 月

① 《红色中华》（第一七四期），1934 年 4 月 12 日，第二版。

② 邢亮主编：《闽西苏区法制建设初探》，中共中央党校出版社，2017 年，第 71—72 页。

续表

姓名	职务	主要犯罪事实	惩办措施	惩办时间
汤醒伯	福建省工联社会经济部部长	贪污近百元，私扣社会组织保险费，包庇王事庭贪污案件，留下几千元烂账难以收回	全总执行局委员会决定开除他的会籍，最高法庭解往汀州公审	1934年7月
杨岳彬	二中革军委“总动员武装部部长”	官僚主义作风	撤职	1933年
张建明	兆征县裁判部部长	消极怠工	撤职查办	1934年2月
张斯惠	福建军区二分区（驻明光县）政委	“不执行军区指示”的推诿塞责罪行	军事法庭审判	1932年
蓝兴南	长汀县苏维埃政府主席	放弃工作，乱放犯人，对富农妥协，对豪绅地主斗争不坚决	撤职查办	1932年8月
吴德标	新泉县政治保卫分局局长	消极怠工，思想动摇	撤职查办	1932年9月
刘春荣	长汀县政治保卫分局局长	消极怠工，思想动摇	撤职查办	1932年9月
黄裕湖	福建军区特务营副政委	共同贪污大洋14.5元	6个月苦工	1932年3月
黄生辉	福建军区特务营第二大队队长	共同贪污大洋14.5元	3个月苦工	1932年3月
金华堂	福建省苏维埃政府文书	贪污大洋4.2元，手表1只，风衣1件	撤职	1933年12月
曹秉文	福建军区革命互济会主任	贪污金戒指1个	撤职	1933年12月
张赞元	福建省苏维埃政府财政部代理部长	筹款和推销公债不力，官僚主义作风	撤职	1934年1月
项胜	宁化县贸易分局局长	赌博、贪污大洋30元	撤职送审	1934年2月

三、其他刑事法律规定

（一）有关刑罚的规定

1.《中华苏维埃共和国裁判部暂行组织及裁判条例》

中华苏维埃共和国成立后，进一步把刑罚种类规范化。在《中华苏维埃共和国裁判部暂行组织及裁判条例》中，规定刑罚方法为六种：警告、罚款、没收财产、强迫劳动、监禁及枪决。这里所规定的监禁，根据条文可知已有年、月之分，故其实质已为现代意义的徒刑，劳动感化院作为执行长期监禁的机关，已类似于监狱。另外还值得一提的是，该处的强迫劳动是指经过司法机关判处的强迫劳动，如《将判决罪犯编成苦工队去服务》就对上述《裁判条例》中的罚做苦工规定了具体的适用条件和程序。该时期还存在另一种强迫劳动，但其适用对象不是罪犯，而是政府、农会对地主、富农阶级专政所采取的行政措施，如将其编入劳役队等。

2.《中华苏维埃共和国国家政治保卫局组织纲要》

《中华苏维埃共和国国家政治保卫局组织纲要》规定：惩罚异己阶级的反革命分子，最严厉的是死刑，次要的应监禁、罚做苦工或驱逐出苏区境外。将该条规定与上述《裁判条例》中刑罚规定进行对照，即可发现两条法规针对驱逐出境是否为刑罚存在不同规定，现仅能根据留存的史料对其进行猜测，即刑罚虽已无驱逐出境，但驱逐出境仍可作为国家政治保卫局对异己阶级采取的政治措施，其对象多为地主、富农及其家属。如《关于地主富农编制劳役队与没收征发问题》指示：在所有战区进行反革命活动的地主富农应就地处决，地主家属一律驱逐出境或迁往别处。

3.《中华苏维埃共和国劳动感化院暂行章程》

劳动感化制度的确立系闽西苏区法治建设的一大成果，其影响仍见于当今的有期徒刑。毛泽东在《第二次全国苏维埃代表大会的报告》指出："苏维埃的监狱对于死刑以外的罪犯是采取感化主义，即用共产主义精神与劳动纪律去教育犯人，改造犯人犯罪的本质。"在根据地监狱，反对对犯人的一切非人道待遇，推行政治思想教育和劳动改造的制度。1932 年 8 月 10 日，司法人民委员部颁布《劳动感化院暂行章程》，从制度上把改造教育的方针落实了下来。

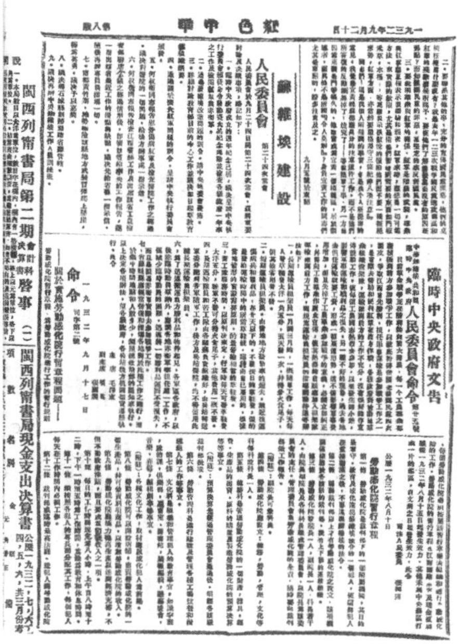
紅色中華
一九三二年九月二十日
臨時中央政府文告
人民委員會命令
蘇維埃建設
人民委員會
命令
勞動感化院暫行章程
閩西列甯書局第二期
閩西列甯書局現金支出決算書

图 3-10 《红色中华》发布《劳动感化院暂行章程》

4.《福建省苏维埃政府训令裁字第二号——关于处理犯人的问题》

1932 年 8 月 27 日，福建省苏维埃政府下发《关于处理犯人的问题》，声明不得使用肉刑，其中规定"我们苏维埃的法庭，是要废除一切肉刑，用口才上的技术工夫来审问犯人，并且要到各方面去搜查材料，证实犯人的犯罪行为，使犯人无法抵赖。然后按罪轻重，依法裁判，绝对不许行使肉刑"。1932 年 9 月 9 日《福建省苏维埃政府训令裁字第三号——关于犯人的材料及坚决废止肉刑的问题》再次声明"废止一切肉刑……以后各级政府及地方武装如再有用肉刑的事情，当以违反苏维埃法令治罪"。

5.《中华苏维埃共和国司法人民委员部命令十号——关于没收犯人的财产和物件的手续》

由于受苏联的影响，中国共产党领导下的苏维埃政权在创制自己的刑事法律中维持了没收财产刑的规定。1930 年《苏维埃土地法》就规定"暴动推翻豪绅地主阶级政权后，须立刻没收一切私人的或团体的——豪绅、地主、祠堂、庙宇、会社、富农——田地、山林、池塘、房屋，归苏维埃政府公有，分配给无地、少地的农民及其他需要的贫民使用”。1931 年《中华苏维埃共和国土地法令》规定“所有封建地主、豪绅、军阀、官僚及其他大私有主的土地，无论自己经营或出租，一概无任何代价的实行没收，被没收的土地，经过苏维埃由贫农与中农实行分配。被没收的旧土地所有者，不得有任何分配土地的权限”。1931 年 4 月《关于没收豪绅地主财产的工作经验》指出“此次我们决定彻底没收豪绅地主的土地和财产，的确是广大贫农、雇农的迫切要求”。此外，上文中出现过的几部法令，也多有规定没收财产刑。1934 年《中华苏维埃共和国惩治反革命条例》第三十九条也规定有：“凡犯本条例所列各罪之一者，除按照该条文上的规定科罪外，得没收其本人的财产全部或一部，并得剥夺其公民权一部或全部。”上述法令中出现的没收财产刑，是与该时期的土地政策相一致的。但是由于缺乏统一的执行标准，各地在适用上述法令时存在歪曲或执行不到位的情况，部分地区甚至出现滥刑等现象。因此中央苏区于 1933 年 4 月发布《中华苏维埃共和国司法人民委员部命令十号——关于没收犯人的财产和物件的手续》，以规范没收财产刑的适用程序。该命令规定了没收财产刑由法庭判决、没收前可采取财产保全措施、没收的财产应登记或记录等基本程序问题，纠正了实践与法条规定之间存在错位的问题。

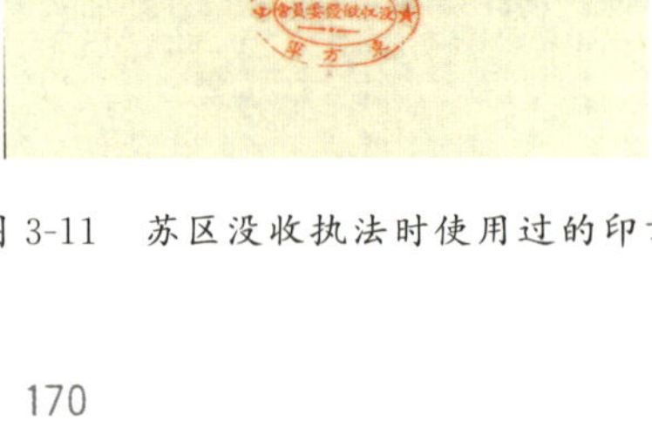

图 3-11　苏区没收执法时使用过的印章

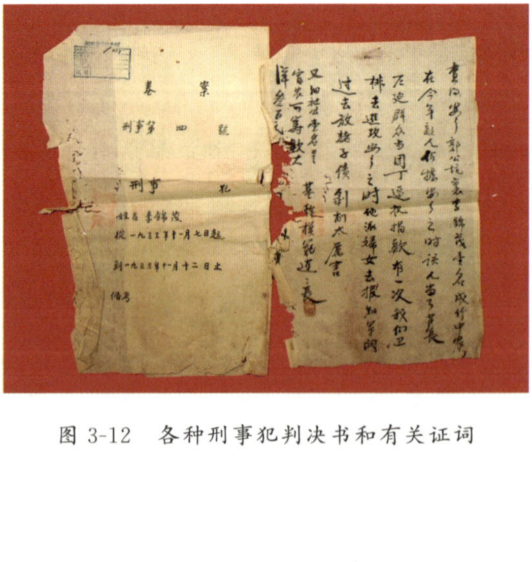

图 3-12　各种刑事犯判决书和有关证词

（二）有关违反军纪的规定

1.《福建省苏维埃政府通令第十七号——对待逃兵的几项规定》

1931年1月之后，受王明“左”倾冒险主义影响，闽西红军接连遭遇几次败仗，战士革命热情不高，甚至出现大量逃兵，为此闽西苏区发布了大量通缉令，如1931年10月12日发布的《缉拿逃兵周崇明》、1931年10月24日发布的《缉拿逃兵赖礼标》、1931年11月12日发布的《缉拿逃兵葛培才等》、1931年11月15日发布的《缉拿逃兵叶玉奎》、1931年11月28日发布的《缉拿逃兵事》等，“军区前后几个月当中，逃跑官兵在千五百人以上”①。

1932年6月2日，福建省苏维埃政府发布通令《对待逃兵的几项规定》，规定各级政府要严格检查逃跑官兵，确认本级政府是否有收容逃跑官兵在本地工作的行为，有的话应予以严格批评；对逃兵要宣传他归队，要营造一种看不起逃兵的氛围，使其自生惭悔心而自动归队；任何政府、机关、地方武装及各革命团体，不许聘用逃跑官兵，如故意违反，一经查明，予以处罚。

2.《关于红军中逃跑分子问题的命令》

其中规定：拖枪逃跑者一经捕获一律就地枪决；组织逃跑（如造假印假路条等）率领一班一排一连逃跑者，对这样的领导分子，一律逮捕公审枪决；屡次逃跑造谣破坏红军及归队运动者，一律逮捕送法庭处以有期徒刑直到枪决；因政治觉悟不够而个人逃回者，各级政府应加强对他们的宣传鼓动，组织优待他们家属的工作，使他们自愿归队，对他们决不能采取逮捕禁闭等办法；逃跑分子经宣传解释而顽固不归队者，政府得以群众赞助的条件下，要他赔偿国家（军衣军帽）及群众的损失（优待他们家属的劳动力），并剥夺其选举权；任何逃跑分子绝对不许收容在后方各机关部队各团体中工作和服务，如收容逃跑分子则该机关负责人应受降职撤职以至禁闭

① 《福建省苏维埃政府通令第十七号——对待逃兵的几项规定》。

的处分；凡不执行本命令者，以帮助逃跑破坏红军论罪。

四、苏维埃刑事立法的特点

第一，刑事立法主要集中在惩治反革命条例部分，这是苏维埃的任务和当时环境决定的，比较系统的有 1930 年 6 月《惩办反革命条例》及 1934 年 4 月《中华苏维埃共和国惩治反革命条例》。苏区的四周都是敌人，敌人对苏区不断地进行军事、政治、经济、文化的“围剿”、封锁和进攻，这就是当时苏维埃所处的环境。而苏维埃的任务是革命战争，以坚决的革命战争去推翻帝国主义和国民党的统治，因此必须巩固已经胜利的工农民主专政，并把这个专政发展到全国范围去。因此该时期对其他方面的刑事法律规定甚少，如该时期出现的专门刑事法典仅《赣东北特区苏维埃暂行刑律》一部。

第二，依法裁判与重视群众意见相结合。1931 年《处理反革命案件和建立司法机关的暂行程序》就指出“要坚决的迅速的建立革命秩序，使革命群众的生命权利和一切法律上应得的权利，得到完全的保障”，同时在该暂行程序第五条规定“在新发展区域即在革命政府的建立尚未满六个月的地方……豪绅地主富农资本家罪恶昭著，经当地工农群众要求处决者，当地政府得迅速执行处决之，无须得省政府许可”，第六条规定“在暴动初起时，革命政权机关尚未建立的时候，当地革命群众有直接逮捕和处决豪绅地主及一切反革命分子的权利。但革命政府一经建立，即照第五条规定办理”。按照该暂行程序从上而下的行文逻辑，则尊重群众意愿是该时期司法审判的必然要求。1933 年《中央司法人民委员部对裁判工作的指示》也指出，解决任何案件，要注意多数群众对于该案件的意见，在审判案件之先，必须广泛地贴出审判日期，使群众知道某日审判某某案件，吸引广大群众来参加旁听审判，既审之后，应多贴布告，多印判决书。1934 年《中华苏维埃共和国司法程序》规定，当紧急时候，乡苏维埃与市区苏维埃，乡革命委员会与市区革命委员会，只要得到了当地革命民众的拥护，均有捉拿反革命分子及其他重要犯人之权。捉拿后分别送交区级肃反裁判机关。上述一系列规定，虽未明确列明审判所依法令，但都规定了听取群众意见，这充分说明了群众意见在苏区审判中的分量。

第三，定罪量刑以阶级成分为前提。1933 年《中央司法人民委员部对裁判工作的指示》明确规定，坚决地执行明确的阶级路线，阶级成分、反革命的首要与附和要分得很清楚：豪绅、地主、富农、资产阶级之反革命犯，应处以重刑，贫苦工农应该从轻；反革命的首领应处以重刑，反革命的附和犯应该从轻。解决案件时，应该注意到阶级成分，及犯罪者的犯法行为对于苏维埃政权的危害性之程度来决定处刑之轻重。1934 年《中华苏维埃共和国惩治反革命条例》第三十四条规定，工农分子犯罪，而不是领导或重要的犯罪行为者，得依照本条例各项条文的规定，比照地主资产阶级分子有同等犯罪行为者，酌情减轻处罚。1934 年《中华苏维埃共和国司法程序》规定，废止上级批准制度，实行上诉制度。犯人不服判决者，准许声明上诉，并规定声明上诉之期最多为七天，从判决书送到被告之日算起。但在新区边区，在敌人进攻地方，在其他紧急情况时，对反革命案件及豪绅地主犯罪者，得剥夺他们的上诉权。1931 年的《处理反革命案件和建立司法机关的暂行程序》已开始区分阶级成分，最初系为了纠正肃反运动，防止其扩大化，但因其“同罪不同罚”的规定，最终导致了部分司法不公的现象。

第四，采取重刑政策。如《中华苏维埃共和国惩治反革命条例》第三条至第三十条所列，几乎各条均规定有死刑，这表明苏维埃时期采取重刑主义政策，在残酷的战争和国民党反动派对革命人民实行血腥屠杀背景之下，不重刑不足以威慑反动派。但是在“左”倾路线的干扰下，最终走向极端，放大了阶级成分在定罪量刑中的作用。例如在肃反问题上，强行推行错误的肃反政策，导致肃反运动无限扩大，致使党和红军、苏维埃的许多领导干部、战士被冤枉收监，甚至被错误杀害，致使革命力量萎缩，丢失大量革命根据地。

第六节　苏维埃共和国时期的社会立法

在中国共产党的领导下，中华苏维埃共和国在社会法立法领域取得了很大成就，立法技术有了很大提高，法律整体趋向于整合、稳定。两部《中华苏维埃共和国劳动法》以及《中国工农红军优待条例》《红军抚恤条例》等是这一阶段社会法立法成就的集中体现。

一、劳动法

在中华苏维埃共和国时期先后于 1931 年和 1933 年颁布过两部劳动法。其中，1931 年的劳动法有很多可取之处，但也存在较大问题。而 1933 年的劳动法在继承 1931 年劳动法的基础上，对其进行了及时的修正，总体而言较为完善。

（一）1931 年《中华苏维埃共和国劳动法》

1931 年中华苏维埃第一次全国代表大会通过了《中华苏维埃共和国劳动法》（以下简称“31 年版《劳动法》”）。它首次在劳动生产领域实行了集体合同与劳动合同制，规定了劳动保护、社会保险和国家的失业津贴，采取了全新的体例结构，在立法技术上有了很大的进步。

31 年版《劳动法》首次规定了劳动合同。在早期根据地的劳动立法中，长期以政治动员和行政命令的方式来调节社会关系，而忽视了合同的作用。法律文件通俗易懂，但过于强调劳动法的公法性质，而忽略了劳动法兼具的私法上的契约精神。其作为革命根据地初创时期的临时性法规尚可，但随着中华苏维埃共和国建立之后革命形势的变化，它显然已经无法与当时的社会经济状况相适应。在新制定劳动法中增加有关合同的条款是必要的。31 年版《劳动法》

在总则第三条即规定了合同的内容："无论何种已生效力或未生效力的集体合同、劳动合同及其他的劳动契约，倘他的劳动条件比本劳动法所规定的条件恶劣者皆不发生效力"。这则关于合同效力的判断的条文，是整个31年版《劳动法》合同问题的核心。"比本劳动法所规定的条件恶劣者皆不发生效力"说明，31年版《劳动法》中的合同绝非资本主义社会资本家剥削、压迫工人的合同，而是苏维埃共和国治理下的保护工人利益的契约。

31年版《劳动法》还完善了社会保险制度。将社会保险的内容写入劳动立法领域，并不是31年版《劳动法》之首创。早在1930年5月通过的《劳动保护法》中就有"社会保险"这一章。但这部《劳动保护法》只是粗略地提及了社会保险的内容，真正系统化地规定社会保险制度的是31年版《劳动法》。31年版《劳动法》第十章将社会保险的概念、社会保险的范围、社会保险的基金来源都规定得详细清楚。比如，社会保险的基金来源于"由雇主于应付的工资之外，支付全部工资额的百分之十至百分之十五的数目"。社会保险的范围包括免费的医药帮助、暂时失去工作能力者的津贴、失业津贴费、残废及老弱的优恤金、婴儿的补助金、丧葬津贴费、工人家属贫困补助金等。

31年版《劳动法》在立法技术上更为成熟。早在闽西苏区时期，《劳动法案》和《修改劳动法决议》中，就采取了"总则—分则"的体例。但无论是《劳动法案》还是《修改劳动法决议》，都存在一个问题，就是总则中规定的内容，分则中仍然重复出现。比如《劳动法案》总纲第七条的内容"工人暴动以前，过（透）支东家之款取消"，与第三章第六条"暴动以前过（透）支东家之款取消"的条款即重复。而31年版《劳动法》则尽量避免这一现象。总则篇的五条内容大都具有高度概括性，只规定了适用范围，而没有涉及具体的制度。比如："凡在企业、工厂、作坊及一切生产事业和各种机关（国家的，协作社的，私人的都包括在内）的雇佣劳动者，都应享受本劳动法的规定"，"对于在中华苏维埃共和国海陆空军服军役的战斗员和指挥员不受本劳动法的拘束”。除了总则具有高度概括性，分则部分也有了很大变化。之前关于劳动生产的法律，其分则部分按照工种来划分，工厂工人、商店工人、工场作坊工人等单独列一章，相似的内容在法条中反复出现。比如《劳动法案》工厂工人条例第七条“工人疾病死伤，其医药费、抚恤费由厂主供给，多少由工会自定”，工场作坊工人条例第四条“工人疾病死伤时，医药费、抚恤费由东家供给”。以工种为依据划分各章，是为了突出“保护工人利益”，但如果要调整劳动生产领域复杂的社会关系，这种划分过于简单。新通过的31年版《劳动法》没有对工人的种类做特别的区分（除了青工、女工这两类涉及特殊保护的群体），而是以劳动生产的过程为依据来划分各章的内容。比如，其第二章规定雇佣手续，第三章规定合同，第四章规定工作时间，第五章规定休息时间等。这种划分将原本分散在不同工种之间的统一性提取出来，在扩大调整范围的基础上最大限度地节省了篇幅。可以看出，31年版《劳动法》即使在分则部分也是具有高度概括性的。

31年版《劳动法》条文较为精简。从永定的《保护劳动法》的13则条文到《劳动法案》的83则条文，再到《修改劳动法决议》的105则条文，不难看出，每次修订劳动立法，其法条数量都在增加。但31年版《劳动法》并没有延续这一趋势，虽然31年版《劳动法》的内容比《劳动法案》《修改劳动法决议》要多，但其只有75则条文，条文数大为精简。

当然，31年版《劳动法》也存在较多问题。由于较多地参照了苏联《劳动法》的内容和体例，法条过于超前，脱离了当时苏区的实际，如社会保险中“免费的医疗帮助”等。而且在落实法律过程中，又出现了一些“左”倾错误。如一些工会不顾当时的农村环境、战争条件及小农经济特点，只顾眼前利益和本行业的狭小利益，提出过高的工资待遇和福利要求。如果资方、厂方不答应，就实行斗争、罢工，以至总同盟罢工，结果造成私人企业不堪重负，只有倒闭。[1]

针对31年版《劳动法》存在的问题，刘少奇曾经多次向党中央和临时中央政府提出修改31年版《劳动法》的建议。洛甫也在党中央机关刊物《斗争》第10期上撰文，阐明31年版《劳动法》在中央苏区是不适用的。在这种情况下，制定一部新的《劳动法》势在必行。

（二）1933年《中华苏维埃共和国劳动法》

1933年3月，中央人民委员会开始对31年版《劳动法》进行修改，10月，修改后的《中华苏维埃共和国劳动法》（以下简称“33年版《劳动法》”）开始实施。

相较于31年版《劳动法》，33年版《劳动法》在体例上变化并不大，总共15章，分为总则、雇佣及取得劳动力的手续、工作时间、休假时间、工资、妇女及未成年人的劳动、学徒、保证与津贴、劳动保护、社会保险、集体合同、劳动合同、职工联合会及其在企业机关商店中的组织、管理规则、解决争执及处理违犯劳动法案件的机关等。其中“学徒”“管理规则”两章是全新的内容，“保证与津贴”一章是从31年版《劳动法》的“劳动保护”一章中分出的，“集体合同”“劳动合同”两章是从31年版《劳动法》的“集体合同与劳动合同”一章中分出的。

关于学徒制存废的问题，在苏区各地的劳动立法中出现过多次反复。1930年2月永定县第二次工农兵代表大会通过的《保护劳动法》保留了学徒制，1930年5月全国苏维埃区域代表大会通过的《劳动保护法》由于受李立三“左”倾冒险主义影响，要求彻底废除学徒制，之后1930年11月《永定县第四次工农兵代表大会之修改劳动法决议案》再次决定保留学徒制。1931年12月通过的31年版《劳动法》由于受王明、博古的“左”倾教条主义的影响，在第七章

---

① 《刘少奇在中央苏区（二）在苏区工运中纠“左”》，转引自江西党史网。

第四十三条再次宣布“严格禁止旧式的学徒制和养成工制”。可以看出，每当劳动立法受到“左”倾错误影响之时，其条文就彻底废除学徒制。学徒制作为一种传统的职业训练方式，在大生产时代到来之前，广泛存在于中国的城乡中，有其一定的合理性。33年版《劳动法》在学徒制的存废问题上给出了答案，不仅保留学徒制，而且还对学徒做了明确的定义，对学徒的权利给予了最大限度的保障。33年版《劳动法》纠正了31年版《劳动法》对于学徒制进行“一刀切”的规定，较为符合当时的实际情况，是中国共产党实事求是作风的反映。

除了上述这种整章内容的变动外，33年版《劳动法》还有一些变化隐藏在条文中。比如总则第一条在31年版《劳动法》条文之后增加了两则注，注的内容是：“对于雇佣辅助劳动力的中农、贫农、小船主、小手工业者及手工业的生产合作社，得到工人与职工会的同意，均免除本法某些条文的拘束，另由中央执行委员会制定特别的法令颁布实施之”；“遇有特别事件发生（如防饥、防灾及战争事件等缺乏劳动力时）中央人民委员会得到中华全国总工会的同意，得在一定期限内颁布特别法令实施之，免除适用本法”。再比如第二章增加的第十条中“遇有下列情况，雇主可不经过劳动介绍所，自行招雇劳动者工作”和第五章第三十六条中“工资应以当地通用货币支付，但在得到被雇人的同意时，可以物品代替一部分”。可以看出，这些都是33年版《劳动法》在31年版《劳动法》的基础上增加的例外情形、特别规定或者替代措施。33年版《劳动法》的这些规定，使得法条更加灵活、变通，使它不再是一部机械和僵化的法律。

这部经过反复修改而成的33年版《劳动法》，是以“增进工农的利益，巩固工人与农民的同盟，发展苏维埃的经济”为原则修订的。它纠正了31年版《劳动法》中一些“左”倾错误做法，立法过程中讲求实事求是，兼顾了整体与局部的利益，有利于发挥苏区工人的革命积极性、发展苏区生产、繁荣苏区经济。33年版《劳动法》在中央苏区的实施，对苏区工人的切身利益和苏维埃经济的发展，起到了明显的效果。据 1934 年 3 月全总中央执行局的统计，“工人的工资，是大大的增加了。——最少的有 20%的，有的是增加了几倍至十几倍”；“1933 年春天，苏区的学徒是很少很少了，甚至全县只有几个学徒。……最近苏区的学徒是逐渐增加了（中央苏区增加了一千多）”；“现在工人的疾病、生小孩、死亡、受伤均有保险局或雇主负责，工人不再为这些不幸事件而付出自己的钱”；“失业工人也大大减少了。据兴国县长岗乡 1934 年所调查，木、篾、泥匠失业人数只占十分之一至三，理发工人还增加了十分之一”。[①]

二、红军优待、抚恤条例

1931 年 11 月，中华苏维埃第一次全国代表大会通过了《中国工农红军优待条例》。1932 年 2 月，中华苏维埃共和国中央革命军事委员会通过了《红军抚恤条例》。这两则条例是中华苏维埃共和国时期关于双拥工作最重要的法律文件。

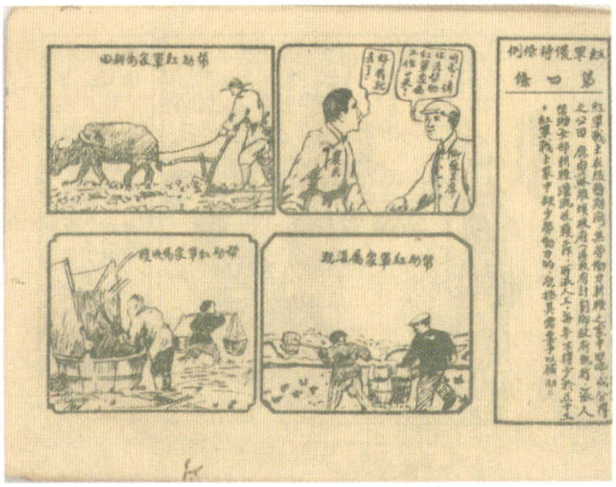

图 3-13 优待红军的漫画

（一）《中国工农红军优待条例》

《中国工农红军优待条例》共 18 条，按照内容可以分为四个部分。

① 《刘少奇在中央苏区（二）在苏区工运中纠“左”》，转引自江西党史网。

《红军优待条例》第一部分（第一至第五条）涉及红军及其家属的土地分配。1927 年至 1931 年这段时间，各苏区“打土豪、分田地”的斗争从未停止。在这样一种背景下，《红军优待条例》最先规定的便是红军及其军属如何分配土地的问题。《红军优待条例》第一条规定：“凡红军战士……其本人及家属均须与当地贫苦农民一般的平分土地”。军队是中国共产党领导人民进行革命的基础，在战争时期必须优先保障军人及军属的权利。可以看到，在分配土地的问题上，《红军优待条例》并没有赋予红军及军属凌驾于广大农民之上的特权。

《红军优待条例》第二部分（第六至第十五条）涉及红军及其家属的各种优待。这些优待主要是经济上的，比如“红军在服务期间，本人及家属免纳苏维埃共和国之一切捐税”，“红军在服务期间，其家属所居住之国家房屋免纳租金”，“红军在服务期间，本人及其家属得享受国家商店百分之五减价的优待”。与分配土地不同，军人及军属在经济上的优待是显而易见的，这也是土地革命时期鼓励广大群众参军、扩大红军队伍的一项重要举措。

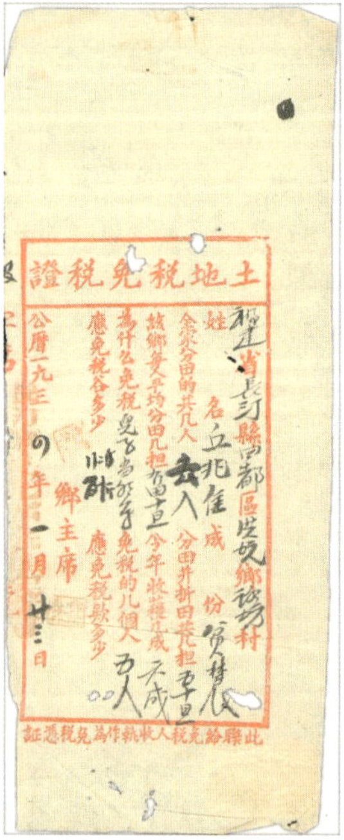
土地税免税證

此聯給免税人收執作為免税憑證

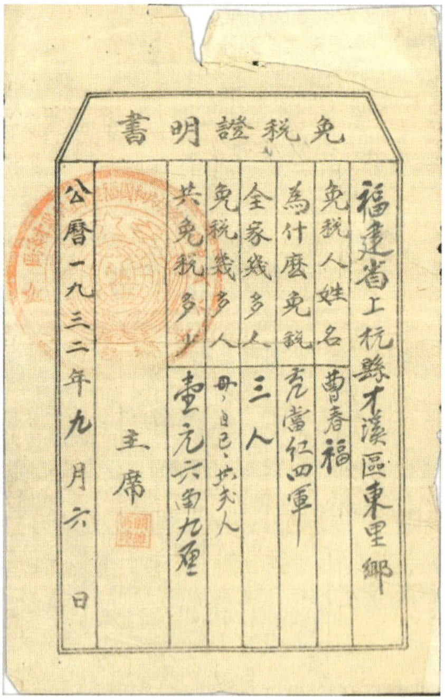
免税證明書

福建省上杭縣才溪區東里鄉

免税人姓名 曹春福

為什麼免税 充當紅四軍

全家幾多人 三人

免税幾多人

共免税多少

主席

公曆一九三二年九月六日

图 3-14　红军家属免税证明书

《红军优待条例》第三部分（第十六至第十七条）涉及红军牺牲之后的抚恤事宜。抚恤的内容包括两个方面：一是要对牺牲的战士进行褒奖纪念，其十六条规定，“凡死亡战士应将其死亡时间、地点、战役、功绩由红军机关或政府汇集公布”，“死亡战士的遗物应由红军机关或政府收集，在革命历史博物馆中陈列以表纪念”，“死亡战士应由当地政府帮助红军机关收殓，并立纪念碑”。二是要对烈士的家属进行照顾，其十七条规定，“子女弟妹幼小的由国家设立革命纪念学校，专门教育他们，并由国家维持其生活，直到年满十八岁由国家介绍职业为止”，“父母妻子由国家维持以相当津贴”。实际上，涉及牺牲战士的抚恤事宜远不止这些，但《红军优待条例》没有进一步展开。1932 年 2 月公布的《红军抚恤条例》则对抚恤事宜进行了更为专门、详细的规定。

《红军优待条例》第四部分（第十八条）就红军战士的婚姻予以了特殊的保护，“凡红军在服务期间，其妻离婚，必先得本人同意，如未得同意，政府得禁止之”。这条规定，既是对前方战士心理的慰藉，也有利于革命根据地的稳定。

（二）《红军抚恤条例》

1932 年 2 月公布的《红军抚恤条例》，在很大程度上是为了配合《中国工农红军优待条例》的实施。《红军抚恤条例》第二条明确规定“凡《红军优待条例》所规定优待红军办法，皆适用于伤病、残废和死亡战士及其家族”。《红军抚恤条例》中的很多规定在《红军优待条例》都可以找到，比如《红军抚恤条例》的第三条“在红军服务五年以上，年龄在四十五岁以上，自愿退职休养者，国家应补助其终身生活”。对应《红军优待条例》之十三条；《红军抚恤条例》的第四条“红军战士在服务期间，因伤病必须休养时，则送到红军医院医治或红军休养所休养，其一切用费由国家供给……”对应《红军优待条例》之十二条。不同点只在于《红军抚恤条例》的规定更为细致和具体。

这种具体化的条文，使得《红军抚恤条例》在执行的过程中具有很高的可操作性，相当于《红军优待条例》的操作指南。比如关于伤残的认定标准，《红军抚恤条例》就规定得非常清楚：全残废者包括两目失明者、神经的主要部分失调不能任事者、一腿残废者、两手残废者等；半残废者包括一目失明者、两耳失听者、声带损坏不能言语者、神经系之一部损坏致感觉行动不敏者、下腿因伤而行动不便者、一手残废者、内脏损坏一部甚轻而他部尚能代偿者等。这种可操作性高的法条一方面体现了较高的立法水平，另一方面也给抚恤工作带来了很大的便利。

根据《红军抚恤条例》，中央革命军事委员会及各级军区或军，还应专门成立抚恤委员会，负责抚恤事宜。中革军委抚恤委员会作为“决定与执行抚恤条例之最高机关”，其成员由“中央革命军事委员会在工农红军总政治部及参谋、经理、军医各部遴选”。而抚恤委员会在各军区或军的分会则是由“军区或军的负责人，在军区或军的政治部及参谋、经理、军医各处中遴选”。

《红军优待条例》和《红军抚恤条例》共同构成了中华苏维埃共和国时期双拥法律的核心，对于红军的优抚工作发挥了重要作用。在一系列拥军优属政策的号召下，苏区人民踊跃参军。1931 年至 1934 年，革命根据地进一步壮大，红军队伍逐渐发展到 8 万余人，星星之火已成燎原之势。

三、其他规范性文件

中华苏维埃共和国时期，社会法的立法核心是《劳动法》及《中国工农红军优待条例》。除此之外，中华苏维埃共和国政府及其他苏区地方政府还发布了一些规范性文件。这些规范性文件形式多样，包括各种通知、通告、训令、命令等。文件的内容丰富、具体，大部分是《劳动法》与《红军优待条例》所规定的社会问题的具体化，还有一些则是社会生产领域中出现的具体问题。

比如，为了落实《劳动法》，1932 年 3 月 23 日团福建省委发出了《定出各业青工斗争纲领实现劳动法工作》的通知。为了落实《红军优待条例》，1932 年苏区各级机关曾发布过多次训令、通知，如：2 月 1 日临时中央政府发布第九号训令《执行红军优待条例的各种办法》；9 月 20 日工农检察人民委员部发布第一号训令《关于检查优待红军条例问题》；10 月 8 日福建省苏维埃政府工农检察部发布第一号通讯《报告检查优待红军条例结果》。

为了做好双拥工作，苏区各级机关也制定了很多规范性文件，如：1932 年 2 月 23 日福建省工联发出了《优待红军问题》的通告；1932 年 9 月 17 日中华苏维埃共和国临时中央政府人民委员会发出《规定运输员、担架员的指导、调动、待遇等办法》的命令；1932 年 10 月 15 日福建省苏维埃政府发出《关于残废同志领取残废证与抚恤金事》的通知；1933 年 1 月 10 日中央财政人民委员部发出《关于残废同志领取抚恤金问题》通知。可以看出，这些规范性文件与《红军优待条例》规定的内容有部分重合，它们既是在解决具体问题，也可以看作是对《红军优待条例》的配合、补充。

为了加快农业生产，各级苏维埃政府也曾多次发布各种训令和通告。比如：1933 年 2 月 1 日中华苏维埃共和国临时中央政府土地人民委员部发布第二号训令《春耕计划》；1932 年 2 月 8 日临时中央政府发布了《关于春耕问题的训令》；1933 年 5 月 15 日中华苏维埃共和国临时中央政府土地人民委员部发布《多种杂粮蔬菜解决夏荒》的训令等。

还有一些规范性文件，涉及教育（1932 年 5 月 28 日福建省苏维埃政府通令第十三号《关于编辑小学课本事》）、交通（1932 年 6 月 3 日福建省苏维埃政府通令第十七号《桥梁道路亟应修筑整理》、1932 年 8 月 3 日福建省苏维埃政府通令第二十二号《制止滥发路条及取缔村苏路条问题》）、邮政（1932 年 7 月 16 日中华苏维埃共和国临时中央政府内务人民委员部命令第三号《关于苏维埃邮政工作》）等各个领域。

总之，这一时间段社会法领域的规范性文件形式繁多、内容庞杂，没有拘泥于单一的法律形式。这一方面体现出党面临着复杂多变的社会环境和严峻的敌我矛盾；另一方面也体现出党在制定政策方面的灵活性。

第四章　司法公正——苏区的司法实践

1929年秋，闽西革命根据地基本形成，纵横数百里，横跨六个县，人口近80万，红军和地方武装十余万人。随着根据地的迅速扩大，社会管理的难度和复杂性也不断加大，给新生的苏维埃政权带来了严峻考验。由于当时还没有建立中央和省级政权，闽西苏区社会治理并没有成功的经验可以借鉴，早期共产党人摸着石头过河，找到了法治这把“金钥匙”，闽西由此成为中国共产党最早开始运用法律进行治国理政的地区之一。对法律的运用，可以说，最初是一种自然选择，在经历了无数艰苦卓绝的革命斗争，不断吸取经验教训，加强综合治理后，逐步转变为一种自觉选择，成功建设了法治苏区。

闽西苏区的司法实践，时间最早，且卓有成效。各法治机构在司法实践过程中，围绕如何加强服务土地革命和广大人民群众需要的工作大局，坚持宽严相济、治病救人的方针，建立健全司法程序和司法制度，加强苏区综合治理，开展普法宣传，禁绝烟赌，改造流氓无产者，并在司法审判工作中，坚持党的领导，坚持法律面前人人平等，坚持以事实为依据，依靠群众路线开展司法审判工作，稳定了社会秩序，增强了经济实力，改善了民众生活，打造了有史以来最为廉洁的政府。

第一节　加强苏区综合治理

苏维埃政府建立以后，国民党反动派视苏维埃政权如眼中钉、肉中刺，欲除之而后快，在军事“会剿”的同时，还进行严密的经济封锁。一些不法商人和反动分子乘机破坏金融秩序，给苏区建设带来极大的破坏。红色政权内部也产生了一些官僚主义和腐败现象。巩固新生的红色政权，保障根据地群众的生产生活，成了摆在党组织面前的重要问题。

一、卓有成效的普法宣传工作

大革命时期，在党的领导下，闽西就开始积累创办进步刊物、开设平民夜校、合理诉讼和公开审判的法治宣传经验。在闽西农民暴动时期，法治宣传提上日程。“省委对永定暴动的决定之方针……马上成立暴动委员会……暴委会设七处”①，其中就有宣传处，负责暴动宣传，以及暴动中的政策宣传。到了1929年12月，《古田会议决议》指出，“红军宣传工作的任务，就是扩大政治影响，争取广大群众。由这个宣传任务之实现，才可以达到组织群众、武装群众、建立政权、消灭反动势力、促进革命高潮等红军的总任务”。法治宣传是宣传工作的重要内容，苏区党、政、军的各级组织对此一向都极为重视。闽西苏区形成后，在党委机构中有宣传部，苏维埃政府中有文化建设委员会。这些机构与司法部门一起，开展了卓有成效的普法宣传工作。

（一）通过各种读物宣传

闽西革命根据地形成过程中，一方面废除国民政府实施的半封建半殖民地旧法律法规，一方面制订许多新法律法规，并组织苏区民众学习，做好法治宣传教育工作，普及法律知识，增强法治观念。为了尽快让苏区军民学习掌握新制定的法律法规和苏维埃政权司法的情况，红军和苏维埃政府通过各种读物加强法治宣传。

---

① 中共龙岩地委党史资料征集领导小组、龙岩地区行政公署文物管理委员会：《闽西革命史文献资料》（第一辑），1981年，第220页。

一是印刷出版各种各样的法律书籍或单行本。苏维埃政权建立后，为了尽快肃清剥削阶级旧的法治思想的影响，从 1929 年起，红四军、中共闽西特委和各级苏维埃政府就把颁布的各种重要法律、法规出版发行，供苏区民众学习贯彻。

红四军在向闽西进军途中，为了向广大群众宣传革命道理，扩大革命斗争影响，印刷了大批布告、传单和标语。1929 年 3 月，红四军解放长汀城后，宣传队走上街头张贴《红军第四军司令部布告》，刷写“红军枪毙郭凤鸣”等墙头标语，印发党的六大的决议案及《共产党宣言》《告绿林兄弟书》《告商人及知识分子书》等，宣传了党和红军的宗旨、方针和政策。

当时，著名的法律单行本包括 1929 年 8 月中共闽西特委翻印的《苏维埃组织法》、1929 年红军第四军政治部发布的《土地法》、《闽西第一次工农兵代表大会宣言及决议案》（其中包括《裁判条例》等）、闽西苏维埃政府《合作社条例》、闽西苏维埃政府翻印的《古田会议决议》等。

同时苏维埃政府还要求在出版面向民众的读物中，要有一定普及新法律法规知识的内容。大众读物主要是指面向苏维埃各类学校的出版物，如《共产儿童读本》《苏维埃公民》《红军识字课本》《工人千字课》《儿童唱歌集》等，其中都能结合实际情况，简洁明了地宣传苏维埃法律知识。

二是在各种报刊上开辟法治教育专栏，如 1929 年秋红四军在闽西创办的最早的军报

图 4-1　1930 年 3 月印发的《闽西第一次工农兵代表大会宣言及决议案》

《浪花》。1930年春以后，闽西苏区政府利用《闽西红旗》《红旗报》《福建日报》《福建红旗》《闽赣红旗》等报纸，把一些司法文献、司法信息和工作动态刊登其上，进行法治宣传教育工作。

中华苏维埃共和国成立后，中央政府机关报《红色中华》成为最主要的宣传报纸，刊载了《闽西苏维埃政府裁判部判决书第一号》《闽西苏维埃政府裁判部判决书第二号》《处理反革命案件和建立司法机关的暂行程序》等重要文献。名为“苏维埃法庭”“无产阶级的铁锤”“突击队”“烈焰”“学与法”“苏维埃法律”“审判台”“轻骑队”“冲锋队”等的专栏，经常刊登上级领导机关对下级裁判部的批示、司法安全分析、审判动态、犯罪嫌疑人的违纪违法情况等。中央政府非常重视《红色中华》开辟的“苏维埃法庭”专栏，中央政府副主席项英于1932年3月为专栏撰写了《写在前面的几句话》的前言。

三是创办红色法治报刊。在艰难的革命战争条件下，中国共产党和苏维埃政府克服种种困难，创办了许多法治宣传教育的报刊，努力运用新闻报刊这一重要工具来扩大苏维埃政权革命法治的影响，创造了许多有益的经验。

1931年4月创办的《法庭日刊》，是闽西裁判部的机关报，是中国共产党最早的法治报刊。该刊主要刊登裁判部判决书、训令、法庭消息、司法裁判动态等。它的创办发行，对中央苏区各种法治报刊的创办，起到了促进推动的作用。1932年2月，闽西苏维埃政府创办了《裁判法庭日刊》，一份11张，由闽西苏维埃政府主席张鼎丞撰写发刊词，后来成为福建省苏维埃政府裁判部机关报。1932年，中央政府司法人民委员部创办《苏维埃司法》小报，刊登中央司法部的有关法规、训令、命令，报道司法部门工作动态，主要栏目有社论、消息，还辟有论文、要闻、司法通讯、党的生活、自我批评、问题征答等，面向中央苏区省、县裁判部发行。该刊的出版发行，为中央苏区司法工作的开展发挥了很好的指导作用。1933年

6 月，江西省政府裁判部创办了油印半月刊《司法汇刊》，出版两期后改刊名为《裁判汇刊》；11 月 11 日出版第 7 期，再次改刊名为《江西省苏裁判部半月刊》。

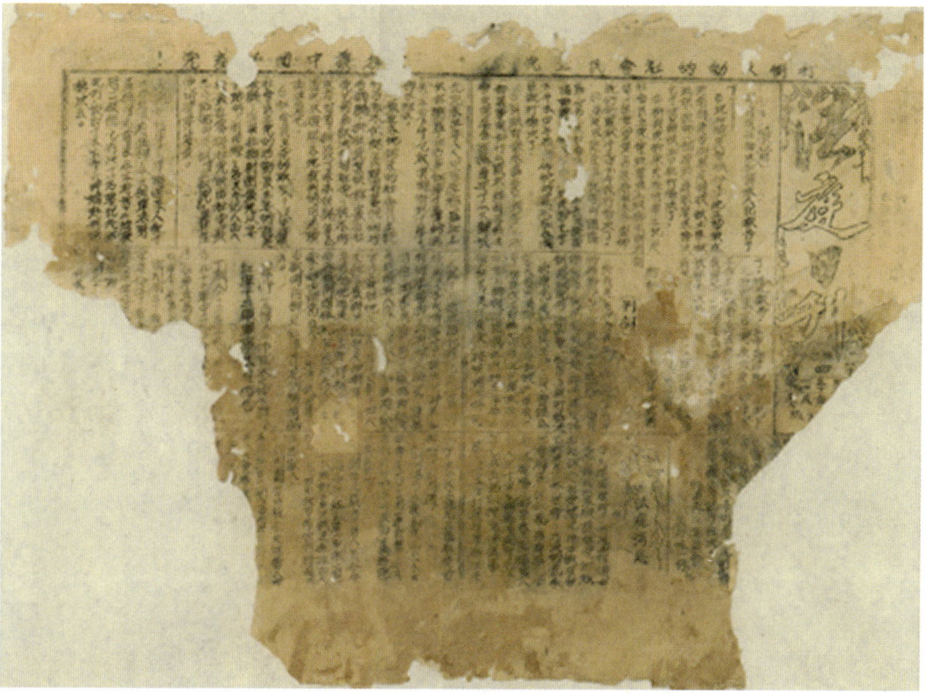
法庭日刊

图 4-2　全国最早的红色法制报《法庭日刊》

此外，有关部门还曾出版过宣传《红军家属优待条例》《土地法》《劳动法》等专门法规的画报刊物，发挥了很好的宣传教育作用。

1932 年 10 月，中央司法部在向中央政府报告司法部一年来的工作情况时说，今后“对于苏维埃的法令，应向工农群众作普遍的宣传解释工作，使一般群众提高法律常识，以减少犯罪行为，为彻底实现苏维埃的一切法令而斗争！”①

① 《红色中华》(第三十九期)，1932 年 11 月 7 日，第八版。

（二）开展互动体验式宣传

闽西苏区党和政府还利用集会、人民陪审、公开审判、巡回法庭等形式，全方位多角度进行法治宣传教育工作，取得了很好的效果。在案件审判中，注意多数群众对于案件的意见，事先广泛张贴并告知审判日期，使群众知道某日审判某某案件，吸引广大群众来参加旁听审判。审判之后，又多贴布告，多印判决书，宣布案件的经过，使群众明了该案的内容。

为了发动群众参与审判工作，中央司法人民委员部负责人梁柏台要求，苏维埃法庭，就是群众法庭，在工农群众监督之下进行工作。除刑事、民事法庭外，还设有巡回法庭。这种法庭是流动的，是到出事地点或群众聚集的地方审判案件，使广大群众来参加旁听审判，借某种案件以教育群众，在群众面前揭破反革命的各种阴谋，这是司法工作教育群众的一种方式。①

（三）通过丰富多彩的文艺活动宣传

闽西苏区政府除了利用印行刊物、集会等方式开展法治宣传外，还利用漫画、墙绘等形式进行法治宣传。

开国少将王直在土地革命时期，由于能说能写又能画，参军不久便成为宣传队的主要骨干之一。每当部队行军时，王直就和其他队员走在前面写标语；每到一个地方，就向当地群众散发油印小报，宣传红军的性质、宗旨、任务和三大纪律八项注意。为了强化宣传效果，他把几个会画画的同志组织起来成立漫画组，走到哪里画到哪里。一天，王直用扫帚沾石灰水，在瑞金街头墙上画了《送郎上前线》《主子与走狗》两幅漫画。毛泽东看到后，饶有兴趣地打听是谁画的。师政治部主任赖玉宏把王直拉到面前说，是他画的，上杭才溪人。毛泽东夸赞说，好啊！你这个才溪“红小鬼”，画得不错

---

① 《红色中华》（第三十九期），1932 年 11 月 7 日，第八版。

嘛！我们做宣传工作的，就要这样，多注意搞一些形象化的宣传，让群众一看就懂，让不识字的群众也能看懂。

闽西苏区政府还重视倡导文化组织和群众文化团体，如俱乐部、新剧团、列宁室、阅报社等，使群众积极参与投入苏区文化建设中去，其中俱乐部影响最大。俱乐部是苏区文化活动的重要阵地，也是开展法治宣传的重要抓手。俱乐部的一切工作，都是为着动员群众响应苏维埃每一个号召，为着革命战争，凡是苏维埃公民都必须加入其所在地的俱乐部。闽西第一次工农兵代表大会通过决议，要求各区乡应尽可能开办阅报社、俱乐部。毛泽东在全苏第二次代表大会上也充分肯定了俱乐部的成绩，认为“农村中俱乐部运动，是在广泛的发展着”。

在革命根据地初创时期，党和红军特别重视用民间歌谣、山歌形式发布文告，宣传土地革命纲领和政策法规。1929 年 1 月由朱德、毛泽东签署的《红军第四军司令部布告》是迄今所见流传于闽西苏区此类作品中的第一篇杰作，对后来的法治革命歌谣起了开拓性的作用。此后，类似的四言体、六言体、七言体的布告被大量采用，如 1929 年 5 月永定县革命委员会发布的《请看张贼遁民的罪状》等。

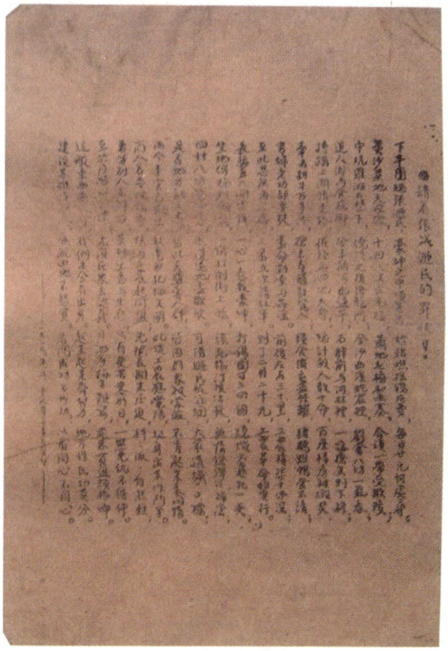

图 4-3　1929 年 5 月发布的《请看张贼遁民的罪状》

闽西素有“山歌之乡”的美誉。随着土地革命的深入和农村革命根据地的建立，在闽西传唱了几百年的易为大众所接受的山歌，此时已突出成为苏区文化活动的中坚力量，呈现出前所未有的繁荣景象，并深深烙上了火热的革命时代印记。闽西社会各界人士创作流行的革命歌谣有上万首之多，这些歌谣紧扣时代主题，其中不乏宣扬法治理念的优秀作品。这些法治革命歌谣或者宣传革命道理，或者揭露反动阶级的黑暗统治，或者记录红军胜利和苏区法治建设成就，或者号召人民积极投身革命斗争洪流。

闽西人民素有热爱戏剧的传统，闽西汉剧源远流长，影响极大。闽西革命根据地形成后，戏剧活动更加繁荣，在中央苏区各革命根据地中最早以戏剧为媒介开展法治宣传，影响也最广。

1929 年 10 月，红四军前委在闽西编印了《宣传须知》，提出了“演新剧”“化装宣传”等宣传方法。1929 年 10 月 10 日《苏维埃区域 CY 工作大纲》要求各地团组织“注意革命的需要，编辑新剧本、各种新教材，旧剧本和教科书经过军事改良，亦可能时应举”①。11 月 2 日，中共闽西特委指示各级苏维埃政府文化部门“组织新剧团，多开游艺会群众会等，以提高群众革命情绪”②。从 1929 年开始，闽西苏区先后建立起众多剧团。据 1930 年下半年统计，仅永定县就有 6 个区苏办起了新剧团，80 多个乡苏建立了俱乐部；龙岩小池区有 8 个新剧团。1930 年 3 月闽西第一次工农兵代表大会期间，新剧团连续 7 天演出革命戏剧，堪称是苏区戏剧运动的一次大检阅。上杭县新剧团的《赌钱嫁妻》《鸦片之害》、新泉连南区革命委员会新剧团的《放高利贷》《大秤入小秤出》《逼债》等话剧，多取材于土地革命中的法治实践，反响极大。

二、禁绝烟赌

色情、赌博和毒品（鸦片），是公认的三大公害，也是久治难愈的社会顽症痼疾。福建封建官僚、反动军阀为了一己之私，明禁暗

---

① 中共龙岩地委党史资料征集领导小组、龙岩地区行政公署文物管理委员会：《闽西革命史文献资料》（第二辑），1982 年，第 255 页。

② 中共龙岩地委党史资料征集领导小组、龙岩地区行政公署文物管理委员会：《闽西革命史文献资料》（第二辑），1982 年，第 290 页。

纵，放任黄赌毒泛滥，助长歪风邪气蔓延。例如上杭县田赋收入不多，远不能满足这些军阀的需求。于是，军阀需要款项就按城乡地域大小，依比例摊派。除田赋、屠宰、烟酒、印花、房铺、商贾厘金等捐税外，另有几种特税。一是田亩捐，实际就是强迫人民种植鸦片纳税；二是防务捐，实际上就是赌捐，土劣恶棍还组织“防务公司”，要各区分摊承纳；三是“公膏专卖”，实际上就是鸦片烟公卖，强令群众高价承销。武平县在军阀曹万顺统治时期，发动种植罂粟数万亩，他将全部非法收入刮入腰包，一时间县内吸毒者大增。长汀县在北洋军阀王献臣和国民党军阀郭凤鸣驻防期间，公开设立利益公司和花捐局，准许赌场和妓院挂牌营业，征收捐税充当防务费。

井冈山革命根据地创建初期，红军同样面临着被黄赌毒大染缸污染、被歪风邪气大环境异化的危险。红四军刚组建不久，有一次军部正在开会，二十八团有些人公然找来歌妓在军部门口调笑逗乐。1927 年 11 月，一团团长陈浩在攻下茶陵城后，私吞了缴获的十多斤黄金，只顾吃喝嫖赌，不愿回井冈山过苦日子，毛泽东忍无可忍，第一次亲自下令处决手下战将。

接着，毛泽东在创办红军军官教导队的时候，就把“不嫖、不赌”作为学员“三不八能”行为准则中的首要项。红四军组建成立后，军部制定了三项军事纪律，其中《一般纪律》规定：“赌博则没收其所有金钱并决定一月内不发零用费，嫖妓则处以夜不归营之罪，因嫖妓而滋事者量其大小或处死刑或罚勤务或打屁股或手心，其余比较细小之错误则按其轻重处罚之。”

1929 年 12 月召开的古田会议形成了以《关于纠正党内的错误思想》为核心内容的决议案，指出了党内各种非无产阶级思想的表现、来源及其纠正方法，规定“旧的基础厉行洗除。如政治观念错误，吃食鸦片，发洋财及赌博等，屡戒不改的，不论干部及非干部，一律清洗出党”，并把“不吃鸦片，不赌博”列为以后新分子入党的五个必备条件之一。

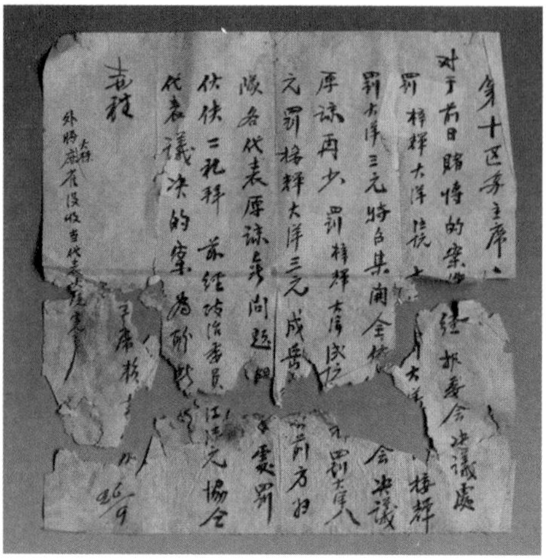

图 4-4　永定第十区苏维埃政府严厉查禁抽鸦片、赌博的来往文

早在 1927 年，张鼎丞等共产党员在永定金砂公学做教员时，就深入调查，宣传禁绝黄赌毒。他们针对当时金砂地区一些人因嫖、赌和吸鸦片引起的纠纷或家庭不和，并导致一部分青年群众不务正业等情况，对群众进行针对性的教育，启发他们要做勤劳、正直的好人。这个做法深受妇女们的拥护。以往有些家庭就是因为男人染上这些恶习而弄得家破人亡的，因而妇女也认为共产党的做法不错，从而也提高了妇女的觉悟。

闽西苏区各级党政机关制定出台了一系列针对黄赌毒的法规条令。1929 年 7 月，中国共产党闽西第一次代表大会通过的《苏维埃政权决议案》，以及 1929 年 10 月永定县工农兵代表会议成立宣言中，均发布了统一度量衡货币制度、禁绝烟赌、取消苛捐杂税等十项最低施政纲要。特别是“禁绝烟赌”，得到了苏区广大群众的积极拥护。

红四军入闽期间，颁布了《土地法》，规定“游民分田的，须戒绝鸦片赌博等恶嗜好，否则苏维埃收回他的田地”[①]，这是制裁烟赌的重要手段。1930 年 2 月，赣西南苏维埃政府颁布了《土地法》，沿用闽西经验，规定“雇农及农业游民愿意分田的，应该分与田地。但游民分田的，须戒绝鸦片、赌博等恶嗜好，否则苏维埃收回他的田地”。

---

① 中共龙岩地委党史资料征集领导小组、龙岩地区行政公署文物管理委员会：《闽西革命史文献资料》（第二辑），1982 年，第 378 页。

1930年2月，在龙岩县，规定本红色区域内的群众，不得赌博，如敢违犯，初次捉获，罚做苦工五天，二次则罚半个月，三次则罚一个月，窝赌，加倍处罚。①

闽西苏维埃政府成立以后，从土地分配、政治权益等方面加强对禁赌、禁毒方面的管理，要求“各地民众债务及来往钱款，如有利借贷、无利借贷、赌账……自暴动日起一律取消”②，“凡领耕田地不准种鸦片及违禁品等”③。

为了从根源上杜绝色情行业，1930年3月，闽西第一次工农兵代表大会通过《保护妇女青年条例》，规定：禁止虐待童养媳，并废除妾媵童养媳制度；女子被压迫为娼妓者，即行解放，恢复其一切自由，其馆主或鸨母的财产分与娼妓；绝对禁止贩卖女子为婢妾娼妓，违者枪决；取消蓄婢制度，一切婢女即行解放，并由主人给与工资以维持其生活④。

对于“经常营放高利贷或开当铺者”和“吃鸦片者”，1930年7月20日，闽西苏维埃政府规定此类人员及其家属均无选举权和被选举权。到了1930年9月，闽西苏维埃政府将政策延伸至赌徒，规定“凡不从事生产，专以欺骗剥削为业的赌徒、星相、卜卦、鸨母、龟公等”⑤，本人及其家属均无选举权。

同时，苏区普遍设立专门的戒烟机构和过渡性质的工农烟馆，因人而异研究戒烟方法，因地制宜研制戒烟药物。红四军在鸦片中

---

① 龙岩市中级人民法院、古田会议纪念馆：《闽西苏区法制史料汇编》，2008年，第67页。

② 中共龙岩地委党史资料征集领导小组、龙岩地区行政公署文物管理委员会：《闽西革命史文献资料》（第三辑），1982年，第207页。

③ 中共龙岩地委党史资料征集领导小组、龙岩地区行政公署文物管理委员会：《闽西革命史文献资料》（第三辑），1982年，第203页。

④ 中共龙岩地委党史资料征集领导小组、龙岩地区行政公署文物管理委员会：《闽西革命史文献资料》（第三辑），1982年，第214页。

⑤ 中共龙岩地委党史资料征集研究委员会、龙岩地区行政公署文物管理委员会：《闽西革命史文献资料》（第四辑），1983年，第165页。

掺入黄烟叶，逐渐取而代之。

在苏维埃妇委会等组织的鼓励引导下，受黄赌毒危害最深的家庭妇女竞相上台现身说法，有的指责丈夫把她唯一的裤子偷去嫖娼，害得她光着屁股不敢出门；有的哭念儿子因赌博纠纷畏罪潜逃，至今下落不明；还有的怒斥公公嗜毒败家，导致孙子生病无钱医治而夭折……种种悲景惨状，极大地激发起了同病相怜者参与斗争的热情。少年儿童也组织起来，充当查禁黄赌毒的急先锋，拿起柴刀到处搜寻劈砍鸦片烟苗。

移风易俗劣根除，改天换地开新局。苏维埃政府针对苏区群众文化程度普遍偏低的情况，采用多种多样的宣传教育手段，尽量选用口语方言，创作了大量通俗易懂、朗朗上口的反对黄赌毒的标语、歌谣，供世人读诵传唱。苏区境内出版发行的报刊也纷纷开辟专栏、采编特稿，指名道姓揭露腐化现象、批评流氓行为。1934 年 2 月 18 日，《红色中华》发表《加紧开展反贪污浪费的斗争》，揭露中央总务厅事物股长管永才“生活腐化，嫖老婆至八个之多”。不断有当事人因媒体曝光而臭名远扬、落入法网，充分发挥了舆论监督的作用。

中华苏维埃共和国成立以后，工农检察部门把禁毒（鸦片）作为任务之一，要求“督促各地的纸、木、茶、烟之发展及检查加种杂粮的成绩，但禁种鸦片”①。

中央苏区以整治黄赌毒为重点的社会改造运动，取得了空前未有过的成功。苏区境内烟赌肃清，娼妓绝迹，整个社会风气和精神面貌为之一变，毛泽东在第二次全国苏维埃代表大会上的报告中充满自信地说，“谁要是跑到我们苏区来看一看，那他就立刻看见这里是一个自由的光明新天地”。②

---

① 古田会议纪念馆：《闽西革命史文献资料》（第七辑），2006 年，第 377 页。

② 《在第二次全国苏维埃代表大会上的报告》，《建党以来重要文献选编》（一九二一——一九四九）（第十一册），中央文献出版社，2011 年，第 124 页。

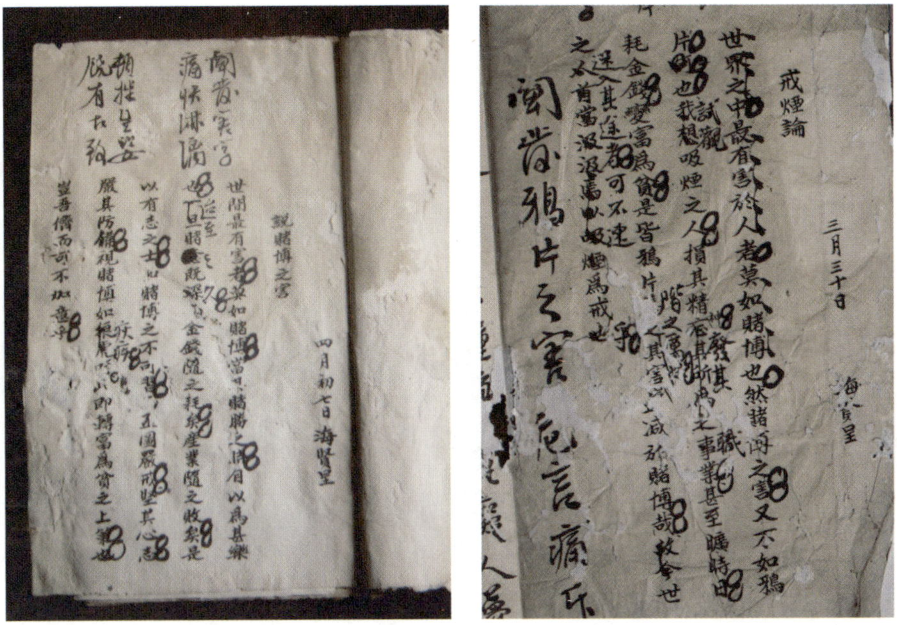

图 4-5　永定县苏维埃政府主席陈海贤撰写的《说赌博之害》与《戒烟论》

三、改造闽西“土匪世界”

清末民初，闽西人多地少的矛盾极为尖锐，大多数农民生活困苦。辛亥革命后形势更加恶化，大量破产的农民和散兵游勇“没有旁的出路，迫而当兵做匪，做匪尤其容易，因此闽西就成了土匪世界”①，“由龙岩至连城庙前这条大路是行不通的，土匪充斥了旅途”②。中共福建省委在给中央的报告中特别提到“闽西土匪特别多，土匪的问题比较严重”③。比如永定县土匪数量十分惊人，“永定土匪兹盛，全省有名。接近龙岩之太平丰田二里，土匪掳人勒索成为常事，

① 中共龙岩地委党史资料征集领导小组、龙岩地区行政公署文物管理委员会：《闽西革命史文献资料》（第二辑），1982 年，第 37 页。

② 中共龙岩地委党史资料征集领导小组、龙岩地区行政公署文物管理委员会：《闽西革命史文献资料》（第三辑），1982 年，第 372 页。

③ 中共龙岩地委党史资料征集领导小组、龙岩地区行政公署文物管理委员会：《闽西革命史文献资料》（第二辑），1982 年，第 62 页。

往往仅有数里之路，本地人亦行不得。小乡村之小姓农民耕牛农具被掠，无以耕作，多流离别处或亦当匪，因此有许多田地无人耕种”[①]。

土匪给人民造成深重的灾难，但他们的活动有时却无意中起到有利于红军的作用。比如国民党军队杨树庄部“因泉州的土匪扰乱”，卢兴邦部因“古田的土匪时常扰乱”，“时常感觉到自顾不暇”，“不能安心前进”。[②] 不少受大股土匪攻击的小股土匪甚至主动要求加入红军。多数土匪因与国民党军有矛盾，也不愿对抗红军。只有被国民党收编的大股土匪郭凤鸣、陈国辉、卢兴邦等与红军敌对。1928 年初，中央巡视员赵亦松第二次来到福建，他在给中央的报告中谈到，永定的土匪“大半受豪绅的领导”，“不过他们要把持税收，与国民党张贞是有冲突的，不太敢与共产党作对”，“但是真正加入农协或共产党的，大半系小股与受大股压迫者”。[③]

大革命失败以后，八七会议正式决定了转入武装暴动的总方针，而在当时的暴动计划里，联络人数众多的土匪武装占有重要地位。毛泽东明确提出，“土匪问题是非常大的问题”，“会党土匪非常之多，我们应有一策略”[④]。收编与改造土匪武装，成为建军初期迅速壮大红军的重要手段之一。《苏维埃政权的组织问题决议案》在“对迷信与半迷信的农民武装组织（红枪会等）之关系”中提出的政策是“夺取其群众，孤立其首领，并乘机改编之”[⑤]。

---

① 中央档案馆、福建省档案馆：《福建革命历史文件汇集》（1927—1928 年上甲），1983 年，第 197—198 页。

② 中央档案馆、福建省档案馆：《福建革命历史文件汇集》（1929 年上甲），1983 年，第 251 页。

③ 中央档案馆、福建省档案馆：《福建革命历史文件汇集》（1928 年下甲），1983 年，第 132 页。

④ 《中共中央紧急会议（八七会议）记录》，《建党以来重要文献选编》（一九二一——一九四九）（第四册），中央文献出版社，2011 年，第 403 页。

⑤ 中共龙岩地委党史资料征集领导小组、龙岩地区行政公署文物管理委员会：《闽西革命史文献资料》（第一辑），1981 年，第 214 页。

但是，想要让野蛮散漫的土匪武装成为真正的红军，并不是一件容易的事，他们必须经过深刻的改造。毛泽东、朱德等高度重视土匪问题的解决。他们从苏区的具体情况出发，领导军民制定了积极、稳妥和灵活的策略与措施。

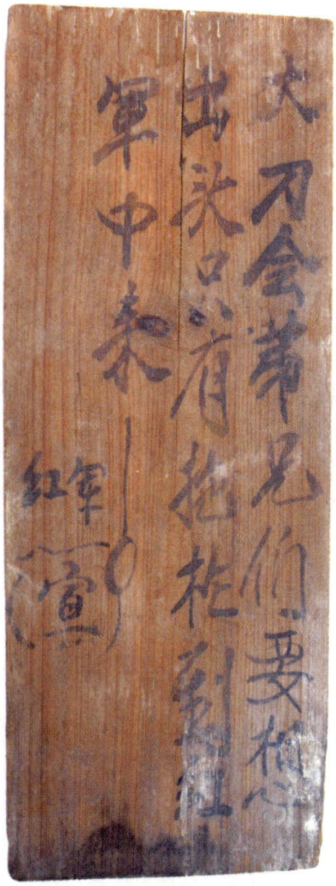

图 4-6　宁化红军对刀团匪的策反标语

针对反共的土匪武装，共产党和红军坚决予以打击和消灭。1929 年 3 月，红四军首次入闽，歼灭驻闽西长汀的匪兵郭凤鸣部两个团，俘敌 2000 多人，匪首郭凤鸣被击毙。红四军进驻汀州城后，毛泽东在辛耕别墅召开座谈会。经过调查，摸清了长汀的政治、经济状况和民情风俗，对闽西的状况有了进一步的了解，为红军制定适合当地情况的斗争策略提供了依据。此后，红四军颁发了《告绿林兄弟书》等，阐述了共产党对土匪的政策。《告绿林兄弟书》指出，土匪“出路只有一条，就是与红军齐心合作，受共产党指挥”，“又能长进，学得政治军事的本领，又能够有帮助不致单独孤立受压迫”，“家里也可以分得田地”。①

随着根据地形势的发展以及对土匪武装斗争工作经验教训的总结，中国共产党对于收编以后的土匪武装成员提高了政治要求，加强了政治训练，同时从组织上促进改造和转化工作。1929 年 9 月，红四军前委书记陈毅给中共中央写的红四军情况报告中提到，四军对于投诚的土匪，“均欢迎其加入红军，红军是一个大炉子，可

① 中共龙岩地委党史资料征集领导小组、龙岩地区行政公署文物管理委员会：《闽西革命史文献资料》（第二辑），1982 年，第 376 页。

以把他们熔化”①。《古田会议决议》提出从政治上思想上改造革命军队中的流氓土匪成分和各种非无产阶级思想，是当时中国共产党和红军建设的重要纲领，对于改造土匪、流氓、会党也具有十分重要的意义。

1930年3月，闽西第一次工农兵代表大会提出，“土匪官兵……觉悟归来时，与士兵一样待遇”；“集团土匪要求收编者，要有革命事实表现，如打土豪、枪毙反动等，始得予以收编”；“集团土匪收编后，应遵守红军纪律，听从政府指挥”；“集团土匪收编后，由政府派政治军事人材指导其工作”；“帮助土豪打工农的土匪，政府应解除其武装，惩办其首领，但对士兵仍一样优待”。②

在剿匪中，苏区军民把军事清剿与政治瓦解有机结合起来，政治上争取不放弃，武力上进剿不放松。既重视消灭土匪武装，又注意采取政治攻势，瓦解分化匪帮，在群众中揭露其阴谋罪行。对待被俘的土匪处理得当，使部分土匪弃恶从良、投诚。

同时，整个闽西苏区的民众也被组织起来，土匪再也没有生存的空间，在全国很多地区仍旧土匪肆虐的时候，苏区的土匪问题得到了相当程度上的解决。中国共产党闽西第二次代表大会决议案提到，闽西土地革命胜利已经有了一年的历史，在这一年中工农得到了很大的胜利，社会上盗匪绝迹、烟赌肃清，生产上大大增加。③后来，中央苏区中央局在决议案也提到：中央苏区已有了贯通闽赣二十五县疆土，在这疆土上普遍成立了苏维埃政权，有了相当的地方武装，没收了地主土地，并实行平分土地，消灭了土匪和乞丐。④

---

① 中共龙岩地委党史资料征集领导小组、龙岩地区行政公署文物管理委员会：《闽西人民革命史文献资料》（第二辑），1982年，第198页。

② 中央档案馆、福建档案馆：《福建革命历史文件汇集（苏维埃政府文件）》（一九三〇年），1985年，第76页。

③ 中共龙岩地委党史资料征集领导小组、龙岩地区行政公署文物管理委员会：《闽西人民革命史文献资料》（第三辑），1982年，第363页。

④ 《目前政治形势的分析与苏区的紧急任务》1932年2月19日，《中央革命根据地史料选编》（中册），江西人民出版社，1982年，第337页。

1931 年以后，中央苏区逐渐巩固，红军越来越走向正规化，随着红军迅速壮大和严格整肃，除了苏区边缘的游击区，红军中的土匪成分越来越少了，红军逐渐成长为一支具有坚定信仰和严格纪律的革命军队。依靠着这样一支军队，共产党在广大农村建立了一种崭新的政治法治秩序。

四、解决流氓无产者问题

与土匪的滋生环境相类似，清末民初，严重的社会危机既导致了大量土匪的出现，也导致了大量的游民，即流氓无产者的出现。他们主要来自破产的手工业者和生活无着落的农民。在帝国主义和封建主义政治、经济的双重压迫下，这些人失去了赖以生存的正当职业和土地，由此便形成了一个特殊的社会阶层。

对于这个阶层人数的估计，1930 年 6 月红四军前委与闽西特委联席会议的分析资料表明，中国游民无产者总数“平均总数约占社会总人口百分之五，全国约有二千万”①，在闽西，“流氓无产者占全区总人口的 25%”②。这个阶层具有革命性和破坏性并存于一身的特点。在革命斗争胜利的情况下，差不多整个游民阶层都有很大的革命性，他们被卷入革命运动，站在革命运动的前线。反之在革命低潮，特别是退潮与失败的情形下，游民阶层很容易被反动统治势力收买，从事反革命的活动。正是由于这个阶层具有两面性特点，如何正确认识和对待这个阶层与革命的关系，成为革命进程中一个棘手的重要问题。

关于井冈山上的红军成分，毛泽东实事求是地认为，“一部是工人、农民，一部是游民无产者。游民成分太多，当然不好。但因天

---

① 中共龙岩地委党史资料征集领导小组、龙岩地区行政公署文物管理委员会：《闽西革命史文献资料》（第三辑），1982 年，第 326 页。

② 中共福建省龙岩市委党史研究室：《闽西人民革命史》，中央文献出版社，2001 年，第 6 页。

天在战斗，伤亡又大，游民分子却有战斗力，能找到游民补充已属不易。在此种情形下，只有加紧政治训练的一法”①。

在改造流寇思想、对待流氓无产者的问题上，红四军前委所持立场是一致的。古田会议上，与会代表一致认为，游民成分的大量存在是红军中产生流寇主义、盲动主义等非无产阶级倾向的主要原因。“由于红军中游民成分占了很大的数量和全国特别是南方各省有广大游民群众的存在，就在红军中产生了流寇主义的政治思想”②。

1929 年 7 月，中共闽西第一次代表大会召开，讨论到了游民的问题，所得出的结论是“游民无产者仍可以参加革命”，从而提出了对流氓无产阶级政策是，“在赤色区域城市中的流氓分子，应分配他们以田地或强迫他们做工，不要胡乱打击他们，但如系显著反动嫌疑的流氓领袖，应处以死刑。在白色区域中则应设法拉拢流氓分子，使之不为豪绅资产阶级利用”③。

中共闽西第一次代表大会通过的这些政策，明显有了分清对象、区别看待的理性认识，从而纠正了对游民无产者不加阶级分析、一并打击的“左”的做法。

1930 年 6 月上旬，红四军前委与闽西特委在长汀南阳举行联席会议，就游民问题做了专门讨论，在对游民无产者的来源、地位、特点及社会作用进行全面分析的基础上，通过了《流氓问题》决议案，指出“与流氓意识争取领导权是现在红军中最严重的任务”④。

---

① 毛泽东：《井冈山的斗争》，《毛泽东选集》（第一卷），人民出版社，1991 年，第 63 页。

② 毛泽东：《关于纠正党内的错误思想》，《毛泽东选集》（第一卷），人民出版社，1991 年，第 94 页。

③ 中共龙岩地委党史资料征集领导小组、龙岩地区行政公署文物管理委员会：《闽西革命史文献资料》（第二辑），1982 年，第 140 页。

④ 中共龙岩地委党史资料征集领导小组、龙岩地区行政公署文物管理委员会：《闽西革命史文献资料》（第三辑），1982 年，第 326 页。

决议列出了土匪、盗贼、赌棍、乞丐、讼棍、人贩子等30种流氓职业，罗列了9种流氓的恶劣特性，包括“反组织的（反纪律的、反团结的、个人自由的）”“个人享乐主义（大嫖、大赌、大吃）”“雇佣性重”“破坏性重”“阶级意识模糊”“反群众”“反社会主义”“盲动主义（大烧、大杀、大抢）”“流寇主义（没有政权观念）”。因此，“可以断定流氓是没有积极的革命性的，反之，一般说来他们具有充足的反革命性。他们在不得已时可以投机加入革命队伍，但他们始终是动摇的，随时有叛变作反革命走狗的可能”。为此，南阳会议制定了党对这一阶层的总策略是“把流氓从统治阶级底下夺取过来，给以土地和工作，强迫其劳动，改变其社会条件，使之由流氓变成非流氓”①。

为了实现这一总策略，《流氓问题》决议案规定，在政治上，对流氓的反动性“不能有丝毫让步，”当流氓有反革命阴谋或活动时，“必须毫不犹豫的消灭他们”；在组织上，要在党和红军中去除流氓成分，“有计划的以工农斗争分子代替流氓，坚决地反对党内庇护流氓”；在思想上，对由流氓成分产生的流寇主义、盲动思想和单纯军事观点等错误的政治和组织观念，一定要大力地排除。②

此后，闽西各级苏维埃政权为了保障土地革命顺利进行和保护苏区民众的生命财产，坚定执行南阳会议制定的总策略，通过立法保障赋予广大流氓无产者平等的政治权利，经济上也给予大力扶持，如分配给他们生产资料、土地和工作机会，要求强制性劳动和工作，使他们由原先的长期脱离生产的状态，经过改造，成为自食其力的苏维埃公民，从而有力地保障了闽西苏区各方面建设的开展。

① 中共龙岩地委党史资料征集领导小组、龙岩地区行政公署文物管理委员会：《闽西革命史文献资料》（第三辑），1982年，第326页。

② 中共龙岩地委党史资料征集领导小组、龙岩地区行政公署文物管理委员会：《闽西革命史文献资料》（第三辑），1982年，第326页。

第二节　建立健全司法程序和司法制度

一、明确逮捕权限

政治保卫部门是逮捕权限的主体，无条件具有逮捕权。根据《中华苏维埃共和国国家政治保卫局组织纲要》，政治保卫分局负责立案、侦查、逮捕和预审，然后以原告人资格向法庭提起公诉。

在建立了苏维埃政权已有6个月，但未设立国家政治保卫局分局或特派员而只设立了肃反委员会的县和区，若发现了反革命案件，县、区肃反委员会必须得到国家政治保卫局省分局的同意后，方可逮捕犯罪分子。

在反革命派已在组织暴动，或该区域与省苏的中间被白区隔断，或在反革命分子易于逃跑的赤白交界的地方，或在敌人进攻的特别紧急的情况下，来不及报告或无法报告国家政治保卫局省分局，而已经掌握了充分证据的县、区肃反委员会，有决定逮捕之权。在新发展区域，即在苏维埃政权建立不满6个月的县、区肃反委员会，当地群众与地主豪绅的斗争处于十分紧张的时候，县肃反委员会和特别指定的区肃反委员会，在取得县或区苏维埃执行委员会的同意之后，有决定逮捕反革命分子之权。①

为了提高司法效率，1932年6月起，裁判部中的检察人员“发觉有犯法的行为，如必须预先逮捕，然后才能检察的案件，检察员有先逮捕犯法的人之权”②，但是“执行逮捕刑事犯，必须得到庭长

---

① 龙岩市中级人民法院、古田会议纪念馆：《闽西苏区法制史料汇编》，2008年，第222页。

② 龙岩市中级人民法院、古田会议纪念馆：《闽西苏区法制史料汇编》，2008年，第77页。

批准，逮捕后之刑事案犯交待审处看押，并将所搜集之材料送交预审科”①。

随着第五次反“围剿”战争形势的日益严峻，1934 年 4 月 8 日起，中华苏维埃共和国司法人民委员部扩大了逮捕职权，规定“区保卫局特派员、区裁判部、区肃反委员会（新苏区革命委员会之下的）、民警局、劳动法庭，均有捉拿反革命及其他应捉拿的犯人之权，过去关于区不得上级同意不能捉人的规定，应废止之”②。同时规定，“当紧急时候，乡苏维埃与市区苏维埃，乡革命委员会与市区革命委员会，只要得到了当地革命民众的拥护，均有捉拿反革命分子及其他重要犯人之权。捉拿后分别送交区级肃反裁判机关”③。

二、建立起诉公诉审判制度

关于民事案件，规定任何苏维埃公民及群众团体代表有起诉告状权，遵守苏维埃法令的商人、老板、富农有权向法庭打官司告状。具体手续为先向法庭申诉登记处投告状纸登记；登记之后，由庭长审查、批准之后，挂牌公布预审公审日期，刑事案件被告人由法警传案，民事案件由书面通知被告。④

工农检察部、政治保卫分局等机构可以作为国家公诉机关，对各种犯罪提起公诉。对于反革命的案件，政治保卫机构预审之后，以原告人资格，向国家司法机关（法院或裁判部）提起诉讼，由国家司法机关审讯和判决。裁判部中的检察处对一切刑事案件可以进

① 龙岩市中级人民法院、古田会议纪念馆：《闽西苏区法制史料汇编》，2008 年，第 81 页。

② 龙岩市中级人民法院、古田会议纪念馆：《闽西苏区法制史料汇编》，2008 年，第 168 页。

③ 龙岩市中级人民法院、古田会议纪念馆：《闽西苏区法制史料汇编》，2008 年，第 168 页。

④ 龙岩市中级人民法院、古田会议纪念馆：《闽西苏区法制史料汇编》，2008 年，第 80—81 页。

行侦查，并代表国家向法庭提起公诉。[①]

三、实行初审（预审）与终审的二审判决制度

1930年3月，闽西苏维埃政府规定，以乡政府为初审机关，区政府为复审机关，经县政府判决后，即为完结。但重要案件，得提送到闽西政府审判。判处死刑人犯须报告县政府，经县政府批准后，始得执行。如因特别情形，不能待县政府批准，而须执行枪决者，事后要报告县政府请求追认。但暴动时期地方不在此限。[②]

1932年以后，中央司法人民委员部规定，一切案件必须经过预审。政治案件（卖国汉奸、反革命）由革命法庭成立专门的委员会进行预审，政治保卫局代表作为当然委员之一，由检察处作为原告人提起公诉。民事案件由预审科负责预审一次以上。[③]

正常情况下，裁判部中的检察人员执行初审权。为了提高司法效率，1932年6月9日中央司法人民委员部规定，检察员“管理案件的预审事宜，凡送到裁判部的案件，除简单明了，无须经过预审的案件之外，一切案件，必须经过检察员去预审过，并且凡是一切犯法行为，检察员有检查之权”；“经过预审手续之后，检察员认为有犯法的事实和证据，作出结论后，再转交法庭去审判”。[④]

特殊情况下，肃反委员会具有初审权。在新发展区域，即在苏维埃政权建立不满6个月的县、区肃反委员会，当地群众与地主豪绅的斗争处于十分紧张的时候，县肃反委员会和特别指定的区肃反

① 龙岩市中级人民法院、古田会议纪念馆：《闽西苏区法制史料汇编》，2008年，第81页。

② 中共龙岩地委党史资料征集领导小组、龙岩地区行政公署文物管理委员会：《闽西革命史文献资料》（第三辑），1982年，第215—216页。

③ 龙岩市中级人民法院、古田会议纪念馆：《闽西苏区法制史料汇编》，2008年，第80页。

④ 龙岩市中级人民法院、古田会议纪念馆：《闽西苏区法制史料汇编》，2008年，第76—77页。

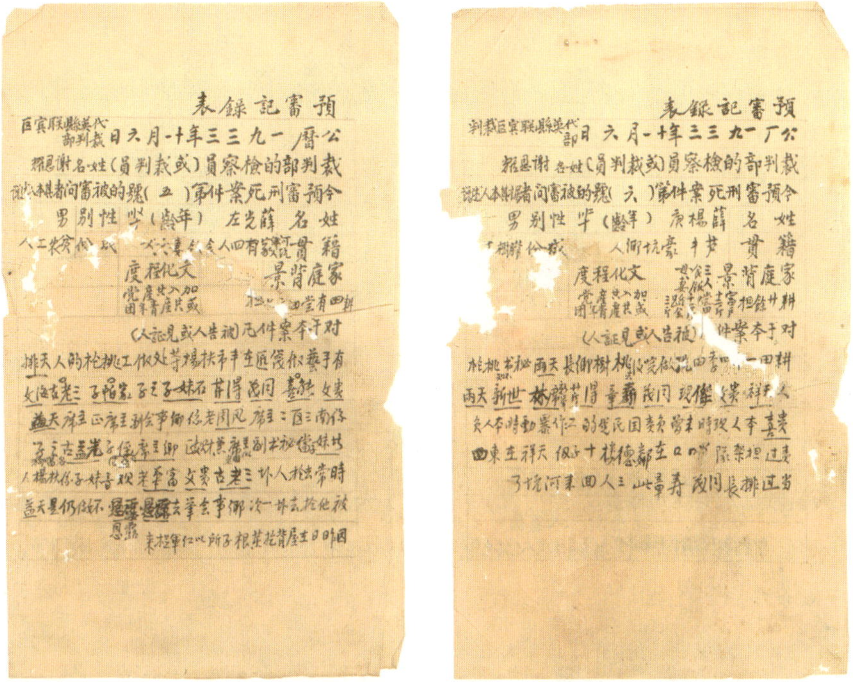

图 4-7　代英县苏维埃政府裁判部检察员谢恩耀监督案件预审的记录

委员会，在取得县或区苏维埃执行委员会的同意之后，有审讯反革命分子之权，审讯后应将案件移交给同级苏维埃执行委员会的审判机关作最后审讯。审讯完毕拟具判决书，报告省审判机关作最后判决，但是对于豪绅、地主、富农、资本家罪恶昭著的反革命案件，经当地工农群众要求处决者，当地政府有处决权，无须经省政府批准。

区裁判部审理一般不重要的案件，其判决处罚强迫劳动，或监禁的期限，不得超过半年。

县裁判部是区裁判部所判决的案件的终审机关，同时又是审判有全县意义的案件之初审机关，有判决死刑之权，但没有执行死刑之权，县裁判部判决死刑的判决书，得省裁判部的批准之后，才能执行。与省政府隔断的县苏裁判部，无法取得省苏裁判部的批准情况下，可以执行。

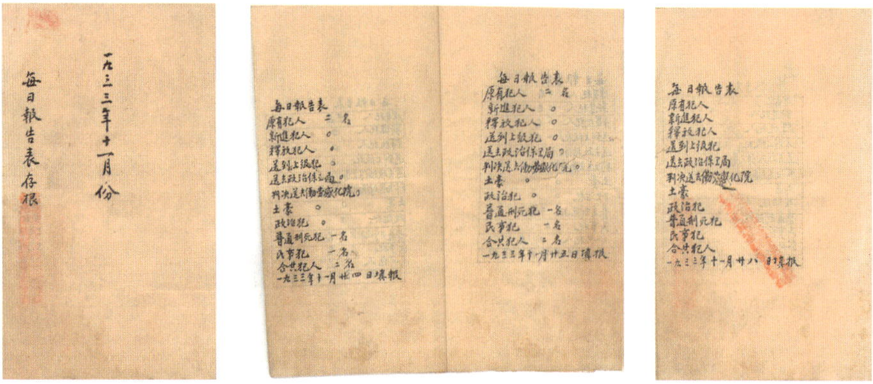

图 4-8　代英县裁判部的案件每日报告表存根

省裁判部为县裁判部所判决的案件之终审机关，同时又是审判有全省意义的案件之初审机关，有判决死刑之权，但必须移送临时最高法庭批准而后执行。未与中央苏区连成一片的省，省裁判部有最后处决案件之权。[①]

四、建立人民陪审与公审合议制度

第一，实行人民陪审制度。闽西苏维埃政府规定，开庭公审由庭长、秘书（记录员）及陪审员二至三人组成委员会开庭。[②] 后来，决定采取由群众团体代表陪审制度，陪审员最低限度五人，必要时可以尽量扩大其人数。[③]

苏维埃政府还保证陪审员的权益。《劳动法》规定，工人被法庭叫去当见证人、鉴定人或陪审员等，在执行工作期间，都不得克扣工资。

---

① 龙岩市中级人民法院、古田会议纪念馆：《闽西苏区法制史料汇编》，2008 年，第 76—77 页。

② 龙岩市中级人民法院、古田会议纪念馆：《闽西苏区法制史料汇编》，2008 年，第 73 页。

③ 龙岩市中级人民法院、古田会议纪念馆：《闽西苏区法制史料汇编》，2008 年，第 80 页。

第二，实行公审合议制度。闽西苏维埃政府在审判案件中，要求建立健全裁判委员会，每个案件先经过裁判委员会的讨论，讨论一个判决的原则，给审判该案的负责人以判决该案的标准，使判决上不致发生错误。苏维埃法律规定，“审判案件，必须公开”①。即使是革命需要秘密审判的情况，“宣布判决书时仍须作公开”②。反革命及其他重要的罪犯，必要时得召集群众大会公开审判。法庭开庭公审前三日，必须将公审案件挂牌通告，并通知群众旁听。公审程序为，先由主审宣布公审案件（如政治与刑事案件），由国家原告人（保卫局与检察处）提出控词，后由主审宣布开始审讯，经过原被告发表供词后，主审首先征求陪审意见，旁听群众在此时间可以发表对该案之意见，辩护人可于此提出辩护，此后退庭五分钟，由主审、陪审讨论合议判决，后即由主审当庭宣告最后判决，终结审判。

案件预审过程中，工农检察部驻裁判部的检察员全程参与，监督审判程序的依法执行。

五、建立律师式辩护与上诉制度

早在1917年，傅柏翠就在上杭县创办了福建省第一个律师事务所。1927年春在汀属八县社会运动人员养成所指导农民协会运动期间，他鼓励贫苦农民积极勇敢与地主豪绅打官司，并由农民协会给予“撑腰”。

苏维埃政权建立之后，加强了律师式的辩护工作，苏维埃法庭允许当事人辩护。在公审的时候，主审必须予以辩护人当庭辩护的权利。辩护人作为被告，可以请律师或者由国家司法机关出面代为辩护。关于商业条例、劳动法令、土地法令的纠纷，工农穷人可以

① 龙岩市中级人民法院、古田会议纪念馆：《闽西苏区法制史料汇编》，2008年，第76页。

② 龙岩市中级人民法院、古田会议纪念馆：《闽西苏区法制史料汇编》，2008年，第76页。

请政府法治机构代为辩护，如雇主老板违反劳动法令时，由检察处代表工人提起公诉。

此外，闽西苏维埃政府还规定，当事人在法定期间内无异议提出上诉的，照案执行，上诉期为 3 至 7 日，上诉不收费。其中对于人民内部矛盾，采用人民诉讼条例作为执法依据。人民诉讼须经过审判程序，不得越级陈诉。当事人不服原审判决，得在法定期间内提出上诉，终审判决后，即为终决。当事人认为各级审判机关有违法行为，或查出受贿证据时，得提出抗告于上级审判机关。在诉讼形式上，口头书面均可。① 汉奸卖国贼与一切反革命头子无上诉权。如果国家原告人对县级革命法庭所判决之案件提出上诉，必须经过省级批准后，方能执行。②

六、建立人民调解与检审合作制度

对于人民内部的矛盾，苏维埃法律主要实行调解制度。区以上苏维埃政权设有调解委员会、仲裁委员会，乡、村级政权设有调解委员，负责调解人民群众中发生的民间纠纷。调解不成，再以民事案件处理。当时的《劳动法》等法律法规规定，工厂委员会、店铺委员会、由劳资双方代表所组成的评判委员会、妇委联集会等，各行各业都组织发动起来，帮助红军与帮助苏维埃解决各种纠纷。

曾任苏维埃临时中央政府中央执行委员、工农检察部部长、临时最高法庭主席、内务人民委员部代部长等职的何叔衡多次在闽西调研，在检察、审判、纠纷调解等方面做了大量工作，被广大群众誉为“何青天”。福建省苏裁判部部长邱树南办案公平公正，注重现场调查，巡回办案，调解、办理了大量案件，被誉为“苏区铁包

---

① 中共龙岩地委党史资料征集领导小组、龙岩地区行政公署文物管理委员会：《闽西革命史文献资料》（第三辑），1982 年，第 215—216 页。

② 龙岩市中级人民法院、古田会议纪念馆：《闽西苏区法制史料汇编》，2008 年，第 73 页。

公”。

苏维埃时期的各级检察机构不负责检察审判机构审判过程中的具体事宜，中央及省、县、区、市审判机构采取检审合一制，工农检察工作主体有工农检察部（科）、裁判部内设的检察员、军事检察所、政治保卫局检察科等四种类型。审判过程中的检察职能由审判机构（裁判部）中设立的检察员行使，一切案件必须经过检察员的预审才能开庭审判。检察员又是代表国家的原告人，开庭审案时可以代表国家出庭告发。

军事裁判机构则采取检审分立制，各级军事裁判所的检察职能由设在各级军事裁判所所在地的各级军事检察所行使。军事检察所是代表国家对于军事犯的原告机关，可以检查军队中及与军事有关系的一切犯法案件，并可以向军事法庭提出公诉，开庭审判时可以代表国家出庭告发。

七、建立巡回办案和督查机制

在公审基础上，1933 年 5 月 30 日，中央司法人民委员部对裁判公审制度做出了更加明确的指示，指出“既审之后，应多贴布告，多印判决书。以宣布案件的经过，使群众明了该案的内容，除有秘密性的某种案件之外，坚决的不许再有在房间里秘密审判，或随便写一个判决书送上级去批准的不规则情形”。同时，裁判部时常派代表到各种群众会议上去做报告，引起群众对于裁判部工作的注意，组织巡回法庭到出事地点去审判，以教育群众。①

为了加强领导，督查工作中出现的问题，苏维埃法律规定，上级裁判部必须随时派指导员到下级巡视和指导工作。上级对下级的指示要具体，要“活”，尤其要合乎实际情形，少用书面的指示。下

① 龙岩市中级人民法院、古田会议纪念馆：《闽西苏区法制史料汇编》，2008 年，第 163 页。

级对上级要形成工作报告反馈制度。省对中央基本实行了报告制度，区对县、县对省也必须按时做工作报告，使得上传下达信息畅通。

八、分类审理和科学执行

审判机构根据敌我矛盾和人民内部的矛盾，分类审理案件。分类依据主要是阶级路线、阶级成分、反革命的首要与附和等。豪绅、地主、富农、资产阶级之反革命犯，应处以重刑；贫苦工农应该从轻；反革命的首领处以重刑，反革命的附和犯从轻。解决案件时，应该注意到阶级成分及犯罪者的犯法行为，对于苏维埃政权的危害性之程度来决定处刑之轻重。①

在福建省苏维埃政府裁判部成立的第一年，分类办理案件347件，其中土豪犯33件，政治犯30件，刑事犯210件，民事犯74件。已经判决执行的案件中，未赎16件，已赎17件，罚款33件，政治19件，监禁101件，刑事82件，释放劳苦工农174件。②

审判机构根据敌我矛盾和人民内部的矛盾分类审理后，做出判决。闽西苏维埃政府规定了惩办罪犯的八种方法：枪毙、没收财产、罚款、驱逐出境、监禁、剥夺选举权及被选举权、示众、罚做苦工等。

其中，枪毙、驱逐出境和示众通常由政治保卫机构公布并执行。特殊情况下，省县两级裁判部、肃反委员会、高初两级军事裁判所，有执行判决（包括死刑）一切犯人之权。

1930年2月，龙岩县第二次工农兵代表大会通过的《裁判条例决议案》规定，对反革命行为和严重民事罪犯执行枪决。具体有：土豪劣绅恃势欺压平民者枪决；反动政党危害革命者，其领袖枪决；

---

① 龙岩市中级人民法院、古田会议纪念馆：《闽西苏区法制史料汇编》，2008年，第162—163页。

② 龙岩市中级人民法院、古田会议纪念馆：《闽西苏区法制史料汇编》，2008年，第159页。

勾结白军，企图倾覆苏维埃者枪决；为反动派当侦探者枪决；强收租息捐税者枪决；妨碍公共利益者，侵吞公款五百元以上者枪决；无故殴人致死者枪决；纠众殴人致死者，主犯枪决；持刀杀人致死者枪决；暗杀人者枪决；奸害人致命者枪决；不得上级批准，假公报私，乱行枪决人者枪决；贩卖人口者枪决；故意烧人房屋者枪决；强奸妇女者情节严重的枪决；强抢他人财物者枪决；拦途截劫者枪决；冒名诈骗者枪决。此外，盗窃他人财物者处以示众、驱逐出境；强奸妇女者情节较轻的处以驱逐出境。[①] 1931 年 12 月 14 日，闽西苏维埃政府主席张鼎丞根据红十二军来信，[②] 发出通知，要求各级政府配合十二军，将屡犯错误开除的通讯队马夫杨衍洪驱逐出境。

特殊情况下，在新发展区域，即在苏维埃政权建立不满 6 个月的县、区肃反委员会对于豪绅、地主、富农、资本家罪恶昭著的反革命案件，经当地工农群众要求处决者，当地政府有处决权，无须经省政府批准。在新区边区，在敌人进攻地方，在反革命特别活动地方，区裁判部、区肃反委员会对于反革命及豪绅地主之犯罪者，在一级审判之后，直接执行死刑之权，但执行后须报告上级处置。

没收财产由县级苏维埃政府成立专门的没收委员会执行。没收犯人的东西，必须在该案件判决之后，依照判决书上的规定去执行没收，以免发生随便没收犯人东西的错误。绝对不允许工作人员将犯人算给政府的伙食费拿来当伙食尾子分，更不允许向犯罪的贫苦工农算伙食费，否则将严厉治罪。[③]

在新发展的革命区域，由红军成立了专门的没收委员会，承担

---

① 中共龙岩地委党史资料征集领导小组、龙岩地区行政公署文物管理委员会：《闽西革命史文献资料》（第三辑），1982 年，第 144 页。

② 龙岩市中级人民法院、古田会议纪念馆：《闽西苏区法制史料汇编》，2008 年，第 231 页。

③ 龙岩市中级人民法院、古田会议纪念馆：《闽西苏区法制史料汇编》，2008 年，第 164 页。

没收财产的司法权限。1933 年东方军入闽转战闽西闽北广大地区，成立了没收委员会，既没收了反动势力的财产，又筹集了军饷，支援了革命。

罚款、剥夺选举权及被选举权由裁判部执行。在新发展的革命区域，由红军成立专门的没收委员会，承担罚款的司法权限。

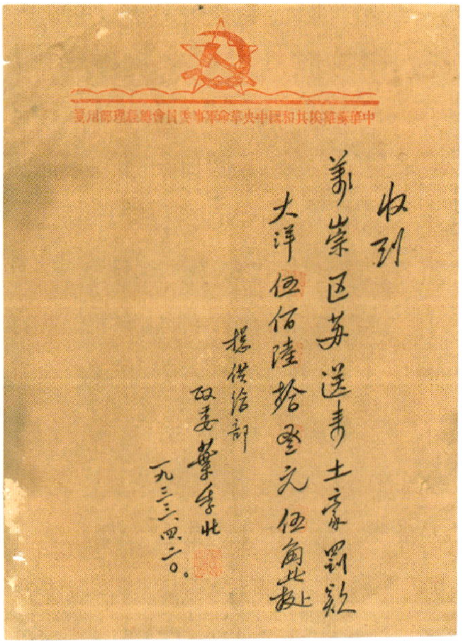
中华苏维埃共和国中央革命军事委员会总经理部用笺

收到

华崇区苏送来土豪罚款

大洋伍佰陆拾叁元伍角此据

供给部

政委 叶季壮

一九三三.四.二〇

图 4-9 收到各种罚款的收条

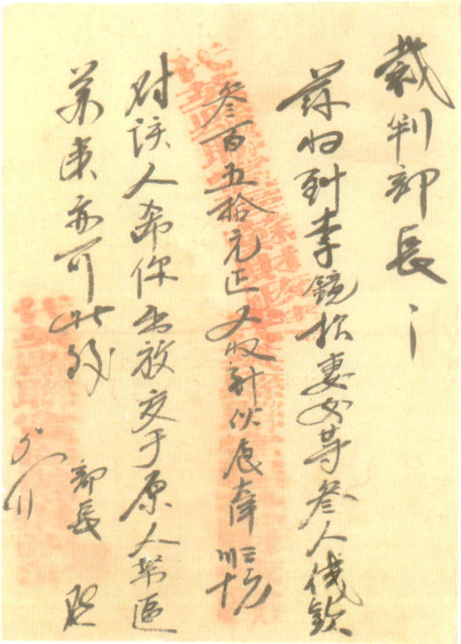
裁判部长：

兹收到李镜松妻女等叁人钱款

叁百五拾元正，又收新伙食费拾元

对该人希作为放交于原人乡区

苏维埃

部长

图 4-10 收到罚款后要求放人的函

1930 年 2 月，龙岩县第二次工农兵代表大会通过的《裁判条例决议案》规定：无意放火烧人房屋者赔款；卖灌水肉类，罚款并没收其肉类；诽谤他人名誉者，按情节轻重，处以罚金道歉等；侮辱他人者，处以罚金、道歉等罚则；损害他人财物者赔款；妨碍公共利益者，侵吞公款在五百元以内者，赔偿并剥夺其选举权和被选举权；检查包裹，乱取他人财物者，赔款并剥夺选举权。判决剥夺选举权仅针对有选举权的人，剥夺选举权应以年计算。富农无选举权，谈不上判处剥夺选举权。

监禁由拘留所（看守所）和监狱执行。罚做苦工和被判处长期监禁（最长的监禁期为十年）的犯人，由感化院执行。

1930 年 2 月，龙岩县第二次工农兵代表大会通过的《裁判条例决议案》规定：凡属本红色区域内的群众，不得赌博，如敢违犯，初次捉获，罚做苦工五天；二次则罚半个月；三次则罚一个月；窝赌，加倍处罚。纠众殴人致死者，从犯监禁。[①] 对被监禁的犯人，苏区政府实行教育、感化、改造相结合的原则。判决监禁，最多不能超过十年，十年以上应处以死刑，强迫劳动（苦工）不能超过一年，不准判决永久监禁或长期苦工。[②]

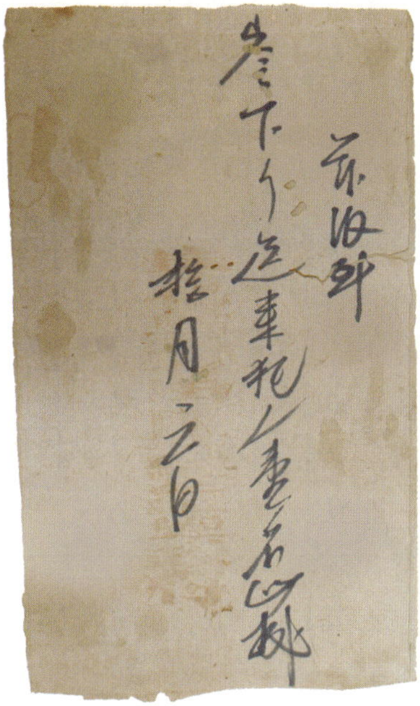
图 4-11 监禁执法时的犯人押送条

在规定了八种惩办罪犯的方法外，闽西苏维埃政府还废止了杀头破肚及肉刑等封建酷刑恶俗，规定未经审讯之前，拿获人犯不施行肉刑。但是，针对敌探等，有时可以使用肉刑讯问。还禁止烧屋，但有特别情形时，得县政府批准者，不在此例。[③] 这些惩办措施“罪不及孥”，刑罚只罪及犯人本身，不得连累其家属。同时，闽西苏维埃政府还废止上诉收费旧习，鼓励苏区群众采用法律手段解决人民内部矛盾。

---

① 中共龙岩地委党史资料征集领导小组、龙岩地区行政公署文物管理委员会：《闽西革命史文献资料》（第三辑），1982 年，第 145 页。

② 龙岩市中级人民法院、古田会议纪念馆：《闽西苏区法制史料汇编》，2008 年，第 164 页。

③ 中共龙岩地委党史资料征集领导小组、龙岩地区行政公署文物管理委员会：《闽西革命史文献资料》（第三辑），1982 年，第 216 页。

第三节 司法审判工作中形成的五个特点

闽西苏区的司法审判，在中国共产党开展红色法治实践的过程中，逐步成熟、完善，形成了五个特点：坚持党的领导、法律面前人人平等、通过调查研究获得事实依据、坚持群众路线开展司法审判工作、坚持宽严相济治病救人。

一、坚持党的领导

闽西苏区的法治建设，始终坚持在党的领导下。早在 1928 年 7 月 10 日永定暴动谢幕之际，中共福建临时省委在给闽西特委的指示信中就明确指出，应成立闽西暴动委员会，此会执委以十五人组织之。同志要占半数以上，余为非同志。非同志参加，可以号召广大的非党员群众。同志占过半数，为的是巩固党的领导，此外团可派遣代表三人参加。① 为了工作便利起见，在暴动委员会之下，设立了秘书处、军事处、裁判处、财政处、宣传处、交通处、谍报处等七个处，由于军事、裁判、财政三处事务比较繁重，可设委员会处理之。委员会主席概由暴动委员会执委担任。②

可见，在农民暴动的时候，中共福建临时省委就注意到“巩固党的领导”的重要性，并要求在暴动委员会中党员必须占一半以上名额，因军事、裁判、财政三处事关“枪杆子”和“钱袋子”，三个委员会负责人必须由暴动委员会执委担任。

1929 年 7 月，中共闽西第一次代表大会在上杭蛟洋召开，颁布

---

① 中共龙岩地委党史资料征集领导小组、龙岩地区行政公署文物管理委员会：《闽西革命史文献资料》（第一辑），1981 年，第 214 页。

② 龙岩市中级人民法院、古田会议纪念馆：《闽西苏区法制史料汇编》，2008 年，第 144 页。

了《苏维埃政权决议案》，明确规定，“党是苏维埃思想上的指导者，共产党并非以党治国。党是苏维埃思想上的指导者，所以应经过党团作用指导苏维埃并防止党代替苏维埃或苏维埃代替党的倾向”①。

1929年8月15日，中共闽西特委印发了《苏维埃组织法》，在规定闽西各级苏维埃政府组织系统的同时，还规定“工农兵苏维埃是工人农民士兵的政权机关，一切行动都要根据工人农民士兵及其他贫民利益去决定”。这是党对苏维埃政府一切工作的初心和出发点在法律上的最早规定。

随着土地革命的开展，苏维埃建设被提上日程。中共闽西特委注意到加强苏维埃领导工作的重要性，要求“在区以上的政府开代表会时，各级党部必须派代表参加，在政治上影响各代表”②。

为了确保党在苏维埃中的领导地位，中共闽西特委对苏维埃代表选举法进行了严格规定，“区以上的政府开代表会时，各级党部得派代表参加，在政治上影响各代表，但至多不得超过三人”③。闽西工农兵代表会（苏维埃）成立的时候，要求代表会除工农兵代表及学生教员照本选举法之规定选派代表外，中国共产党闽西特委派代表二人。④

中共苏区中央局吸取闽西经验，提出“为要执行上述的一切任务，必须巩固党的组织”，“党的发展工作必须坚决的实行阶级路线，党的生活必须用最大限度的努力去建立去改进，党的宣传工作要有系统的去进行，党与政权及其他团体要建立适当的关系，组织党团，

---

① 中共龙岩地委党史资料征集领导小组、龙岩地区行政公署文物管理委员会：《闽西革命史文献资料》（第二辑），1982年，第157页。

② 龙岩市中级人民法院、古田会议纪念馆：《闽西苏区法制史料汇编》，2008年，第22页。

③ 中共龙岩地委党史资料征集领导小组、龙岩地区行政公署文物管理委员会：《闽西革命史文献资料》（第二辑），1982年，第291页。

④ 中共龙岩地委党史资料征集领导小组、龙岩地区行政公署文物管理委员会：《闽西革命史文献资料》（第三辑），1982年，第49页。

提高党的领导作用”。[①] 中央局的意见反馈回闽西，在福建省委改组成立的前夜，中共闽粤赣苏区第二次代表大会召开，形成一致共识“闽粤赣苏区党的一切建设工作，要适应发展革命战争的要求，要积极动员工农群众参加革命战争，在革命斗争中来强大党的组织，巩固党的领导”[②]。

此后，党领导下的人民司法制度初步建立，有以下几点原则。一是保证裁判人事工作的独立性。区一级裁判部不能由别部人员兼任，坚决不允许指派、抽调裁判部的工作人员长时期在外从事一般的工作，而完全放弃裁判部的工作。没有上级的同意，不允许调换裁判部的工作人员，加强对新提拔的工作人员的训练和教育。[③] 二是裁判部有依法独立解决案件之权。不是每个案件都要经过政府主席团，只有特别重要的案件，可以经过主席团的讨论。裁判部不是预审机关的附属机关，裁判机关与预审机关互相合作，以互相商量来解决案件。[④]

同时，国家政治保卫局也规定，各级国家政治保卫机关实行垂直领导，地方政府无权改变政治保卫局（分局）的命令。

二、法律面前人人平等

《中华苏维埃共和国宪法大纲》规定：在苏维埃政权领域内的工人、农民、红军士兵及一切劳苦民众和他们的家属，不分男女、种族、宗教，在苏维埃法律前一律平等。

---

① 龙岩市中级人民法院、古田会议纪念馆：《闽西苏区法制史料汇编》，2008 年，第 295 页。

② 龙岩市中级人民法院、古田会议纪念馆：《闽西苏区法制史料汇编》，2008 年，第 321 页。

③ 龙岩市中级人民法院、古田会议纪念馆：《闽西苏区法制史料汇编》，2008 年，第 163 页。

④ 龙岩市中级人民法院、古田会议纪念馆：《闽西苏区法制史料汇编》，2008 年，第 164 页。

在苏维埃政权成立之前，闽西百姓有冤无处诉，社会矛盾激化。苏维埃政权成立后，废弃辖区范围内一切野蛮封建的规定，实行法律面前人人平等。1930 年 2 月，闽西苏维埃政府筹备处颁发的《闽西工农兵代表会议（苏维埃）代表选举条例》规定，凡在闽西赤色政权所及地方，年满 16 岁的劳动男女均有选举权和被选举权。这种由群众大会选举代表，经初选、复选、县或相当于县级单位三选后选出代表的选举方式，有效地维护了广大工农群众的民主政治权利。

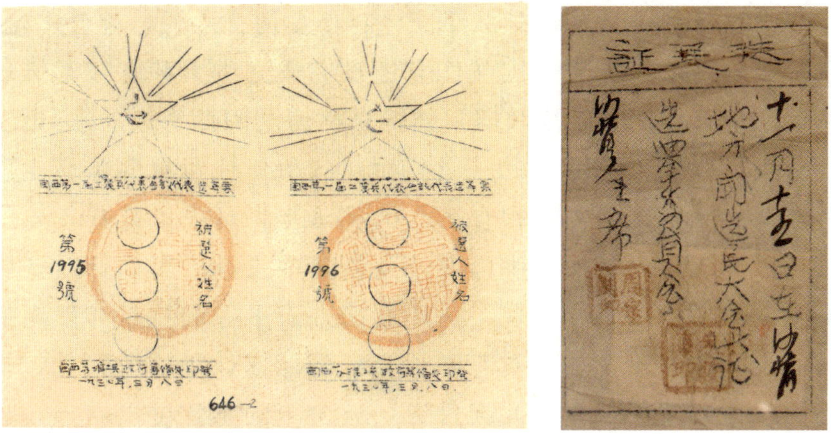

图 4-12　选举票及选民证

苏维埃任何公民享有法律所规定的权利，同时必须履行法律所规定的义务。只有苏维埃政权能够保障劳动群众的平等。

在闽西永定苏区，老板、师傅不得打骂苛待工人学徒。学徒在学习期间，须有相当工资，不为老板、师傅做私事。女工及青年工人，与男工及成年工人工作相等者工资一律平等。①

1932 年 7 月 1 日，福建省苏维埃政府劳动部批评了长汀县、新泉县部分地区在劳动中出现男女工资不平等的现象，要求纠正过去薄待女工的错误，在同样工作中，女工待遇与工资须与男工平等。②

在法律面前人人平等，普通公民犯法要依法审判，党政军干部

① 龙岩市中级人民法院、古田会议纪念馆：《闽西苏区法制史料汇编》，2008 年，第 115 页。

② 古田会议纪念馆：《闽西革命史文献资料》（第七辑），2006 年，第 272 页。

犯法也同样要受法律制裁，没有丝毫特权，这也是苏维埃审判工作贯彻法律面前人人平等的显著特征。遵守宪法及其他法律，是中华苏维埃共和国每个公民的义务，中华苏维埃宪法规定，任何组织或个人都没有超越宪法和法律的特权，任何人违反宪法和法律的行为都必须受到法律的制裁，构成犯罪的一律交法庭审判。

闽西苏区法律规定，如果发现了贪污腐化消极怠工以及官僚主义的分子，苏维埃应立即惩办他们，决不姑息。1930 年 6 月，闽西苏维埃政府常务委员兼粮食部部长林延年贪污 250 元，被公审枪决。必须指出的是，在当时中国共产党还没有成立中央和省级苏维埃政府的情况下，闽西苏维埃政府常被群众称为“闽西省政府”，辖区面积达后来形成的中央苏区的一半。而在战争年代，粮食是最主要的战略资源之一，作为主管粮食工作的林延年，可以说是共产党的高级领导干部。这起案件是中国共产党创建中央苏区时期针对贪腐案件打响的第一枪，充分体现了法律面前人人平等的特点和反腐倡廉的决心。其他的还有福建省工联社会经济部部长汤醒伯案件，福建省苏财政部代理部长张赞元案件等。从公布的案件可以看出，官员犯法，不论大小，一律惩处，这充分体现了苏维埃法律与执行机关的威严，确保了司法审判的公平正义，得到了人民群众的拥护与信赖。

三、通过调查研究获得事实依据

以事实为根据，以法律为准绳，是苏维埃审判工作的基本原则。这是苏维埃审判工作实践经验的总结，是辩证唯物主义在苏维埃审判工作中的具体运用，是中国共产党实事求是思想路线在苏维埃审判工作中的集中体现。

以事实为根据，就是要求苏维埃的各级各类审判机构和全体司法人员，在审判活动中必须以罪犯的犯罪事实为根据，在决定侦查、逮捕、预审、审判，或免予起诉、不起诉，在定罪量刑等整个诉讼过程中的各个环节，都要根据事实，不能凭借任何主观臆断与偏见来决断。而做到这一点的前提，就是要加强调查研究。

没有调查，就没有发言权。从 1928 年 7 月土地革命初期邓子恢、张鼎丞等在永定溪南区开展调查研究，到 1929 年红四军入闽后，毛泽东在闽西特别是在养病期间，针对政权建设、军队建设、思想建设、法制建设、农民关心的问题开展的深入调研，都是共产党加强调查研究的有力例证。可以说，没有这些深入而广泛的调研，没有掌握第一手的真实材料，就没有《土地法》《婚姻法》《裁判条例》《苏维埃组织法》《选举条例》等一系列切合苏区实际需要的法律法规的颁布和实施，就很难发现党内、军内存在的旧军阀思想、单纯军事观点等各种非无产阶级思想。同时，调查研究是古田会议确立思想建党、政治建军的重要论断和废止肉刑等重要举措的前提和基础。以毛泽东为代表的优秀共产党人早期在闽西注重调查研究，深刻地影响了闽西苏区的法治理念。

在土地分配中，规定分田机关与手续，由土地委员会先行调查统计田地、人口之总数，预定每户分田多少及每户应抽应补之数额，交代表会讨论分配其土地，委员会委员必须由贫农分子充任。[①] 而没收豪绅地主土地财产，则形成了“在贫农、雇农中去调查地主、富农。为明白全乡的实际情形，一定与贫农、雇农作个别谈话，及在会议中去调查，才能普遍的、彻底的肃清豪绅地主的封建势力，巩固苏维埃”[②] 的工作经验。

在肃反工作中，为了避免出现执法错误的问题，苏维埃政府要求，如各县所捕获政治犯，不论是否重要反动分子，非有本政府命令，不能解来，各县必须对这些人犯进行阶级成分、家庭背景、平素言论行动等方面的调查。而工农检察部各级组织“调查员要经常

① 中共龙岩地委党史资料征集领导小组、龙岩地区行政公署文物委员会：《闽西革命史文献资料》（第三辑），1982 年，第 202 页。

② 龙岩市中级人民法院、古田会议纪念馆：《闽西苏区法制史料汇编》，2008 年，第 207 页。

找到忠实可靠的工农分子三四人充当。如事件多时也可加找几人，但可临时委任”[1]。红军要帮助调查并设法逮捕豪绅及反动分子，报告上级处理。如此，才能“按照罪犯犯罪事实，取得口供证据，依惩办条例判定罪案”[2]。

为了避免重犯中央政府成立前在肃反工作中出现的不调查取证，仅凭口供断案的错误，中央执行委员会于1931年12月13日颁发了《处理反革命案件和建立司法机关的暂行程序》的训令，指出在苏维埃审判工作中“必须采用搜集确定证据及各种有效的方法”，而不能轻信口供定罪。在具体量刑时，对于处置反革命团体中的分子，一定要实事求是地区别阶级成分、首要与附和，即对于豪绅、地主、富农、资本家出身的反革命分子以及首要分子，应该严厉处置（如宣告死刑等）；对于从工农贫民劳动群众出身而加入反革命组织的分子，以及附和的分子，应该从宽处置（如自新释放等）。[3]

1932年6月9日，中央执行委员会颁发了《裁判部的暂行组织及裁判条例》，规定经过检察员预审的案件，凡是检察员认为有犯法的事实和证据，做出结论后，再转交法庭去审判。[4] 也就是说，凡是送交各类各级法庭审判的案件，一定要有犯罪人的犯罪事实和证据。

在司法审判中，注重调查研究。《古田会议决议》明确规定“坚决地废止肉刑”，并“举行废止肉刑运动”，指出“凡那些借口临时不良现象，反对废止肉刑或对废止肉刑怠工的，客观上便是妨碍革命斗争的发展，也就是帮助了统治阶级”。[5] 此后，闽西苏维埃政府多次颁布命令与条例，要求各级审判机关在审理案件时，要注重调

---

① 古田会议纪念馆：《闽西革命史文献资料》（第七辑），2006年，第376页。

② 中共龙岩地委党史资料征集领导小组、龙岩地区行政公署文物管理委员会：《闽西革命史文献资料》（第三辑），1982年，第144页。

③ 《红色中华》（第三期），1931年12月28日，第二版。

④ 《红色中华》（第三十四期），1932年9月20日，第十版。

⑤ 《中国共产党红军第四军第九次代表大会决议案》，《建党以来重要文献选编》（一九二一——一九四九）（第六册），中央文献出版社，2011年，第756页。

查研究，重证据、不轻信口供，重事实、不搞刑讯逼供。[①]

1932年8月27日，福建省苏维埃政府在《关于处理犯人的问题》中明确指出，“因为苏维埃的法庭不比国民党军阀的法庭，可以用种种刑来审问犯人，苦打成供，我们苏维埃的法庭，是要废除一切肉刑，用口才上的技术工夫来审问犯人，并且要到各方面去搜查材料，证实犯人的犯罪行为，使犯人无法抵赖。然后按罪轻重，依法裁判，绝对不许行使肉刑”[②]。9月，又在《关于犯人的材料及坚决废止肉刑的问题》中规定：“如各级政府再像从前那样把犯人送来而没有一点材料，本政府将不接受，当即日送还原处。希各级政府及地方武装注意!”[③] 短短几句，蕴含了闽西裁判部门注重调查、注重证据、禁止刑讯逼供、提高办案技术、罪责刑相适应、宽严相济、依法办案、废止肉刑等许多重要法治理念。

此后，中央司法人民委员部在闽西实践的基础上，对裁判工作做出了更加系统的指示，要求审判记录科学准确，记录法庭上原被告人及见证人的原话，不许发生审判时不做记录，到退庭后抄写预审机关的记录，或依据自己的回忆来记录的现象。要求在判决书上对于被告人的犯法行为的经过，犯法时间和地点及人证、物证等等应详细地有系统地叙述出来，不许用笼统的似是而非的话来做判决书。各人的犯罪事实不一样，裁判书也应按照各人的犯罪事实来叙述，不许各个裁判书用一律的笼统话来写。裁判案件应用最主要的事实，不要将不重要的写了一大篇，将重要的事实遗漏不提。即使有时对某案件的检查结果，找不到犯罪的事实，也要经过法庭宣告无罪，并须写成判决书。对每个案件的材料，要尽可能地去搜集，不得再有事实还未明了，又不经过预审，就拿到法庭来

① 中共龙岩地委党史资料征集领导小组、龙岩地区行政公署文物管理委员会：《闽西革命史文献资料》（第三辑），1982年，第216页。

② 古田会议纪念馆：《闽西革命史文献资料》（第七辑），2006年，第314页。

③ 龙岩市中级人民法院、古田会议纪念馆：《闽西苏区法制史料汇编》，2008年，第164页。

马虎判决的情形。①

自此以后，苏维埃的审判工作走上了正轨并全面展开。各级裁判机关以适应革命战争的需要为己任，把镇压反革命及其他刑事犯罪分子，保护民众合法权利，巩固工农民主专政，保证苏维埃法律法令实施作为自己的中心工作任务。各级裁判部在处置案件时，注重区分阶级成分，注重区别首要与附和，坚决废止了肉刑，不轻信口供。预审机关注意立案侦查与收集证据材料，把握好预审环节。裁判部重视预审机关搜集到的证据和材料，并认真核对，经裁判部检察员预审后，由裁判部的裁判委员会讨论研究审判案件的原则等问题，然后组织法庭依照法定程序进行审判。

四、坚持群众路线开展司法审判工作

根据八七会议确定的土地革命的总方针，中国共产党在闽西开始深入农村，发动农民，武装农民，开展土地革命，开辟农村革命根据地，建立农村革命政权，为司法审判工作中坚持群众路线奠定了牢固的基础。闽西苏维埃政权实行工农民主专政，苏维埃审判工作必须依靠广大民众，这是由工农民主专政政权性质所决定的。

毛泽东一贯提倡坚持调查研究、实事求是和走群众路线的工作作风。在苏区，毛泽东带头深入群众，开展调查研究，除《才溪乡调查》外，他还写下了《调查工作》《乡苏怎样工作》等调查报告，他所倡导的建政为民、执政为民、司法为民的思想和理念也在苏区深入人心。在革命领袖的倡导下，闽西苏区时期各级审判机关干部坚持群众路线蔚然成风。当时中央苏区流传着这样一首民谣："苏区干部好作风，自带干粮去办公；日着草鞋干革命，夜打灯笼访贫

① 龙岩市中级人民法院、古田会议纪念馆：《闽西苏区法制史料汇编》，2008年，第164页。

农”。这正是当年苏区干部坚持群众路线的真实写照，体现了苏维埃干部“人民公仆”的本色和高贵的品质，为党“实事求是”“司法为民”思想路线的形成、发展起了重要作用，并为以后的审判机关干部树立了良好的榜样。

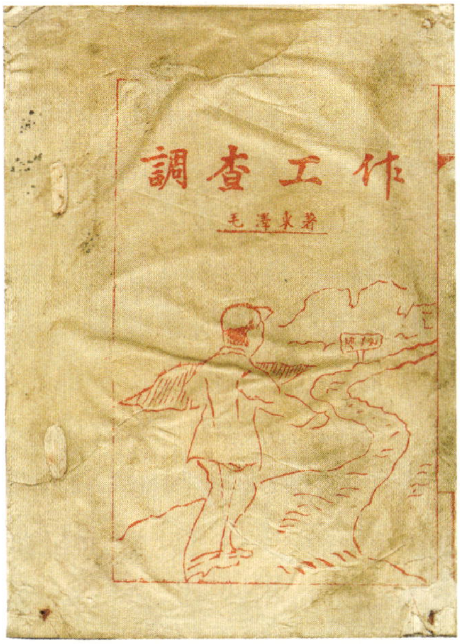

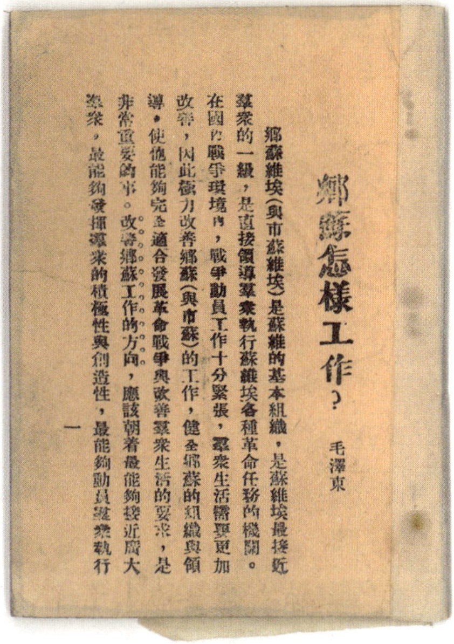
鄉蘇怎樣工作？

毛澤東

鄉蘇維埃(與市蘇維埃)是蘇維埃的基本組織，是蘇維埃最接近羣衆的一級，是直接領導羣衆執行蘇維埃各種革命任務的機關。在國內戰爭環境內，戰爭動員工作十分緊張，羣衆生活需要更加改善，因此極力改善鄉蘇(與市蘇)的工作，健全鄉蘇的組織與領導，使他能夠完全適合發展革命戰爭與改善羣衆生活的要求，是非常重要的事。改善鄉蘇工作的方向，應該朝着最能夠接近廣大羣衆，最能夠發揮羣衆的積極性與創造性，最能夠動員羣衆執行

一

图 4-13　毛泽东在苏区的早期著作《调查工作》与《乡苏怎样工作》

闽西苏区要求在土地分配中坚持群众路线，在分田运动、查田斗争中，必须运用群众路线与明确的阶级路线，并批评了脱离群众的做法，指出：“有许多是由于少数负责人，查田委员或党的支部去查出和没收，有的还采用秘密的调查方式，有些地方查出地主富农后不迅速没收分配，或不分给群众而统归政府或拍卖，这都是脱离群众的办法。”①

苏维埃政府要求，查田运动必须运用群众路线与明确的阶级路线，反对不发动群众，仅凭个人或少数人查田的办法，反对非阶级的普遍调查的办法，特别要反对侵犯中农的行动。在查田运动中，

① 龙岩市中级人民法院、古田会议纪念馆：《闽西苏区法制史料汇编》，2008 年，第 269 页。

要广泛发动贫农团及妇女群众，建立农业工人的坚强领导作用，同时要在查田运动中健全和发展贫农团和农业工会的组织。正如张闻天所说："只有正确的执行阶级路线与群众路线，才是真正革命的布尔什维克的办法。"①

对于肃反工作中的错误，苏区中央局认为这些错误源于对反革命派的认识和估量的错误，源于对反革命派斗争的方法的错误，源于"非阶级路线与非群众路线的错误"。这种非群众路线，表现在"肃反工作完全没有发动群众、教育群众与争取群众。相反的反在群众中造成恐怖现象，送群众给反革命派来利用"②。

在新发展区域中，为了要巩固工农革命政权，必须肃清反革命势力，镇压反革命活动。而这些工作的开展，必须依靠群众，发动群众，才能取得效果。因此，必须坚决反对不相信群众、不依靠群众的观念。"不论是捉杀反革命的地主、富农，将地主、富农编入劳役队，或是没收、征发地主、富农的粮食等，我们都要采取发动群众、经过群众、依靠群众的路线"③，"凡是一切不相信群众，认为群众反水的观念，都是争取群众工作的敌人"④。正如 1934 年 1 月 26 日毛泽东在第二次全国苏维埃代表大会上的报告中深刻指出的："对于反苏维埃法令的剥削阶级分子及一切进行反革命活动的分子，实行严厉的裁制与镇压。在这里，政治保卫局工作与苏维埃法庭的群众化，动员广大群众参加肃反斗争，是非常必要的。"⑤

坚持群众路线开展司法审判工作，既是革命的需要，也是审判工作的必然要求。主要体现在几个方面：

---

① 龙岩市中级人民法院、古田会议纪念馆：《闽西苏区法制史料汇编》，2008 年，第 476 页。

② 古田会议纪念馆：《闽西革命史文献资料》（第七辑），2006 年，第 10 页。

③ 龙岩市中级人民法院、古田会议纪念馆：《闽西苏区法制史料汇编》，2008 年，第 278 页。

④ 古田会议纪念馆：《闽西革命史文献资料》（第八辑），2006 年，第 263 页。

⑤ 《在第二次全国苏维埃代表大会上的报告》，《建党以来重要文献选编》（一九二一——一九四九）（第十一册），中央文献出版社，2011 年，第 142 页。

一是依靠群众、发动群众侦破案件。一切反革命分子及其他刑事犯罪分子的犯罪活动，总是混在群众中进行的。苏区审判人员要主动深入群众调查研究，收集证据，查清案件的事实；发动群众检举揭发。苏区不少犯罪分子就是由群众主动揭发报告而被逮捕立案受到应有的惩罚的。

二是审判机构要主动接受民众监督。苏维埃的各级审判机构不但要受到各级苏维埃代表大会及其执行委员会监督与检查，审判机构内部的检察员的监督与检查，国家工农检察委员会的法律监督，而且要受到苏区广大群众的监督，这是由苏维埃审判机构的性质所决定的。苏维埃法庭，就是民众的法庭，在工农群众监督之下进行工作。苏维埃公民的监督，是苏维埃审判工作正确判案、防止发生冤假错案的重要保证。有民众的监督，即使审判机构发生了错判案件也容易得到纠正；有苏维埃民众的监督，可以随时揭露执法队伍中的贪赃枉法、徇私舞弊分子的违法行为，使审判机构及时调整充实执法人员，保证法律实施的效力。

三是吸收群众代表直接参加审判活动。如前所说，闽西苏区裁判部建立了人民陪审和人民调解制度。陪审员由职工会、雇农工会、贫农团及其他群众团体选举出来，每审判一次得调换两人。实行陪审制，置司法审判在群众的监督之下进行，同时化解矛盾于法庭之外，构筑了苏区的和谐社会，还解决了战争年代裁判人员不足的问题，体现红色政权依靠人民、信任人民、服务人民的宗旨。同时，苏维埃审判机构还专门设有流动的巡回法庭，随时到出事地点或群众聚集的地方去审判比较有重要意义的案件，以吸引更多的群众来参加旁听，把庭审工作直接置于广大基层群众的监督之下。借公开审判案件之机教育群众，在群众面前揭穿反革命分子的各种阴谋，这是在司法工作上加强群众法治观念的一种方式，以便提高他们参加苏维埃审判工作的积极性。各级审判机构建立以后，在广大群众中已有人民司法机关的印象，许多群众自动地到各级裁判部去投诉反革命分子罪行，提供反革命活动的线索，为侦查工作提供了方便。

许多次审判都引起了广大普通群众的关注，苏维埃法庭在广大群众中已经树立并提高了自己的权威，在群众中有极高的威信。

五、坚持宽严相济治病救人

司法的目的，不外乎处罚罪犯，警醒世人。苏维埃法庭在审判时坚持惩办与宽大相结合，教育、感化、改造相结合的原则，在量刑时区别罪犯的阶级成分、罪行的轻重、认罪的态度、主犯还是从犯、揭发同案犯的程度等情况，分别治罪。这种宽严结合的审判方式，收到了打击和孤立首恶分子和顽固分子，瓦解敌人，减少土地革命阻力的效果。

宽严相济是司法审判的特点，治病救人是司法审判的目的。这种在对敌斗争过程中创立的教育、感化、改造犯人的司法政策，是闽西苏区法治建设的成功经验之一，体现了中国共产党人改造旧世界的博大胸怀，是我国劳改制度的开端。毛泽东因此赞扬说："苏维埃的监狱对于死刑以外的罪犯是采取感化主义，即是用共产主义的精神与劳动纪律去教育犯人，改变犯人犯罪的本质。"①

虽然苏维埃政权从诞生的那天起，就遭到帝国主义和国民党反动派的政治瓦解、军事进攻、经济封锁，但是，由于坚持法治建设，坚持司法审判工作中的五个特点，惩前毖后，治病救人，中央苏区出现了政权稳固、人心安定、生产发展、百姓争先恐后报名参加红军的"军民鱼水情"的景象。这与审判机关卓有成效的审判工作是分不开的。

---

① 《在第二次全国苏维埃代表大会上的报告》，《建党以来重要文献选编》（一九二一——一九四九）（第十一册），中央文献出版社，2011 年，第 109 页。

第五章　苏区法治建设的成效与经验

闽西苏区和中央苏区时期，是中国共产党领导的革命法治建设的初创时期，是探索依法治国的重要历史阶段。中国共产党在闽西开展的法治实践，包括立法、执法、监督和法治宣传教育等，开创了共和国法治工作的先河，初步形成了苏维埃法律体系，初步建立了较为完善的司法制度和程序，为中国特色社会主义法治建设奠定了基础。

溯源中国特色社会主义法治，坚持党的领导，坚持以人民为中心，坚持走中国特色社会主义法治道路，在闽西苏区和中央苏区时期已得到初步印证。党的领导保障了苏区的法治建设道路，为苏维埃政权的建立和巩固打下了良好的法治基础。正如习近平总书记所说，"党的领导是中国特色社会主义法治之魂，是我们的法治同西方资本主义法治最大的区别。离开了中国共产党的领导，中国特色社会主义法治体系、社会主义法治国家就建不起来"①。在闽西和中央苏区开始铸就的中国特色社会主义法治之魂，为中国特色社会主义法治建设积累了宝贵的经验。

第一节　苏区法治建设的成效

苏区法治建设取得了卓越的成效，具体包括：法律规范初步形成，法治实施初见成效，法治监督初步创立，党内法规初见雏形。同时，为新中国的法治建设道路做了必要的理论和实践铺垫，积累

① 中共中央文献研究室编：《习近平关于全面依法治国论述摘编》，中央文献出版社，2015年，第35页。

了丰富的经验，提供了宝贵的教训，具有相当重要的启示作用。

一、法律规范初步形成，各项工作有法可依

建设中国特色社会主义法治体系，必须坚持立法先行，发挥立法的引领和推动作用，抓住高质量立法这个关键。闽西苏区和中央苏区时期，就开展了广泛的立法实践，各个领域的丰富的立法成果使得苏维埃政府的各项工作有法可依，得以有序进行，保护了大多数人的合法权利，为苏区的革命斗争和政权建设提供了强有力的保障，为新中国立法实践提供了大量值得借鉴的经验。

闽西苏区立法文献非常丰富，大规模的立法主要集中于工农兵代表大会。其中，闽西第一次工农兵代表大会立法在闽西苏区立法史上意义重大——颁布法律最多，立法技术最为娴熟，且立法内容大多符合实际。闽西第一次工农兵代表大会立法与全国其他苏区工农兵代表大会的立法相比，不仅在时间上较早、在数量上较多、在立法质量上较优、在立法内容上较符合实际，而且许多立法具有开创性，尤其在土地立法上为全国其他苏区提供了成熟易行的分田经验。《土地法令》规定“以原耕为形势（式）”“抽多补少，抽肥补瘦”的分田经验对于全国其他苏区立法具有借鉴意义，其中的“抽肥补瘦”乃闽西苏区立法首创。此外，闽西苏维埃政府成立后，以苏维埃政府名义颁布了许多布告、通告、通知、训令和决议案等，行政立法多达 195 件。

闽西苏区立法门类齐全，调整了大部分社会关系，涉及政权组织、选举、土地、军事、刑事、司法审判与狱政、财政金融税务、经济管理、劳动、工会、妇女青年婚姻家庭和文教卫生等领域，72 部法律①

---

① 永定县第二次工农兵代表大会通过法律 17 件，龙岩县第二次工农兵代表大会通过法律 11 件，闽西第一次工农兵代表大会通过法律 22 件，闽西第二次工农兵代表大会通过立法 11 件，福建省第一次工农兵代表大会通过法律 5 件，直接以闽西苏维埃政府法律条例命名颁布的 5 件，直接以福建省苏维埃政府法律条例命名颁布的 1 件。

囊括了大多数法律部门，占中央苏区立法文献半数以上。

中央苏区的立法初步创建了具有鲜明特色的苏维埃法律体系。中央苏区在短短三年内制定的法律法规就达到130余部，且基本达到“全、细、深、严”的程度，形成了以《中华苏维埃共和国宪法大纲》为核心、以各部门法为主体的比较完备的苏维埃法律体系。这一法律体系使得在经济政治和社会关系的主要方面实现了有法可依，逐步形成了相对统一的新民主主义法律体系。这一法律体系，具有如下特征：

第一，法律规范门类比较齐全。在宪法类法律中，前后共制定以《宪法大纲》为代表的5个宪法性文件（含草案）、15部组织法和10部选举法令。在土地立法方面，制定了全局性的和层次最高的《中华苏维埃共和国土地法》。在刑法方面，主要有《中华苏维埃共和国惩治反革命条例》《关于镇压内部反革命问题》《关于惩治贪污浪费行为》。在民事法律方面，有民法、婚姻条例、婚姻法。在经济法方面，有经济管理法令、工商业政策、税收政策等。在行政法方面，有行政管理法令、公安管理法令、民政管理法令、关于红军建制的法令、文教卫科体管理条例等。除了这些实体法，还制定了一些程序法，主要有《处理反革命案件和建立司法机关的暂行程序》《裁判部的暂行组织及裁判条例》《中华苏维埃共和国司法程序》等。

第二，立法内容涉及领域广泛。立法内容涉及经济、政治、文化、教育、卫生和妇女儿童权益保护等诸多方面，涵盖了工业、农业、贸易、财政、金融、水利、开荒、移民、环保等各个行业，实现了各行各业基本做到有法可依、有章可循。

第三，较高的立法技术和水平。中央苏区的立法，法律条文比较规范、逻辑比较严密，达到了较高的立法水平。比如《宪法大纲》，除前言外仅17条，却非常明确地确定了中华苏维埃共和国的任务、国家的性质、最高权力机构、地方政权机构、中华苏维埃区域的公民享有的权利和应尽的义务等。《中华苏维埃共和国婚姻条例》和《中华苏维埃共和国婚姻法》，关于结婚、离婚、离婚后财产与子女的处理、非婚生子女的处理等的规定比较细致，在结构上采取章、条结构，语言比较规范。

中央苏区在战争年代建立起比较完备的新民主主义法律体系，为苏维埃政权的巩固和建设提供了可靠的法律保障。这一法律体系成为陕甘宁边区政府和新中国立法的基础和源头。董必武指出："在过去国内革命战争的各个时期，各个革命根据地，在党的统一领导下，制定了许多代表人民意志和符合革命利益的政策法令。尽管它们在形式上比较简单，而且不可避免地带有地方性，但是它们有力地保障和促进了革命事业的发展。不仅如此，它们并且是我们现在人民民主法制的萌芽。"①

二、法治实施初见成效，执法司法落到实处

法律的生命力在于实施，法律的权威在于实施，法律的威力也在于实施。为了保证法律的有效实施，闽西苏区和中央苏区在执法和司法上采取了一系列举措，法治实施初见成效。

为了实施法律，闽西苏区加强执法和司法工作。

一方面，在执法工作中，苏维埃政府积极贯彻落实法律，特别是全面推动《土地法》实施。闽西第一次工农兵代表大会颁布《土地法令》后，闽西苏区开始分田。以永定县为例，全县农民38196户，146200人，分得土地297223亩，占全县土地总面积35万亩的85%以上。② 据张鼎丞回忆，在很短的时间里，在长汀、连城、上杭、龙岩、永定纵横300多里的地区内，解决了50多个区600多个乡的土地问题，80多万贫苦农民得到了土地。③

土地法的颁布和实施，使农民得到了土地，增加了收入，改善

---

① 《董必武政治法律文集》，法律出版社，1986年，第475页。

② 中共福建省龙岩市委党校研究室：《闽西人民革命史》，中央文献出版社，2001年，第177—178页。

③ 张鼎丞：《中国共产党创建闽西革命根据地》，人民出版社，1983年，第37页。

了生活，调动了农民参加革命的积极性，得到了广大群众的积极拥护，推动了闽西土地革命深入发展。截至 1930 年 7 月，闽西苏区已建立 5 个县苏维埃政府，57 个区苏，5 个区革委会，557 个乡苏（武平、漳平未统计在内）；赤色区域人口约 85 万，占闽西各县总人口一半以上。[①] 同时，闽西苏区的经济也得到了一定发展。广大农民的积极性和对苏维埃政府的支持热情空前高涨，一定程度上也为建立更高层级的苏维埃政府奠定了基础。

另一方面，在司法工作上，闽西苏区创建了红色法治机构，具体包括检察机关、审判机关、肃反委员会和国家政治保卫局。同时，闽西苏区确定了司法程序和司法原则，如注重事实调查研究；法律面前人人平等；发动群众，依靠群众，注重社会效果等。这些司法程序和司法原则的确立保证了法律的高效实施。

中央苏区时期，依然没有放松执法和司法工作。

一方面，在执法工作上，加强上级政府监督。上级政府机关不定期派出巡视员或检查团，对下级政府机关实行工作指导和检查。中央苏维埃组织法和地方苏维埃组织法规定，中央和省、县苏维埃政府各部门都应设专职巡视员，专门负责对下级对口部门进行工作巡视、指导和检查，发现问题及时指出纠正，并向上级报告。

另一方面，在司法工作上，中央苏区建立了较为系统的司法体系，并注重培养司法干部人才。具体来说，在司法体系的建构中，一是形成了较为完整的司法组织体系，这些组织机构包括司法行政机关（司法人民委员部）、审判机关、检察机关和国家政治保卫局。二是构建了较为系统的苏维埃司法制度体系，包括两审终审制度、公开审判制度、巡回审判制度、合议陪审制度、回避制度、上诉制度、死刑复核制度、人民调解制度等等，以保证司法机关依法有效进行司法活动。三是制定了较为完善的司法程序，司法程序的确立

---

① 《中共闽西第二次代表大会情况及各项文件》（1930 年 7 月 8 日—20 日），江西省档案馆、中共江西省委党校党史教研室：《中央革命根据地史料选编》（上），江西人民出版社，1982 年，第 319 页。

为司法机关办案提供了程序法依据，使苏区司法工作走上了依照法定原则和制度办案的新阶段。

在司法干部人才培养上，苏维埃政府通过创办裁判工作人员培训班，抽调下级裁判部工作人员到上级裁判部实习工作，选拔一些青年充实司法干部等各种有效措施，大大提升了司法干部人员的素质。这不仅为司法工作的创立和发展做出了重要贡献，也为新中国的诞生和人民司法事业的发展做了重要的准备。

三、法治监督初步创立，反腐倡廉深入开展

法治监督是指对法律实施情况的监督。闽西苏区时期，苏维埃政府非常重视法治监督建设，以制度建设反腐倡廉。到了中央苏区时期，已经形成以法制监督、党政监督、审计监督、舆论监督和群众监督为主的监督机制，初步建立了法治监督体系。法治监督体系的建立，严厉地打击了苏维埃政府中的贪污腐败行为，对巩固政权和推动革命发展起了积极作用。

闽西苏区苏维埃政府非常重视法治监督建设，通过制度建构反腐倡廉，建设廉洁政府。1930 年 3 月闽西第一次工农兵代表大会通过的《裁判条例》对政府工作人员的行为进行专章规定，其中第五部分以“政府工作人员惩办条例”为题，直接规范政府工作人员的行为。此外，闽西苏区还诞生过纪检机构的雏形，如永定下丰第八区潘溪乡纪律裁判委员会，就是专司干部贪腐案件的查办和审理的机构。

到了中央苏区时期，中华苏维埃共和国中央政府非常重视法治监督建设，并形成了较为严密的红色政权监督机制，具体包括法制监督、党内监督、政府监督、审计监督、舆论监督和群众监督。

法制监督是红色政权监督体系中的重要一环。为惩治贪污腐败行为，1933 年 12 月 15 日，毛泽东以中央执行委员会名义亲自签发颁布了《关于惩治贪污浪费行为》的第二十六号训令。这是中国共

产党历史上第一部反贪法规。这一法令的颁布，为司法机关对贪污腐败犯罪的审判量刑，提供了法律依据，使得惩治贪污及浪费行为有法可依。苏区各级司法机关运用法律，与贪污腐败现象展开坚决斗争，有力推进了苏区反腐倡廉斗争的深入开展，遏制了苏区贪污腐败现象的滋生。这种法制监督是中央苏区反腐倡廉的成功经验。

党内监督主要从两方面进行：一是发挥基层党组织的作用，通过召开民主生活会等方式，在党内开展积极的批评和自我批评。二是加强党的纪律建设，充分发挥党的纪律对党员干部腐败行为的遏制与批评作用。如成立了党的监察委员会等。党的各级监察机构的建立和健全，有利于加强对党员干部的监督和党的纪律建设。

政府监督同样从两方面进行：一方面成立工农检察部，专门负责对政府机关和政府工作人员进行检查监督。苏区各级工农检察部成立后，在监督政府工作和检举揭发违法乱纪现象方面，发挥了积极作用。另一方面，上级政府机关不定期派出巡视员或检查团，对下级政府机关实行工作指导和检查。

审计监督是专门在经济领域对各级党政机关和国家企事业单位及其工作人员进行检查监督，以堵塞贪污浪费漏洞、防止贪污腐败现象发生的有力举措。中央苏区运用审计监督手段与贪污腐败现象斗争，取得了显著成绩。1933 年 12 月至 1934 年 4 月间中央苏区查处的许多贪污浪费腐败案件，都是中央审计委员会通过审计有关部门账务账目发现和揭露出来的。

舆论监督。中央苏区从中央到地方各级党政机关、群众团体和红军部队，都办有报纸刊物。党和苏维埃政府十分重视并充分发挥了这些大众传播媒体在反腐倡廉方面的舆论监督作用。苏维埃中央政府机关报《红色中华》开设“突击队”专栏，专门揭露批判各级党政机关及工作人员中的官僚主义、贪污浪费等消极腐败行为。红军总政治部主办的《红星》报，辟有“铁锤”专栏，专门批评红军部队和军事机关中存在的各种不良现象和作风。其他许多报刊，也都辟有各种批评专栏。这样，就使苏区存在的各种消极腐败现象，处于强大的舆论监督之下，难有藏身之地。

群众监督。苏维埃政权是工农民主专政的政权，工农群众不仅选派自己的代表参加国家政权的管理，而且有权对政府工作人员进行直接监督。苏区党和政府根据苏维埃《宪法大纲》的规定，创造各种条件，倡导苏维埃公民对苏区党政工作人员实行民主监督。如对不称职的苏维埃代表，选民们有权将他们撤换、召回；为了让工农群众充分行使监督权利，苏维埃政府在工农检察部设立控告局，在各国家机关、企业、工厂、作坊、矿山、学校、社会团体、街道、村落中建立不脱产的工农通讯员队伍，经常组织不脱产的"突击队""轻骑队"，明察暗访、突击检查等，以充分发挥群众监督对反腐倡廉的重要促进作用。

从 1932 年 4 月至 1934 年 3 月，苏维埃中央政府先后查处了多起贪污腐败大案要案，还查处了一批其他贪污腐败案件，引起大震动，充分展示了党和苏维埃政府反贪肃贪的决心。

四、党内法规初见雏形，开启党内纪律建设先河

把党内法规体系纳入中国特色社会主义法治体系，成为治国理政重要组成部分，是中国共产党的首创，也是坚持党对法治建设领导的理论和制度创新。早在闽西苏区和中央苏区时期，作为根据地法治建设的领导者，中国共产党在建设中也始终不忘自身方面的建设，一手抓革命根据地的建设，一手抓自身建设。党的自身建设中的重要内容就是党的纪律建设，这些党的纪律就是党内法规的雏形。

闽西苏区时期，中国共产党就开始了党内法规的建设。1929 年红四军入闽前后，发布了"一月布告"和"六月布告"，严明军纪，开启了党内法规建设的先河。虽然这一时期党内法规与法律之间的界限还比较模糊，但是党内法规建设的有益成果对于当下我们从严治党，加强党内法规建设有着重要的借鉴意义。

古田会议通过的《中国共产党红军第四军第九次代表大会决议

案》，其中对党的思想、组织建设等方面提出了全面而深入的要求，这样的规定统一了全党对重大问题的思想认识和行动，可谓是中国共产党的“党规党法”。此外，在其他一些关于苏区建设的决议中也有着党自身建设的内容，这些规定起到了很好的指导和规范作用。

中央苏区时期，为了维护各级党组织的团结统一，在党的政治方向、立场、言论和行为等方面，中共中央要求苏区党组织和党员干部严守党纪规则。为此，当时中国共产党的《党章》有明确规定，中共中央也两次修改了《中央巡视条例》，从制度上保证中国共产党自上而下的集中领导，从而推动中共中央和各个苏区党内的纪律建设。

在中华苏维埃共和国第一次党代会之后，中央苏区和地方各级党组织在大多数党员遵守党纪国法的基础上，更加强调加强党员干部的纪律教育及其党纪意识的重要性。1931 年底，红四军军委扩大会议通过的《党的建设问题决议案》，要求广大党员干部了解党的纪律，开展纪律教育。为巩固和加强党领导人民群众团结一致向前，每个党员干部最起码的义务都是必须遵守党的纪律，要求将党员纪律教育贯彻落实于“一般的日常生活中”。

1933 年 9 月，中共中央作出《关于成立中央党务委员会及中央苏区省县监察委员会的决定》。同年冬起，中央苏区的各省、县委成立了党的监察委员会，中央党务委员会也于 1934 年 1 月在中共六届五中全会上选举成立。中央苏区逐级建立健全党的纪律监察机构，贯彻落实红军和地方党组织的纲领路线和政策措施。党的各级纪律监察机构的建立和健全，有利于加强对党员干部的监督和党的纪律建设。

正是这样外部进行法治建设，内部进行党规党法的建设，使中国共产党在不断完善自身建设的同时，革命根据地的建设也一步步走向深入。

第二节　一切为了人民

人民性是马克思主义最鲜明的品格。追本溯源，中国特色社会主义法治建设的人民立场深深根植于中国共产党的根本政治立场、宗旨路线和执政理念，以人民为中心的理念精准回答了中国共产党“为了谁、依靠谁、我是谁”这一重大理论和实践问题，集中体现了马克思主义的本质特征。

回顾历史，中国特色社会主义法治建设始终是在党的领导下发展起来的，党的初心和使命深深镌刻在中国特色社会主义法治理论的形成过程中，萌芽于闽西苏区法治实践中，发展于中央苏区法治实践中。

一、根植于马克思主义的人民性

马克思主义唯物史观认为，人民是社会发展的主体，是创造社会财富的根本动力，是历史发展和社会变革的决定力量。《共产党宣言》强调：“无产阶级的运动是绝大多数人的、为绝大多数人谋利益的独立的运动。”作为指导无产阶级和人类解放的科学理论，马克思主义一开始就打上了人民性的烙印，植根于人民群众之中，追求实现人的自由和解放，也深刻改变了人类的历史命运。正如习近平总书记所指出的那样：“在马克思之前，社会上占统治地位的理论都是为统治阶级服务的。马克思主义第一次站在人民的立场探求人类自由解放的道路，以科学的理论为最终建立一个没有压迫、没有剥削、人人平等、人人自由的理想社会指明了方向。”[①] 对于一个政党而言，

① 习近平：《在纪念马克思诞辰 200 周年大会上的讲话》，人民出版社，2018 年，第 8 页。

立场的选择与坚定是最根本的问题，直接关系政党命运和存在价值。在闽西苏区和中央苏区法治建设中，这种马克思主义人本思想就体现在立法、执法、司法和守法等的过程中。

苏区法治建设是在彻底摒弃剥削阶级、反动政府的法律制度的基础上建立和发展起来的人民民主法制，它体现了人民群众的根本利益，是为广大人民群众服务的，具有鲜明的人民性。《中华苏维埃共和国宪法大纲》规定“苏维埃政权是属于工人、农民、红色战士及一切劳苦大众的”。苏区法制否定了一切封建特权，公开宣告公民在苏维埃法律面前人人平等。苏区法制充分赋予广大工农民众以最广泛的民主，实行了真正的民主选举，实现了人民群众当家做主，自己管理自己的国家。从1931年11月到1934年1月，中央苏区共举行了三次规模较大的民主选举运动，选民参加选举在80%以上，有的地方达到90%以上。正如毛泽东所说：“苏维埃政权的民主发展到了这样的程度，实在是历史上任何政治制度不曾有的。”① 苏维埃是广大民众直接参与的，它给予广大民众一切民主的权利，它对民众绝对不使用也绝不需要使用任何强力。

苏区法治建设在中国局部范围内从根本上改变了帝国主义、封建主义、官僚主义剥削人民的历史，部分地改变中国半殖民地半封建社会的社会性质，开创了中国法治建设的新纪元——新民主主义革命法治建设。

二、立足于苏区革命的实际需要

苏区法治建设立足于苏区革命的实际需要，始终坚持群众路线，始终坚持一切从实际出发。作为共产国际的一个支部，中国共产党领导的法治建设不可避免地受到了苏联的影响。但同时，闽西苏区

① 《在第二次全国苏维埃代表大会上的报告》，《建党以来重要文献选编》（一九二一——一九四九）（第十一册），中央文献出版社，2011年，第105页。

和中央苏区也根据当时的实际情况，特别是为适应民主革命的需要，创造性地采取了一些合乎苏区实际的方法和措施。

一是在宪法确定的政权机构设置方面，根据中央苏区面临的战争形势需要，只设立中央执行委员会作为全国立法、行政、司法的最高管辖机关，没有设立苏联政体中与之具有平等地位的联盟院和民族院，提高了议事和决策效率。

二是中央苏区法治建设与苏联法治建设的主要职能不同。苏联法治建设是在和平建设时期开展的，其主要职能是参与社会管理，服务于经济建设。而中华苏维埃共和国是在极为残酷、艰苦的革命战争中建立的，其首要任务仍然是以革命的武装反对国民党的反革命武装。在这种背景下发展起来的中央苏区法制，其主要职能就是以法律武器支持苏区革命战争，保卫苏维埃政权，其参与社会管理职能仅仅是辅助职能，且这种辅助职能也都是围绕革命战争这个中心任务来行使的。

三是结合中国实际确立正确的土地政策。受苏俄 1917 年《土地法令》的影响，1930 年以前中国革命根据地的土地法规一般都规定，没收的土地归苏维埃政权所有，农民分得的土地，只有使用权，没有所有权。1930 年 9 月 24 日，周恩来在中共六届三中全会扩大会议上传达共产国际《关于中国问题的决议案》时指出，土地现在实行国有还为之过早，是“左”倾错误。1931 年 12 月中华苏维埃中央政府公布的《中华苏维埃共和国土地法》根据革命形势需要，纠正了以往关于土地国有的错误，在土地权利归属及使用上，采取灵活变通的做法：土地国有化是消灭封建关系的必由途径，但在目前阶段，分配给农民的土地应允许农民出租、买卖。这个土地法为各地方苏维埃政权制定新的符合中国实际的土地政策起到了重要指导作用。

三、保障人民利益的实现

中国共产党领导法治建设，始终以为劳动阶级和劳苦大众谋利益为宗旨。苏区法治建设，是在中国共产党始终坚持群众路线，坚持一切从实际出发，以人民为中心，以实现公平正义为目标的过程中，形成和发展起来的。

1931年11月7日，中华苏维埃第一次全国代表大会召开，大会宣布成立中华苏维埃共和国，并通过《中华苏维埃共和国宪法大纲》。《宪法大纲》规定："苏维埃政权是属于工人、农民、红色战士及一切劳苦大众的。"中国共产党在中央苏区逐步建立起工农民主政权性质的中央司法委员部、最高法院和工农检察部，坚持群众路线，通过立法分田、执法为民、司法反腐与惩治反革命，有力地保障了苏区老百姓的合法权益。毛泽东在第二次全国工农兵代表大会报告中提出："要得到群众的拥护吗？要群众拿出他们的全力放到战线上去吗？那末，就得和群众在一起，就得去发动群众的积极性，就得关心群众的痛痒，就得真心实意地为群众谋利益，解决群众的生产和生活的问题……"①

闽西苏区和中央苏区时期，在立法上，中国共产党通过土地立法保障贫苦农民利益，通过劳动立法保障工人权益，通过婚姻立法保障人民的婚姻自由，通过社会保障立法解决人民生产生活困难和提高人民健康水准，通过文化立法提高人民群众文化水平。在司法上，中央苏区逐步建立起工农民主政权性质的最高法院，坚持群众路线，实行人民陪审、巡回审判、人民调解等制度，有力打击了封建主义与帝国主义势力，有力地维护了社会公平正义。在普法上，共产党带领人民创办法治报刊、开辟法治专栏，出版法律书籍、大众读物，发动群众参与审判，创作红色歌谣、话剧等，普法工作的开展，增强了广大干部和人民群众的法治观念，为红色政权建设发挥了重要作用，为新中国的法治宣传教育提供了有益的经验。

苏区法治建设在以人民为中心理论的指导下，有力地巩固了苏维埃政权，稳定和改善了苏区社会生活，为党初步积累了依法治国

① 《毛泽东选集》（第一卷），人民出版社，1991年，第138页。

和执政的经验。

第三节 坚持党对法治建设的领导

中国共产党的领导是中国特色社会主义最本质的特征，是社会主义法治最根本的保证，是中国特色社会主义法治之魂。离开了中国共产党的领导，中国特色社会主义法治体系、社会主义法治国家就建立不起来。

苏区法治建设就是以共产党领导的工农民主政府为载体，通过苏维埃立法、执法、司法、守法和法治宣传等方式，最大限度地把党的路线、方针、政策反映到苏维埃宪法和法律之中，并在法治实践中不断地强化这些路线、方针和政策。党对苏区法治建设的领导，具体体现为党领导立法、保证执法、支持司法和带头守法。

一、党领导立法

中国特色社会主义法治建设中，立法处于先导地位，党的领导贯穿于闽西苏区和中央苏区的立法实践中，包括闽西苏区四次大规模立法和中华苏维埃共和国成立后相关法律的制定，都是在党的领导下进行的。

闽西苏区时期，乃至之后的中央苏区、陕甘宁边区、解放区时期，直至新中国成立之初的立法，以“广大人民群众同帝国主义、封建主义、官僚资本主义之间的矛盾”为主要矛盾，以适应人民的法律需要为目标，颁布各类法令。

1928 年 6 月，张鼎丞、邓子恢等领导永定暴动，随后成立苏维埃政府并颁布法令。溪南区苏维埃政府成立后，人民群众最迫切的要求是分田，特别是秋收将至，农民们希望尽快分享胜利成果。福建临时省委于 7 月致信闽西特委和永定县委指出，当前重要任务之一是“马上没收土地，分配土地，建立乡或区苏维埃”。

1929年7月，毛泽东指导中共闽西党组织召开中共闽西第一次代表大会，大会通过《政治决议案》和《土地问题决议案》。《政治决议案》第三部分“党的任务”，对土地问题、政治问题、武装问题、职工问题、农民运动问题、妇女问题、青年问题和士兵问题的总结，为闽西第一次工农兵代表大会相关立法提供理论依据和实践素材。随后召开的中共闽西特委的两次扩大会议，研究了中共闽西第一次代表大会未能完成的组织、宣传、职工工作，通过《关于土地问题的决议》《关于土地问题决议案》《关于工人运动决议案》以及组织、妇女等问题的决议，为建立闽西苏维埃政权提供了理论准备和实践规划。

1930年3月18日，闽西第一次工农兵代表大会召开，选举成立以邓子恢为主席的闽西苏维埃政府，并进行了立法实践。大会通过了一个宣言和五个决议案，制定了组织法、土地法和劳动法等16项法案和条例。在中共闽西第一次代表大会上由邓子恢起草、经毛泽东修改的《政治决议案》[①] 中关于闽西斗争的前途、闽西过去斗争的经验和党的任务的总结和思考，被贯穿到相关立法中，使得制定的大部分法令符合闽西苏区革命斗争实际。

随后，闽西第二次工农兵代表大会及福建省第一次工农兵代表大会陆续召开。尤其福建省第一次工农兵代表大会召开前，以毛泽东、项英、张国焘的名义发出的《中央政府给福建省苏大会的指示信》，对会议进行了详尽的指导。

1932年3月18日至21日，福建省第一次工农兵代表大会在长汀召开。到会代表100多人，会议历时四天，大会第一日中央政府代表任弼时做政治报告，张鼎丞报告闽西政府一年的工作，并宣读中央政府给大会指示的信，会议第二日讨论土地法、劳动法，会议第三、第四日通过《实行劳动法令》《土地问题》《军事工作》《经济

① 《邓子恢文集》，人民出版社2006年，第6页。

财政问题》《苏维埃建设问题》等五个决议案和《大会宣言》，并选举张鼎丞为福建省苏维埃政府主席。

中央苏区时期立法以反帝反封建为目标，初步创建了具有鲜明特色的苏维埃法律体系。在筹备中华苏维埃第一次全国代表大会和组建苏维埃中央政府过程中，党中央和苏区中央局给予了直接的领导。如，为苏维埃第一次全国代表大会起草了宪法大纲以及土地法、劳动法和关于经济政策、红军问题的决议案，提供给大会讨论通过。临时中央政府成立后，所颁布的各项法令、训令和决议，也都是当时党的方针政策和决策的具体体现。

在《中华苏维埃共和国宪法大纲》制定中，党的领导更是贯穿于制定的全过程。1930 年 9 月，全国苏维埃大会中央准备委员会全体会议在上海召开，大会通过中共中央代表提出的《中华苏维埃共和国根本法（宪法）大纲草案》。同时，中共中央请求共产国际派遣懂法律的专家回国参加苏维埃第一次全国代表大会法律文件的起草工作。1931 年 9 月，梁柏台因此回国到中央苏区参加宪法和婚姻法等法律的起草工作。项英同梁柏台、何叔衡等人一起，经过近一个月的反复研制讨论，确定《中华苏维埃共和国宪法大纲草案》。《中华苏维埃共和国宪法大纲草案》历时一年，终于赶在中华苏维埃第一次全国代表大会召开前完成，提交大会讨论通过。

二、党保证执法

保证执法是确保反映党的意志和人民利益的法律正确实施的关键。闽西苏区和中央苏区时期，中国共产党对苏维埃政权的组成方式、党和苏维埃政权的关系模式等问题展开探讨，形成了一些初步的经验。

第一，开始民主建政的初步探索。在闽西苏区，群众通过各级选举产生工农兵代表会议，由代表会议产生执行委员会，由执行委员会产生常务委员会，组成政府领导机构，政府工作中贯彻民主集中制。在党和政权的关系上，党发动和组织群众做好民主选举工作，建立、健全政权机关的党团组织，党的主张通过政府组织，以政府的法令、政策形式，在根据地执行。因战争环境所需，根据地根据中央规定，建立了前委制度，统一协调和领导党、军、民工作，集中领导法律的实施。

第二，形成党政区分的初步认识。由于苏维埃政府就是党组织领导建立的，而且根据地当时又处于国民党军队不断的围剿、进攻下，苏维埃政权存亡主要取决于军事斗争的成败，而军事工作和对军队的领导都是由党组织来进行的，这就导致了政权组织的工作对党组织的依赖。所以，这一时期的政权已经出现党组织权威高于苏维埃政府、党组织常常直接行使政府权力的现象。毛泽东对这种现象提出批评："党在群众中有极大的威权，政府的威权却差得多。这是由于许多事情为图省便，党在那里直接做了，把政权机关搁置一边。"①

因此，这一时期，中国共产党初步认识到，政党和政权是不同类型的组织，不能混同，禁止党组织代替苏维埃直接行使命令，提出"一切权力归苏维埃"的政治口号。1928 年中共六大强调指出，上级党部应努力于政治中心工作的指导，防止以党代替苏维埃的倾向，要求"党在苏区的一切政策，必须经过党团的活动，而成为各级苏维埃的施政方针"②。中共中央曾经发通告指出，苏维埃是直接选举产生的民众政权，苏维埃的组织必须经过群众大会或代表会议选举，禁止由党部指派。周恩来在以中央名义写给红四军前委的指示信中也指出："以后成立上层政权，则组织党团，经过党团指挥之。"毛泽东在《井冈山的斗争》一文中明确指出："以后党要执行领导政府的任务；党的主张办法，除宣传外，执行的时候必须通过政府的组织。国民党直接向政府下命令的错误办法，是要避免的。"③

① 《毛泽东选集》（第一卷），人民出版社，1991 年，第 73 页。
② 《中共中央文献选集》（第六册），中共中央党校出版社，1989 年，第 438 页。
③ 《毛泽东选集》（第一卷），人民出版社，1991 年，第 73 页。

三、党支持司法

要正确处理坚持党的领导与确保司法机关依法独立公正行使职权的关系，具体来说，包括两方面内容：一是司法机关依法独立公正行使职权；二是党对司法的领导。而在这两方面，闽西苏区和中央苏区的司法实践，已经进行了初步探索。

司法机关依法独立公正行使职权是现代法治国家普遍承认和确立的基本原则，其核心内涵就是审判机关、检察机关依法独立行使职权，不受任何其他机关、社会团体和个人的干涉。苏维埃政权在涉及诉讼制度时就注重保证审判机关、检察机关依法独立行使职权。具体表现包括：一是中央审、政分立。最高法院与同属中央执行委员会的人民委员会（中央政府）拥有平行的法律地位。在政权机构中处于同一层次，互不隶属，分别行使司法权和行政权，均对中央执行委员会负责并报告工作。临时最高法庭、最高法院只有审判权而无行政权，在审判时依法独立行使审判权，不受党政机关和任何人的干涉。二是裁判部和审判法庭独立。中央司法委员部的《对裁判机关工作的指示》指出："不应再发生裁判部成为预审机关的附属机关的不规则现象，不要忘了裁判部本身的独立作用。"① 审判法庭虽由各级裁判部或裁判科主持成立，但一旦成立，其审判案件具有独立的权力，案件的处理意见由法庭组成人员表决，裁判部或裁判科不干预。《处理反革命案件和建立司法机关的暂行程序》规定，一切反革命案件及一切刑事、民事案件均由审判机关审判，而军事裁判所更具有独立性。《中华苏维埃共和国关于〈军事裁判所暂行组织条例〉的解答》规定，军事指挥员不兼任裁判职务，即无参加权。可见在军队建立了军、审分立制度，军事指挥人员无权参与审判和

① 瑞金县人民法院编：《中华苏维埃共和国审判资料选编》，人民法院出版社，1991 年，第 61 页。

干涉审判，确保了审判的独立。三是陪审员独立。陪审员在案件审理中拥有与裁判员同等的权力，合议裁判时以多数意见为准，倘若争执不决时，应当以主审的意见来决定裁判书的内容，如陪审员中某一人有特别意见，而坚决保留自己意见时，可用信封封起，提到上级裁判部去，作为上级裁判部决断案件的参考。可见苏维埃法庭陪审员在执行职务时，具有独立的权力资格，不是主审的附庸，无须受裁判员的指挥和影响。从这个意义上来说，苏维埃法庭实现了陪审员相对法官的独立。四是上下级审判组织的相互独立。各级裁判部受理的案件，判决意见由组成的法庭自行决定，无须向上级请示汇报。如当事人不服，可通过上诉来解决。《中华苏维埃共和国司法程序》第五条规定，废止上级批准制度，实行上诉制度。《中华苏维埃共和国地方苏维埃暂行组织法》规定，刑事案件、民事案件由裁判部之下组织的法庭自行审判和决断。

当然，司法机关依法独立行使职权并不否定党的领导，并不否定上级司法机关的依法节制和监督。加强党的领导，有利于保证司法机关依法独立行使职权。这一体制完全适应了当时的革命斗争需要，对于迅速镇压反革命，解决社会纠纷，维护社会秩序，巩固苏维埃政权，保护人民的合法权益，都具有十分重要的意义。

中央苏区各级党组织十分重视帮助和指导各级司法机关加强自身建设，明确工作任务，划清工作范围。如颁布《国家政治保卫局组织纲要》《裁判部的暂行组织及裁判条例》《处理反革命案件和建立司法机关的暂行程序》等文件；通过举办短训班、创办党校和苏维埃大学等办法，加紧培养训练苏维埃司法人员，帮助他们提高思想政治水平和工作能力。此外，党还通过在司法机关及各种非党组织的机关中建立党团组织，通过党团作用实现党的领导。中共六大要求“凡有党员三人以上者均成立党团”，其任务是“在非党组织中，加强党的影响，实行党的政策，并监督党员在非党组织中之工作”。各级党组织要求各级苏维埃的决议、法令制定或修改，先由党团讨论后，经过苏维埃中的党员采取提建议、发表意见等方式，使之为政权组织的大多数代表或委员长所接受，以便有效地贯彻实施。同时，要求全体党员要模范执行决议、法令。

因此，苏区党组织支持司法的探索对于当前的法治建设有重要意义。在处理党的领导与司法权依法独立行使关系上，必须要坚持党的领导，在思想上、政治上、行动上与党中央保持高度一致，把党的领导与司法权依法独立行使有机统一起来而不是割裂或者对立起来；要坚决克服忽视党对司法工作领导重要性的倾向，克服人为拔高司法权地位和作用的倾向，克服盲目崇尚西方“三权分立”法律制度的倾向。

四、党带头守法

带头守法首先要求党组织要维护宪法法律尊严和权威，自觉在宪法法律的范围内活动，带头遵守宪法和法律，引导和带动全社会形成办事依法、遇事找法、解决问题用法、化解矛盾靠法的良好法治环境。特别是各级人大、政府、政协、审判机关、检察机关的党组织要领导和监督本单位模范遵守宪法法律，坚决查处执法犯法、违法用权等行为。

在带头守法上，一方面，领导干部的模范作用非常重要。早在苏区时期，领导干部在守法廉政建设中垂范，带头弘扬法治精神，就取得了不错的成效。

在瑞金中央革命根据地纪念馆内，至今还保留着一册记载毛泽东照章缴纳伙食费的账本，它是毛泽东在中央苏区时期廉洁奉公的历史佐证。1933 年 7 月的一天，毛泽东在江西军区参谋长陈奇涵陪同下，来到宁都县铲田区调查研究，在区政府住了一晚。临走，毛泽东交代警卫员吴吉清向区财政部部长结账。区财政部部长不肯收钱，吴吉清只好追上已经上路的毛泽东，说明情况。毛泽东听后，大为生气，立即要吴吉清返回区政府补交食宿费。陪同的陈奇涵眼看已走出老远一段路，便提出由他日后代办此事。毛泽东同意了这一建议。陈奇涵不敢马虎，后来如数转交了毛泽东一行的钱款。铲田区财政部的记账本上，于是有了如下记载："七月十八日，主席毛泽东一行四人住，照章交来食宿费大洋一元八角。"

谢觉哉是著名的"苏区五老"之一，时任中央苏区内务部部长，主持和参与起草了中国红色革命政权最早的《劳动法》《土地法》等法律和条例，是人民司法制度的重要奠基者之一。在中央苏区期间，他艰苦奋斗，为民谋利，不图虚名，堪称人民公仆、党员楷模。面对苏区艰苦的生活，虽然位居"高官"，谢觉哉却始终坚持艰苦朴素，清正廉洁。他常对人说："你们说我是个'焦官'（不拿报酬的官），官而不'焦'，天下大乱，官而'焦'了，转乱为安。"为此，谢觉哉还曾即兴写了一首引人深思的通俗诗：你们说我做大官，我官好比周老倌。起得早来眠得晚，能多做事即心安。

另一方面，党的纪律建设也非常重要。闽西苏区时期，党就非常重视纪律建设，如 1929 年红四军入闽前后发布的"一月布告"和"六月布告"，同年通过的《古田会议决议》等，均规定有党的纪律，正是中国共产党党内法规的雏形。

中央苏区时期红军党组织所提倡的"三大纪律六项注意"，则是以毛泽东为代表的中国马克思主义者和革命家创造的第一部军内纪律法规，为中国共产党早期革命活动提供了强有力的政治、组织和纪律等保障，对加强党的作风建设和永葆革命本色具有深远的影响。

结　语

中国共产党在闽西苏区和中央苏区开展的一系列法治实践，开创了共和国法治建设的先河。在极端艰苦的革命环境下，苏区法律规范初步形成，法治实施初见成效，法治监督初步创立，党内法规初见雏形，是相当不易的。这其中，把党的领导贯彻到法治建设的全过程和各方面，是苏区时期就已经开始积累的一条基本经验，也是当时法治实践的重要特征；以人民为中心，一切从人民的利益出发，为实现社会公平正义而奋斗，是这一时期法治建设最根本的出发点和落脚点；而初具规模的法治体系，则是坚持党的领导和以人民为中心的法治建设过程的必然产物，它满足了苏区人民群众对于公平正义的需求，为苏维埃政权的建立打下了良好的社会基础，保障了苏维埃政权的稳定和发展。总体来说，当时的法治实践，探索了新民主主义法治道路，初步形成了苏维埃法律体系，建立了较为完善的司法制度和程序，为中国特色社会主义法治建设做了必要的理论和实践铺垫，奠定了可靠的基础。

“历史是最好的教科书，也是最好的清醒剂。”溯源中国特色社会主义法治，早在闽西及中央苏区时期，中国特色社会主义法治建设的雏形已经孕育。中国共产党在闽西苏区和中央苏区开展的一系列法治实践，反映了党领导人民，建立法治体系，以人民为中心，为实现社会公平正义而奋斗的艰辛历程，凸显了党的领导的极端重要性。

在闽西和中央苏区之后，党的领导依然支撑和贯穿于法治建设的不同阶段。陕甘宁边区的法治建设，汲取了闽西和中央苏区法治建设的有益经验，在立法、执法、司法和守法等方面也都践行了党对法治的领导这一理念。如针对司法改革正规化问题，中国共产党践行群众路线，实行大众司法，推行人民调解，强化司法实践过程中宣传和贯彻党的方针路线和政策的功能。1949 年，中华人民共和国成立后，中国共产党十分重视宪法的制定，成立了宪法起草小组，由毛泽东担任组长，由中共主导起草宪法，向社会公布征求意见，最终由出席全国人民代表大会的代表全票通过。1954 年宪法的制定是党领导法治建设的重要实践。改革开放后，1982 年宪法的制定，1997 年党的十五大提出依法治国，建设社会主义法治国家，党的十六大提出依法执政，党的十八届四中全会提出全面推进依法治国等等，无不体现了党对法治的领导，体现了坚持党的领导，坚持以人民为中心，坚持中国特色社会主义法治道路是全面依法治国最根本的政治方向。

以中共十八大为历史节点，中国特色社会主义进入新时代，中国特色社会主义法治建设也跨入新时代。党的十八大以来，以习近平同志为核心的党中央在领导全面依法治国、建设法治中国的伟大实践中，从历史和现实相贯通、国际和国内相关联、理论和实际相结合上，深刻回答了新时代为什么实行全面依法治国、怎样实行全面依法治国等重大问题，提出了一系列全面依法治国新理念新思想新战略，形成了习近平法治思想，为坚持和开拓中国特色社会主义法治道路奠定了思想基础，为推进法治中国建设提供了理论指引。

2015 年 2 月 2 日，习近平总书记在省部级主要领导干部学习贯彻党的十八届四中全会精神全面推进依法治国专题研讨班上讲话指出："我们必须牢记，党的领导是中国特色社会主义法治之魂，是我们的法治同西方资本主义国家的法治最大的区别。离开了中国共产党的领导，中国特色社会主义法治体系、社会主义法治国家就建不起来。"① 中国特色社会主义法治之魂是党领导人民运用法治体系以人民为中心实现社会公平正义过程中铸就的，它必将在全面依法治国、推进中国特色社会主义法治建设方面发挥巨大作用。

① 中共中央文献研究室编：《习近平关于全面依法治国论述摘编》，中央文献出版社，2015 年，第 35 页。

后 记

法治是国家发展的重要保障，是治国理政的基本方式，依法治国是我们党领导人民治理国家的基本方略。早在20世纪二三十年代，中国共产党就在闽西这片红土地上，带领人民开展法治实践探索，建立了早期法治机构、法律体系和司法制度，形成一整套优良法治工作理念和工作作风，为中国特色社会主义法治道路的开创和坚持积累了宝贵的财富。

回顾这一段法治建设的奋斗史，我们能够从中感悟中国共产党人法治建设的初心和今天坚持走中国特色社会主义法治道路的决心。本书的编写，旨在通过展现中国共产党领导的新民主主义法治建设从无到有、逐步完善的过程，溯源苏维埃时期党的领导在法治建设初始阶段产生的深远影响，诠释中国特色社会主义法治建设“法魂”的由来。

以史为鉴，可以知兴替。在中国共产党成立100周年之际，在新的历史起点上，坚持以习近平新时代中国特色社会主义思想为指导，深入学习贯彻习近平法治思想，坚定不移走中国特色社会主义法治道路，建设中国特色社会主义法治体系，建设社会主义法治国家，必须坚持党的领导，坚持中国特色社会主义制度，贯彻中国特色社会主义法治理论，把党的领导、人民当家做主、依法治国三者统一起来。在这样的历史背景下，编写出版《法魂——中国特色社会主义法治溯源》一书，具有更为重大的意义。

本书的编写出版，是诸多致力党史、法制史方面学术研究和出版的同仁们通力合作的成果。全书由最高人民法院研究室、福建省高级人民法院组织编写，福建人民出版社组织编辑团队全程协助，丁凌华、王盛泽拟定框架结构及写作思路并最终修改统稿。参加本书写作的人员分工如下：

序章：郑继汤；

第一章：吴锡超；

第二、三章：向阳（土地立法部分），沈子渊（组织立法部分），王燕军、陈明聪（民商事与经济立法部分），王加好（刑事立法部分），贾高邦（社会立法部分）；

第四章：吴锡超；

第五章：郑继汤。

福建省高级人民法院的领导和相关处室负责人在本书的编写和出版过程中，统筹协调相关工作，为本书的顺利出版提供了强有力的保障。海峡出版发行集团领导及福建人民出版社相关领导和编辑，均为本书的编辑出版付出许多辛劳，组织多次审稿会，严格把关。对此，一并致以衷心的感谢。书中错漏不周之处，敬请读者不吝赐教。

丁凌华　王盛泽

2021 年 10 月

图书在版编目（CIP）数据

法魂：中国特色社会主义法治溯源/最高人民法院研究室，福建省高级人民法院编. --福州 ：福建人民出版社，2021. 11

ISBN 978-7-211-08782-2

Ⅰ. ①法… Ⅱ. ①最… ②福… Ⅲ. ①社会主义法治—研究—中国 Ⅳ. ①D920. 0

中国版本图书馆 CIP 数据核字（2021）第 227122 号

法魂

FAHUN

——中国特色社会主义法治溯源

编　　者： 最高人民法院研究室　福建省高级人民法院
主　　编： 丁凌华　王盛泽
责任编辑： 陈稚瑶　于荣生
出版发行： 福建人民出版社
地　　址： 福州市东水路 76 号　　**邮政编码：** 350001
网　　址： http://www.fjpph.com　　**电子邮箱：** fjpph7211@126.com
印　　刷： 福州力人彩印有限公司
地　　址： 福州市晋安区新店镇健康村西庄 580 号 9 栋
开　　本： 700 毫米×1000 毫米　1/16
印　　张： 16.5
字　　数： 230 千字
版　　次： 2021 年 11 月第 1 版　　2021 年 11 月第 1 次印刷
书　　号： ISBN 978-7-211-08782-2
定　　价： 58.00 元

本书如有印装质量问题，影响阅读，请直接向承印厂调换。

版权所有，翻印必究。